Felix Dahn

Die Kreuzfahrer

FELIX DAHN

Die Kreuzfahrer

Befreier der Heiligen
Stadt Jerusalem

tosa

Sonderausgabe für den Tosa Verlag mit Genehmigung des
Bildbuch Verlags, Wien

Umschlag von Beate Dorfinger unter Verwendung eines Dias der
Österreichischen Nationalbibliothek

Printed in Austria

ERSTES BUCH

AM SAUM DER WÜSTE

Erstes Kapitel

Das Kreuzheer, das Kaiser Friedrich II., der Enkel des Rotbarts, in das Gelobte Land führte, war, von Zypern aus überfahrend, am 7. September des Jahres 1228 in Akkon gelandet und von hier die Küste hinabgezogen gen Süden bis nach Joppe.

In dieser Stadt machte man halt, alsbald wurden Verhandlungen eröffnet: Sultan Alkamil von Ägypten hatte vor kurzem seinem Neffen, dem Emir Annasir Daud von Damaskus, die Heilige Stadt Jerusalem und ein Stück von Syrien entrissen und schickte sich an, das ganze Emirat Damaskus zu erobern.

Diesen in Krieg auflodernden Erbstreit unter den beiden Häuptern der Ungläubigen hoffte Friedrich, der Staatskunst nicht minder als der Feldherrnschaft ein Meister, verwerten zu können: Verträge sollten dem Kreuzheer das Waffenhandwerk wesentlich erleichtern. Aber Vorsicht war geboten. Ob die Verhandlungen glücken, ob sie scheitern würden – niemand vermochte das vorherzusagen. Und im Heere wußte man gar nicht, welcher der beiden Parteien der undurchschaubare Sohn Heinrichs VI., der den Geist überlegener Staatskunst von seinem Vater geerbt hatte, sich schließlich zuneigen werde, mit wem er die geheimnisvollen Botschaften austausche, die seine bis in den Tod ihm ergebenen und tief verschwiegenen sizilianischen Araber aus dem Lager vor Joppe in die Wüste hineintrugen, in unbekannter Richtung verschwindend . . .

Einstweilen aber – das war allbekannt – rückten die Heere der beiden Fürsten, das ägyptische von Süden, das damaszenische von Nordosten, drohend gegen Joppe heran. Kam es nicht zur Verständigung, so konnten der Oheim oder der Neffe – oder vielleicht, nach einem der in diesem Lande so häufigen Umschläge der Ziele oder der Stimmungen, beide – plötzlich über die kleine Streitmacht des Kaisers herfallen, ihren bisherigen Hader in den gemeinsamen Haß gegen die »Franken« versenkend. Deshalb hatte der kriegskundige Staufer nach den beiden bedrohten Seiten hin Vorposten ausgeschickt, die, ein paar Tagmärsche vor Joppe, in günstiger Stellung jede Annäherung der

Feinde beobachten und rechtzeitig nach rückwärts melden sollten.

Gegen Nordosten, wider Annasir Daud, hatte man nur ein paar schwache Fähnlein ausgesendet. Deutsche Kreuzfahrer waren es. Ritter aus dem Allgäu, aus Vorarlberg, aus den Tälern von Inn und Etsch; meist königliche Dienstmannen, Ministerialen des Reichs, mit ihren berittenen Knechten.

Sie hatten Stellung genommen auf dem letzten sanften Höhenzug, der dicht vor dem Saum der großen Wüste hinlief.

Ein dünnes Rinnsal salzigen, kaum trinkbaren Wassers sickerte hier durch Sand und Steine zu Tal. Auf der Hügelkrone wiegten drei Palmen ihre stolzen, Federn gleichenden Äste leise, wie träumerisch, im Abendwinde.

Im Westen, im Rücken des deutschen Lagers, sank rasch die Sonne: ein dunkelroter, mattglühender Ball, ohne Strahlen. Dunst und Qualm, aufsteigend aus dem hitzebrütenden Boden, umschlossen bleigrau die glanzlose Scheibe. Ein Aasgeier, den langen, nackten Hals weit vorgestreckt, flog mit trägem Flügelschlag, hin und wieder heiser kreischend, langsam der Wüste zu. Unter den Palmen hatte man auf dem heißen Sande, den kein »Franke« hätte unbeschuht beschreiten können, mittels eines alten Segels und einiger gekreuzt eingerammter Speere ein höchst einfaches Zelt aufgeschlagen. Es war ein dürftig Obdach – fast nur ein Schattenwinkel.

Außer den an Stamm und Blättern vom Wüstenstaub gelbbraun überkrusteten Palmen ringsum, soweit das Auge sah, keine Pflanze. Nur an dem salzbrackigen schmalen Geriesel reckten hier und da spärliche Halme des Wüstenhafers ihre stachligen Rispen starr empor.

Von dorther schritt eine hohe, schlanke Gestalt langsam gegen das Zelt hin: Es war der Ritter, der hier befehligte. Er führte am Zügel ein Roß, das, müde zum Sterben, den Kopf hängen ließ. Den schweren Sattel trug er, am Speer befestigt, samt dem langen schmalen Schild auf dem Rücken; oft bückte er sich, brach wählerisch einzelne saftigere Halme ab, rieb sorgfältig die scharfen Randspitzen an der Scheide seines breiten Schwertes ab und reichte dann auf der flachen Hand das magere Kraut dem edlen Tier, das mit dankbarem Blick sein Auge suchte. Vor dem Zelt angelangt, übergab er Schild, Speer, Sattel und Zügel einem jungen Burschen in grünem, nur bis an die Knie reichendem Wollwams, der eilig aufgesprungen war von dem braunen Lodenmantel, darauf er geruht. Lichtblonde, fast weiße Haare umstanden ihm das runde Haupt, ganz kurz- und krausgelockt, fast einem Vliese vergleichbar, kaum niedergehalten von dem niedrigen Barett, von dem der Busch des Silberreihers nickte. Seine lachenden Blauaugen waren das einzige Heitere, was hier zu sehen war weit und breit. »Herr«, rief er zu dem Hochragenden hinauf, »der Abendtrunk steht längst bereit. Der Wein wird schal, das kostbare Wasser wird lauwarm! Wie würde Frau Wulfheid schelten, ließet Ihr Euch daheim so lang erwarten! Wo wart Ihr?« – »Vorn.« – »Was? Abermals bei der Außenwache? Das sind fast zwei Stunden Weges: Wüstenweges! Und – ich seh's an dem Sand auf den Fußschuppen bis an die Knie hinauf –, um den Braunen zu schonen, zu Fuß!«

»Hast du den Abendtrunk schon gemischt, Hezilo? Nein? So teile den Rest von Zypernwein. Bringe die eine Hälfte, daß wir dem Gaul die Nüstern reiben. Morgen muß er ruhen, sattle morgen das Reisepferd.«

Der Knabe holte aus dem Zelt in silbernem Becher eine arme Neige stark duftenden Weines. »Hier. – Und die andere Hälfte?« – »Die bring ich dem kranken Herrn Heinrich von Eppan hinaus, wann ich ihn ablöse.« Beide waren nun eifrig beschäftigt, dem matten Streitroß Nüstern und Bug fest mit dem edlen Naß zu reiben. »Wie? Ihr wollt heute nacht wieder die Lagerwache halten? Das ist die vierte Reihe, die Ihr für andere übernehmt.« – »Sie waren krank – alle drei.« – »Ihr habt das Fieber selbst!« – »Nicht stark.« – »Laßt mich heute nacht für Euch . . .« Da schlang der Ritter den Arm um den Krauskopf und drückte ihn an den beketteten Panzer: »Nein, Hezilo! Soll ich auch deine Schelmenaugen vom Fieber verglast sehen? Und hab ich's doch dem Trinelein in die Hand versprochen, für dich zu sorgen.«

»Ich werd es ihr erzählen«, sprach der Jüngling mit dankleuchtenden Augen, »was Ihr für mich getan. Aber – was nehmt Ihr nun zum Nachtmahl, Herr Friedmuth?« – »Das Beste, was es gibt an Speise: heimbackenes Brot!« Der Ritter griff in eine dem schweren Sattel eingefügte Tasche und holte ein Stück steinharter Brotrinde hervor. »Deine Katharina reichte mir beim Abschied einen runden Laib Roggenbrot. ›Nehmt‹, mahnte das Kind. ›Nichts heilt auf der Heerfahrt Hunger und Heimweh wie heimbackenes, herdbackenes Brot. So lehrte mich der Großvater; 's ist ein alter Spruch.‹ Und ein wahrer«, schloß er und biß hinein.

»Dann sind Hunger und Heimweh bei Euch schwächer als bei mir«, lachte der Knabe. »Freilich, mein Heimweh gilt dem Trinele. – Man kann wohl nicht ebenso stark Heimweh haben nach – Frau Wulfheid.« Herr Friedmuth furchte die Brauen. »Hüt die Zung', sonst schüppl ich dir die krause Wolle. Sie ist unter der Sonne die wackerste Frau.« – »Und die herbste! Wie schad', daß sie kein Mann geworden!« – »Sie hat im Wolfsbühler Walde den Eber gespeert, der dich schon angehauen hatte. Du dankst ihr 's Leben.« – »Ich dankte es lieber jedem anderen Menschenkind. Sagt selbst, weshalb keine Seele sie lieb hat auf der ganzen Welt? Ausgenommen natürlich Ihr!« fügte er langsam bei. Der Ritter sah nachdenklich vor sich hin; der Blick der großen, offenen Augen von schönem, dunklem Blau war in das Leere gerichtet. Dann sprach er bedächtig: »Weshalb? Weil sonst keine Seele ihren Kern erkennt.« Und er beugte das hohe Haupt, um durch den Vorhangspalt in das niedere Zelt zu gelangen. »Ja, die Schale braucht Beißen!« lachte der Junge ihm nach, während er das Pferd völlig in den Schatten des Zeltes führte und die Zügel um die Schnüre und Pflöcke der Stangen knüpfte; den dreispitzigen Schild und den langen Eschenspeer des Herrn lehnte er an die Seitenwand.

Als er eintrat, fand er den Ritter hingestreckt auf dem dunkelblauen Mantel, der den Sandboden statt eines Teppichs bedeckte. Er hatte den glockenförmigen Helm neben sich gesetzt; das blonde, goldfarbene Haar hing ihm schlicht, ungelockt herab. Über der Stirne war es waagrecht geschnitten; die streng regelmäßigen, schönen, obzwar nicht gerade feinen Züge waren so von dem Haupthaar auf drei Seiten geradlinig umrahmt. Auch der etwas hellere blonde Bart war eine Handbreit unter dem starken Kinne quer abgeschnitten. So sahen Haupt und Antlitz streng gebunden, fest bemessen aus; der gerade, offene, redliche Blick verstärkte den Eindruck schlichter Kraft und steter Treue. Er stützte das Haupt auf die Hand und reckte die starken Glieder.

»Der Panzer, die Kettenringe drücken«, meinte Hezilo, der neben ihm kauerte. »Laßt mich nur die heißen, staubigen Fußringe lösen.« – »Auf der Vorhut?« schalt der Ritter und schlug die geschäftige Hand mit sanftem Streich zur Seite. »Auch den Bart solltet Ihr scheren – oder scheren lassen«, begann der Jüngling. »Kein Ritter läuft doch heutzutage mit solch breitem starkem Bart unter die Leute: ›Lange Locken, glattes Kinn heischt jetzt zarter Frauen Sinn.‹« – »Jawohl«, lachte Friedmuth. »Weil wir hier so viele zarte Frauen haben! Für die heidnischen berittenen Pfeilschützen bei Tag und für die Schakale bei Nacht bin ich Zier genug zu schauen.«

Eine kleine Weile vertrug Hezilo das Schweigen. Aber nicht lang. Dann hob er, das Federbarett zurechtrückend, an: »Herr! Ich weiß was.« – »Nicht eben viel!« lachte der. »Falken kirren und Herrn Walthers Lieder singen: aber falsch!« – »Wohl, wohl! Und das Trinelein küssen, bis es nimmer weiß, ist es ein Mädel oder ein glühend Eisen. Das alles zusammen ist auch schon was. Aber – ich weiß noch was.« Herr Friedmuth schien nicht gespannt auf des Falkners weitere Wissenschaft. »Ich weiß«, fuhr dieser lauter fort – denn es verdroß ihn, nicht gefragt zu werden –, »weshalb der graue und braune Mönch schon zweimal nach Euch gefragt hat, nicht scheuend den weiten Weg, den teufelgesegneten, von Joppe bis zu uns. Beide Male traf er Euch nicht. Ihr wart gegen die arabischen Reiter ausgezogen. Wißt Ihr, was der von Euch will?«

»Ich will's gar nicht wissen«, lachte der Ritter. Hezilo schwieg, beleidigt. Er sog an einer Zitrone, die er im Gürtel trug. Ein braunes, halbnacktes Heidenkind auf der letzten Karawanenstation hatte die Frucht dem schönen Frankenknaben, wie er vorübertrabte, an den Kopf geworfen: halb als Geschoß, halb als

Geschenk der Gunst. »Herr«, hub er nach einer Weile wieder an, »aber was anderes weiß ich nicht, was ich gern wissen möchte. Und das wißt Ihr, glaub ich, auch nicht. Und nicht der weise Herr Hermann, des Kaisers und Euer Busenfreund, und, verzeiht mir's, der heilige Albuin von Brixen! Ich meine, der großmächtige Kaiser Friedrich weiß es auch nicht!« Herr Friedmuth mußte lachen, so drollig sah der Schalk drein. »Nun: Was wissen wir denn alle nicht?« – »Warum wir hier sind! In diesem vielgepriesenen Heiligen Land, in dem wahrlich nichts zu holen als heiße Hiebe und kaltes Fieber. Zwar, warum ich gerade hier bin, das weiß ich! Und in dem Stück ist Hezilo wieder einmal klüger als der römische Kaiser und all sein Heer. Ich hole mir von Goyen das Trinele – Frau Sälde küsse ihre lichte Stirn! –, nicht zwischen der Etsch und Passer – zwischen Jordan und dem Meer. Aber der Herr Kaiser . . . und Ihr . . . und gar viele im Heere haben's nicht nötig, sich ein Weib zu holen: Hat mancher an der Seinigen mehr als genug und ist einsam unter die Heiden gefahren behufs einer Erleichterung! Und ein Trinelein gewinnt doch keiner. Denn es gibt nur eines. Und das gehört mir!« – Er zog aus dem Brustlatz des grünen Wamses eine mehrere Finger breite Zopfflechte hellblonden Haares, hielt sie vor seine leuchtenden Augen, küßte sie herzhaft, zweimal, und barg sie wieder mit Sorgfalt. »Aber Ihr, Herr«, fuhr er fort, »was tut Ihr hierzulande?« – »Ei, meine Pflicht.« – »Wie überall und immer! Kein Mensch hat je von Euch was anderes gesehn! Nun ja, Ihr seid des Kaisers Dienstmann. Aber warum ruft er Euch gerade hierher, in diese Wüstenei?« – »Ist des Kaisers Sache, nicht die meine.«

Bevor der Jüngling eine Erwiderung fand, schlug ein Reisiger die Zeltvorhänge auseinander und meldete: »Bruder Sebastian. Zum dritten Male kommt er von Joppe.« Friedmuth machte eine unwillige, abweisende Handbewegung. Aber der Reisige fuhr fort: »Er sagt, er bringt ein Schreiben Herrn Hermanns.«

Da flog ein Strahl heller Feude über Friedmuths offene Züge: Er winkte rasch Gewährung. Hezilo rückte einen niedern Fußschemel zurecht und verließ das Zelt.

Zweites Kapitel

Es war eine verwundersame Gestalt, die sich nun langsam durch die Vorhänge des Eingangs hereinschob. Kaum mittelgroß, behäbig, nicht gerade fett, aber auch wahrlich nicht mager. Ein recht wacker gepflegtes, doch nicht unmäßiges Bäuchlein wiegte sich auf etwas zu kurz geratenen und nicht sehr geraden Beinen. Das vollwangige, beinahe feiste Gesicht strahlte vom Glanz der Gesundheit. Die kleinen runden Äugelein blitzten recht lustig, ja verschmitzt in das Leben hinaus; die Nase war von so alteingewurzeltem Rot, daß die kurze Kreuzfahrt auch unter der Sonne der Levante die Farbe unmöglich so tief gesättigt haben konnte. Seltsamen Gegensatz zu dem weltlustigen, pfiffigen Gesicht bildete die frisch geschorene Tonsur in dem dickzottigen und bereits mit Weiß gesprenkelten Braunhaar (die Kapuze und, darüber gebunden, den flachen, breitkrempigen Sonnenhut trug er auf dem Rücken) und das halb graue, halb braune Mönchsgewand, das viel zu eng schien für des Trägers gedeihlichen Leib, und der lange Pilgerstab mit den daran klappernden Jordanmuscheln in den fleischigen dicken Fingern des kreuzfahrenden Bruders.

Mit halb staunenden, halb unwilligen Augen maß ihn der Ritter, ohne die Ehrfurcht, die er sonst Trägern dieses Gewandes, dieser Gelübdezeichen nie verweigerte: »Ihr bringt einen Brief des Herrn Hermann«, rief er ihm kurz entgegen. »Gebt!« Der Mönch schnaufte. »Verstattet, daß ich mich auf den Schemel niederlasse, den Ihr mir soeben anzubieten vergaßet. Uff! Der Weg ist weit und heiß, und es ist ein durstig Land, wo der Herr gewandelt.« Er blinzelte hinüber nach dem Becher, der zu Friedmuths Häupten stand. Da er sah, daß derselbe leer war, fuhr er fort: »Aber auch dies Dürsten wird uns als ein erheblich Marterleiden angerechnet werden am Jüngsten Tage.« – »Den Brief!« – »Ja«, schmunzelte der Mönch, mit dem Ärmel über die heiße Stirne fahrend, »freilich, der Brief! Je nun, so recht im Sinne der Schreiber, einen schriftlichen Brief, was man so gewöhnlich einen Brief nennt, habe ich nicht. Aber . . .« – »Was?« rief der Ritter zornig auffahrend. »Als Bringer eines Briefs ließt Ihr Euch doch melden?« –

»Seid klug wie die lieben kleinen, glatten Beißwürmer, heißt es in den Zehn Geboten. Nicht da? Wirklich nicht? Nun – dann woanders! Das ist gleich.« – »Ihr seid mir eine sonderbare Art von Mönch!« – »Und ohne solchen Glauben hättet Ihr mich wahrscheinlich abgewiesen.« – »Sehr wahrscheinlich! Und ich sehe, ich hätte recht daran getan! Ihr lügt ja, frommer Bruder.«

»Selten. Und wirklich niemals ohne etlichen Grund. So auch jetzt! Hört mich an. Ihr wißt, ich bin der Beichtvater der Fürstin von . . .« – »Weiß ich nicht! Was gehn mich die Sünden fremder Weiber an!« – »Mehr als Ihr ahnt. Aber ich bin auch bei des Kaisers gewaltiger Person sehr wohlgelitten. Wiederholt traft Ihr mich in seinem Zelte.« – »Hat mich jedesmal sehr gewundert.« Der Mönch lachte. Dann sagte er: »Hört einmal, Schloßherr von der Fragsburg, grob seid Ihr aber schon wie . . .« – »Wie ein Etschtaler«, brummte Friedmuth.

»Ja, zwischen Etschtalern und Isartalern tat dem Teufel einmal die Wahl weh, als sie um den Wettpreis der Unhöflichkeit vor ihm wettschimpften.«

»Welches Stammes seid denn Ihr?« forschte der Ritter. »Ihr sprecht auch mit oberdeutscher Zunge! Ich mein, Ihr seid ein . . .« – »Gesalbter des Herrn«, fiel der Mönch rasch ein. »Also ich komme im stillen Auftrag des Kaisers und einer gar vielschönen Frau.« – »Wird wohl wieder gelogen sein«, meinte Friedmuth ganz gutmütig.

»Dieses Mal nicht, wie Ihr einräumen werdet, sobald Ihr Fürst von Paluzzo und Gemahl des prachtvollsten, süßesten, minniglichsten, allerwunderholdesten Weibes seid, das je Frau Sonne grüßte.« So begeistert, so lebhaft sprudelte er die letzten Worte heraus, daß ihm der Schweiß wieder ausbrach. Er wischte sich die triefende Stirn. »Seid Ihr toll? Was bedeutet das?« – »Das bedeutet, daß Gioconda von Paluzzo zwanzig Jahre alt ist.« Er schwieg. »Nun, und?« – »Und seit zwei Jahren Witwe.« Er schwieg wieder. »Und?« – »Nun, und? Das ist schon viel, recht viel für sich allein! Da Ihr aber für ein ausgewachsenes Mannsbild erstaunlich fischblütig von Natur und infolgedessen recht langsam von Ahnung seid, füge ich bei: Witwe des alten Fürsten von

Paluzzo, dem man das Kind ›vermählt‹ hatte. Ihr Urgroßvater konnte er sein, der Treffliche. Frau Beratha verzeihe mir die Sünde, daß ich solchen Greuel Vermählung nenne.« – »Frau Berahta? Ei, frommer Bruder – was geht Euch die an? Soll ja eine Königin oder Göttin der Heiden gewesen sein! Stünd Euch besser an, der Jungfrau Maria zu gedenken.« Und mit einem schönen Blick in die Höhe fügte der Ritter bei: »Gesegnet sei Ihr Name für und für.«

Der Mönch war rot geworden; ungeduldig riß er an dem abgegriffenen Rosenkranz, der von seinem Gürtelstrick herabhing, und rief: »Ach, was versteht die von der Minne! Rein gar nichts! Wie sollte sie auch? Ihr aber, Herr Ritter, seid lediglich Laie und habt einen geweihten Priester, einen Geschorenen des Herrn, nicht zu meistern, sondern mit ehrdienigem Gehorsam zu ihm aufzuschauen. Also, die liebe junge Frau Fürstin! Ach, ist sie schön! Ist sie's etwa nicht?« schrie er zornig. »Habt Ihr je ein so schönes Geschöpf gesehn?« Nach einigem Nachdenken sagte der Ritter, der alles sehr streng und genau nahm: »Nein. Ich glaube nicht. Aber es ist mir gleichgültig.« Der Mönch sah ihn mit leisem Kopfschütteln von der Seite an: »Erstaunlich«, sagte er zu sich selbst. »Kurzum«, fuhr er dann laut fort, »ich bleibe nicht mehr Beichtiger der süßen Frau. Ich kann es nicht mehr aushalten. Mein letztes gutes Werk in ihrem Dienst aber ist, daß ich Euch sage, was sie Euch nie sagen würde – eher spränge sie in einen brennenden Kohlenmeiler – und was zu merken Euch der Himmelsherr den Verstand verweigert hat: Sie liebt Euch!« Und befehlend, drohend, fuhr er fort: »Und Ihr werdet sie heiraten. Es ist beschlossen, sagen die Moslems, die gar nicht so übel sind.«

»Hoho«, lachte der Ritter laut auf, »dazu gehören zwei. Dank Gott und den Heiligen!« – »Ja gewiß, Ihr und sie. Sie will. Und Ihr müßt. Bald werdet Ihr sehr wollen, ach, wie sehr. Sagt, Fragsburger, seid Ihr denn wirklich so, nun ich will's nicht nennen! Habt Ihr denn nichts gespürt unter Euren Rippen, als neulich das Wonneweib, diese Frau Venus – aber dabei jungfräulich wie der Alpenschnee des hohen Ortlers! –, sich nach der Reiherbeize von Euch vom Zelter heben ließ und gar den Weg nicht mehr fand aus Euren Armen herab auf die Erde? Und sie will ja nicht, wie so viele schöne, üppige und vornehme Frauen, die das Hoflager des Kaisers füllen . . .« – »Ja, leider!« zürnte Friedmuth, und seine keuschen Augen leuchteten –, ». . .kurze Lust von Eurem Kuß genießen! Sie stürbe vor Scham, wüßte sie, was ich Euch verrate.« – »Also das ist ihr stiller Auftrag durch Euch an mich, Lügenmönch?«

Allein, dieser fuhr zornig fort: »Haltet das – Schweigen. Es gilt das Glück des schönsten Erdenweibes. Tausend Lügen lög ich darum! Aber der Kaiser selbst, macht Eure tauben Ohren auf, hört Ihr?« und er schrie jetzt so, daß über das Gehörtwerden kein Zweifel möglich war, »des römischen Kaisers Majestät, der der schönen Jungfrau wohl näher als durch bloße Vormundschaft verbunden ist, ja, Jungfrau sag ich, denkt nur nicht Übles von Eurem Kaiser, rat ich, und Eures großmächtigen Freundes, Herrn Hermanns, Weisheit wollen, daß Ihr sie heiratet.« Der Mönch schnaufte nun gewaltig. Aber er sah nicht widrig, nicht häßlich aus, sondern von ehrlicher Überzeugung fortgerissen; ganz jugendlich machte den wohl bald Fünfzigjährigen der Eifer. »Wieder gelogen«, sagte Friedmuth ruhig, »was Herrn Hermann betrifft. Und dem Kaiser sagt, was er nicht weiß, aber was ich Euch hier zeige«, und nicht gerade sehr sanft stieß er ihm den Rücken der rechten Hand gegen die Nase, »kennt Ihr das? Ein Ehering! Ich habe schon ein Weib. Das scheint mir entscheidend.« Und unmutig warf er sich auf die andere Seite, Sebastian den Rücken kehrend.

»Meint Ihr?« fragte der Mönch unverzagt weiter. »Da sieht man Eure laienhafte Unwissenheit. Für uns, das heißt für mich, den Kaiser und die Kirche, ist das gar nichts. Ich will diese Ehe, weil ich an der schönen Frau was gutzumachen . . . – weil ich es nicht aushalte, daß sie liebt, ohne geliebt zu werden. Der Kaiser, weil er alle Ursache hat, seine herrliche Mündel glücklich zu wünschen. Er wollte sie schon dem Herzog von Österreich vermählen, bis er durch mich der schönen Witwe Wunsch erfuhr.«

»Das nennt Ihr Beichtgeheimnis?« – »Sie hat mir's nie gebeichtet! Denn so, wie sie Euch liebt, darf sie Euch lieben sonder

Sünde.« – »Ich habe schon eine Frau!« rief Friedmuth sehr ungeduldig.

»Das ist gerade, was wir bestreiten! Das heißt, Ihr habt eine, solang Ihr wollt. Nur von Euch hängt es ab. Ein Wort, ein Wink, und Frau Wulfheid wird klargemacht, daß sie keinerlei Recht an Euch, über Euch, gegen Euch hat. Bitte laßt mich ausreden, und werft mich erst dann aus diesem Zelt. Es ist ja ganz richtig: Ihr seid vor fünf Jahren in der Kapelle des heiligen Albuin zu Brixen mit der Erbtochter der Fragsburg bei Markt Meran im Etschtal getraut worden. Und Ihr heißet seither Ritter von Fragsburg, statt wie ehedem von Schänna. Ich will nun hinunterschlucken, daß die herbe Frau ihre guten sieben Neujahrskerzen mehr geopfert hat – wenn sie nicht zu geizig war! – oder doch opfern konnte als Ihr. Ich will auch die Kinder hinunterwürgen, die sie Euch nicht geboren hat . . .« – »Was geht das Euch an!« – »Allerdings, mich weniger als Euch. Aber man hat, Fleisch und Blut und Menschenart betrachtet, alle Ursach' anzunehmen, ›der Most riecht stark nach seinen Trauben‹, sagen wir Weinschenken.« – »Was?« – »Ich war nämlich«, fuhr Sebastian hastig fort, »im Zustand meiner sündhaften Weltlichkeit jenem feuchten und allerlei Lastern zugänglichen, aber nicht langweiligen Gewerk zugezünftet. Also, man hat Ursach' anzunehmen, daß . . . Nun, Eure nächsten Freunde, Herr Hermann und Herr Walther, haben es dem Kaiser, der einem alles aus der Seele Grunde fragen kann, wenn er es mit seinem Adlerblick darauf anlegt, einbekannt, daß recht leichtlich eine andere Frau gefunden werden möchte, die besser zu Euch paßte als des gestrengen Herrn Wulfgang gestrengere Frau Tochter. Ja, man flüstert: Noch niemals haben Leute, die euch beide zusammen gesehn, gefunden, ihr seiet gut gepaart. Nun wohlan, es kostet Euch nur ein Wort – nein, nicht ein Wort, wenn Ihr es nicht gern aussprecht –, nur einen Wink, nur ein Blinzeln mit dem einen Auge, mit dem rechten – so! – oder mit dem linken – sehet, so! –, und sie wird von der Kirche für nichtig erklärt, diese Scheinehe.« – »Scheinehe?« – »Ja, Unehe. Denn ihr beide seid vor eurer Verlobung, Paten des Kindes des Grafen von Tirol gewesen. So ist Eure sogenannte Ehe, sobald Ihr wollt . . .«

Er konnte nicht vollenden. Der lang angesammelte Zorn des Ritters brach jetzt los. Er schien ihm in die Fäuste gefahren zu sein. Wenigstens entlud er sich hier: Mit einem kräftigen und wenig ehrerbietigen Stoß schleuderte er den erstaunten Redner an die Eingangslücke des Zeltes; hier blieb der niedere Schemel liegen, sein bisheriger Besitzer flog noch etwas weiter; er ward im Zelt nicht mehr gesehen. Ein ziemlich ungeistlicher Fluch ward draußen vernehmbar. Friedmuth warf sich mürrisch auf die andere Seite. »Alle sagen sie's, wir passen nicht zusammen. Aber wirklich alle. – Ach was! Ich habe noch keine gesehen, die besser zu mir paßte.«

Drittes Kapitel

Da scholl von ferne her Trompetenschall, und Hezilo meldete, eine kleine Schar Reiter, Boten des Kaisers, reite soeben in das Lager ein. Friedmuth eilte ihnen entgegen. Es war nun ganz dunkel.

Aber der Führer der Reiter, von weißem Mantel umflattert, hatte ihn, da er in den Bereich eines Wachtfeuers trat, wohl erkannt. Er hielt das edle Roß an und stieg ab. »Friedmuth!« rief er mit tieftöniger Stimme, ihm die gepanzerte Rechte hinstreckend. »Herr Hermann!« antwortete dieser mit lautem Freudenruf, umarmte den Ankömmling und küßte ihn auf die Wange. »Welche Freude! Viele Wochen, ja Monde haben wir uns nicht mehr gesehn!«

»Ja, mein Freund. Seit wir auf Zypern wieder unter Segel gingen, haben uns Kriegsdienst und Gesandtschaften weit auseinandergeführt.« – »Wohl, wohl«, lachte Friedmuth. »Auf Gesandtschaft verschickt man keinen plumpen Etschtaler. Aber du freilich! Du mußt alle feinsten Knoten bald schürzen, bald lösen; wie im Abendland, in Rom oder in Mailand, so im Morgenland, zu Byzanz, zu Jerusalem, bei den abgefeimten Templern, bei den stolzen Hospitalherren, bei Christen und bei Heiden. Du, des Kaisers vertrautester und weisester Rat.« – »Wenigstens sein redlichster«, seufzte der andere.

Langsam gingen unter diesen Worten die Freunde zu Friedmuths Zelt. Die Reiter hatten aus den kaiserlichen Vorräten Wein und, in Schläuchen von Kamelhaut, Wasser, auch süßes Brot und geräucherte Fische mitgebracht. Dankbar nahmen die karg verpflegten Vorposten die seltnen Bissen entgegen.

Im Zelte hatte Hezilo einstweilen für Erleuchtung gesorgt. Mit Öl gefüllt hingen zwei schlankhalsige Gefäße von schwarzem Ton – uralt ägyptischen Stils, die die Töpfer zu Akkon und zu Joppe immer noch genau in derselben Form bildeten, wie man sie in den Pyramiden findet – an Schnüren von der Spitze der niedern Stange herab, die das Zelt im Inneren stützte. Eine Art Zedernfaser glimmte an der Mündung als Docht. Süßer Duft stieg aus dem Öl und zog durch den engen Raum.

Der Gast legte den Glockenhelm, das aus Maschen genietete Panzerkleid, das er nun »abschüttete«, auch den weißen Mantel mit dem schwarzen Kreuz und das Schwert ab. Beflissen half ihm dabei Friedmuth, ihm den Wappenrock von schwarzem Sammet zurechtstreichend, während er das edle, ernste Antlitz des bedeutend älteren Freundes mit Liebe, mit ernster Ehrerbietung betrachtete. »Lieber, ich meine«, sprach er dann mit innigem Empfinden, »dein dunkles Haar ist gar grau geworden in diesen Monaten. Und so tief waren früher die Falten nicht auf deiner Stirn.« – »Kein Wunder, mein Friedilo!« Und die gewaltigen, meergrauen, durchdringenden Augen trübte tiefe Sorge. »Die beiden Häupter der Christenheit, der Papst und unser großer, herrlicher, vielgequälter Herr, liegen im grimmigen Streit. Und dieser Templer Wut gegen meinen Orden! Aber du bist wenig neugierig. Du fragst gar nicht, weshalb ich komme. So recht. Dein Mantel genügt für uns beide.« Damit ließ er sich nieder. »Haben wir doch schon auf manch blutigem Feld, beide von meinem weißen Ordensmantel zugedeckt, geruht.«

Da lachte Friedmuth, strich den lichtblauen Waffenrock, der unter der Brünne vortrat, beiseite und schmiegte die schlanke, geschmeidige Gestalt auf den äußersten Streifen seines Mantels, der den Sandboden deckte, den breiten, mächtigen Gliedern des

Freundes vollsten Raum überlassend. »Ei, wenn ich dich seh und hab, vergeß ich vor Freude alle Fragen.« – »Rate, was ich dir bringe.« – »Dich selbst, das ist das beste.« – »Doch nicht! Ich bringe dir des Kaisers Gruß und wärmsten Dank.« – »Mir?« fragte Friedmuth in hellem Staunen. »Ja, wofür?« – »Für deine tapfre und überaus kluge Wacht im Norden, auf unsrem linken Flügel, für deine trefflichen, grundgescheiten Warnungen. Schlief deine Wachsamkeit, nein, leistetest du nicht viel mehr, als von dir verlangt war, eines Feldherrn statt eines Vortrabführers Pflicht, so war vielleicht das ganze Heer verloren. Diese falschen Morgenländer sind manchmal selbst für Kaiser Friedrich zu fein. Er glaubte ihren Friedensgelöbnissen, während sie die ganze Masse ihrer ungezählten Reiterhorden immer näher heranzogen. Und seit der Neffe, Annasir Daud von Damaskus, merkte, daß wir zugleich mit ihm und seinem Oheim und Feind, Alkamil von Ägypten, verhandeln . . .« – »Ei, ei! Das versteh ich nicht. Das ist ja . . .« – »Staatskunst, Friedilo, von der du wirklich nichts verstehst. Seitdem hat der Emir, offenbar für den Fall, daß wir mit seinem Oheim handelseinig würden, beschlossen, uns zu überfallen mitten im Waffenstillstand.« – »Waffenstillstand!« lachte der Fragsburger. »Ei, alle Tage gibt's Gefechte!« – »Nur deine Wachsamkeit hat uns gerettet.« – »Nun, das freut mich tief ins Herz hinein, daß ich doch einmal zu etwas nütze war. Mein Kaiser und mir danken!« Und er errötete über und über. Es stand ihm schön. »Und das, meinst du nun, sei alles? Wie jung du noch bist mit deinen fünfundzwanzig Jahren! Ich bin ein Greis im Vergleich mit deiner kindlichen Seele. Der Kaiser wollte dir sofort als Lohn das nächste heimfallende Grafenlehn in deiner Heimat geben. Aber ich habe ihn gebeten, es zu unterlassen. Ich will dich nicht noch festere Wurzeln schlagen lassen in jenem friedlich behaglichen Etschtal, wo nichts zu schaffen ist mit Schwert und Rat. Ich habe ganz andre Dinge – höhere – mit dir vor, mein allzu bescheidener Friedilo. Und ganz woanders als zwischen Etsch und Passer. Daher ersuchte ich den Kaiser, seine Lehen zu behalten und dir – oder lieber noch mir für dich, denn ich kenne dein wahres Heil viel besser als du selbst! – einen Wunsch, eine Bitte an ihn freizugeben, die er zu erfüllen habe, was sie auch fordre. Er lächelte, sein edles, gewaltiges und doch so fein gebildetes Antlitz leuchtete von Geist und Güte, da er, als Pfand solcher Gewährung, diesen Ring von seinem eignen Finger zog und, den schönen rotbraunen Bart streichend, wie er gerne tut, sprach: ›So gut möchte ich es wohl auch einmal haben, daß Kaiser Friedrich mir gewähren müßte, was mein Herz begehrt! Mir schlägt der Gestrenge alles ab, was mein Herz am liebsten hätte.‹ Hier ist der Ring – ein schöner Amethyst –, bewahr ihn wohl. Wer weiß, was er noch für dich bedeutet.«

Friedmuth steckte den Ring ehrerbietig an: »Den Stein hat meines großen Kaisers Hand geehrt, ich werd ihn treulich und als ein hohes Kleinod wahren. Einen Wunsch aber? Ich werde nie etwas zu wünschen haben.« – »Das sage nicht, mein Freund!« sprach der Ältere, und hoher Ernst blickte aus seinen Augen, die tief unter hochgeschwungenen Brauen lagen. »Das Leben, das Schicksal, wie du's nennen willst, ist unergründlich reich an allerlei – wie soll ich sagen? – Heimsuchungen, ja an unlösbarem Widerstreit.« Aber Friedmuth schüttelte das goldig-blonde Haupt. »Für Kaiser und Könige ja! Und für die Vertrauten ihrer Geheimnisse, die der Völker Geschicke lenken, wohl nicht immer wie du nur mit ehrlichen, schuldlosen Mitteln. Aber mir, dem schlichten, allzeit geraden Mann! Ich wüßte nicht, was es mir Schweres auferlegen könnte, das ›Schicksal‹, wie du's nennst. Ich aber sage lieber: Der gute Himmelsherr da oben in Seiner Weisheit und Gnade lastet einem schlichten Herzen nicht mehr auf, als es tragen kann; nur von Schuld halte die Seele frei und das Gewissen rein, so mahnte die liebe, frommselige Mutter. Und das – ich rühme mich ja dessen nicht, denn mir ist nie Versuchung gekommen! –, das hab ich getan von Kindheit an. So daß ich oft nicht wußte, was von Sünden ich dem guten weißbärtigen Thomas, dem Einsiedler zu Kains, vorjammern sollte, wenn die vierwöchige Beichte wieder herankam. Ja, ich habe manchmal am Fasttag nur deshalb ein Stück Fleisch gegessen, damit ich doch was zu beichten hätte! Es freute ihn immer so, den Alten, wenn er mir was zu verzeihen hatte und ein paar Vaterunser als Buße auferlegen konnte. Wenn ich aber sagen mußte: ›Ja Vater, ich weiß nicht, was ich beichten soll. Ich habe nicht einen unrechten Gedanken gehabt, nicht einmal ein wenig geflucht‹, da konnte der Liebe so wild werden, so zornig, daß ich mich schier fürchtete vor seinem Schelten.« Und er lachte hellauf in der Erinnerung.

Draußen war es nun tiefe Nacht und sehr still geworden. Zwar hatten die Krieger Feuer angezündet, die Raubtiere zu verscheuchen. Aber doch drang, vom Südost hergetragen, ganz deutlich in das Zelt das häßliche Geheul und Gewinsel der Schakale, das dem Schreien kleiner Kinder gleicht. Hermann horchte auf. »Üble Schlummerlieder singt ihren Gästen die Wüste.« – »Man gewöhnt es«, meinte Friedmuth. »Anders freilich klingt es, wenn der Geißbub die Ziegen heimtreibt vom Hochsulfen, nachdem die Sonne zu Golde gegangen war hinter dem Marlinger Berg.« – »Hast du nie Heimweh?« – »Nach meinen Bergen? Ja, manchmal!« – »Nicht nach deinem Weib?« – »Frau Wulfheid braucht mich nicht! Ihre Gedanken und Hände haben genug zu tun, den weiten Besitz zu verwalten: ›Das Sach‹, wie sie gern sagt, ›zu wahren und zu mehren.‹ Ihre bösen Vettern, Herr Griffo von Greifenstein und Herr Rapoto von Naturns – Griff und Raff hab ich sie umgetauft –, werden ihr Arbeit genug machen.« – »Greifenstein? Ah, bei Terlan, mittäglich von Euch. Aber Naturns?« – »Oder Maturnes, wie man früher sagte und noch schreibt, aber es sprechen die Leute jetzt Naturns.« – »Ja, Maturnes! So kenn ich's aus der Urkunde des Königs Heinrich, im Vintschgau, oberhalb des Markts Meran und oberhalb der alten Töll?« – »Jawohl, von unten und von oben drängen sie auf die Fragsburg.« – »Aber wie das? Mit welchem Recht?« – »Mit wenig Recht, aber vieler Gier. Du weißt ja, die Fragsburg ist ein Spindel-Lehen.« – »Ich erinnere mich, die Fragsburg ist ein bedingtes Weiberlehen. Doch: wie bedingt?« – »Die Fragsburg ist ein altes Dienstmannenlehen des Reichs, zunächst im Mannesstamm erblich. Erlosch der Mannesstamm, folgt die Erbtochter; doch nur unter der Bedingung, daß sie einen rittermäßigen Gemahl auf die Burg heiratet, der als Stellvertreter den Lehensdienst versieht. Des letzten Fragsburgers, Herrn Wulfgangs, einzig Kind ist Wulfheid.

Zwischen den Fragsburgern, unsern Nachbarn, und unserem Geschlecht, den Burgherren auf Schänna, tobte alter Streit: zumal um das Jagdrecht und das Recht auf den Hau im Bannwald an der Naif und über viele Almen auf dem Iffinger. Um den langen Zwist durch Vergleich zu schlichten, vertrugen Herr Wulfgang von Taufers auf Fragsburg und mein Vater, Herr Friedbert zu Schänna, sich dahin, daß ihre einzigen Kinder sich heirateten. Ich aber und meine Söhne sollten fortab den Namen von der Fragsburg führen, da wir Schänna verkauften.« – »An wen?« – »An den Grafen Albert von Tirol.« – »An den! Ein gewaltiger Herr! Und mächtig greift der um sich, wird bald über alles Land dort in dem Tal gebieten! Er ist gut staufisch. Der Kaiser will ihn zum Burggrafen machen und seine Rechte mehren.«

»Leider blieben uns aber Kinder versagt, ich habe sie so gern, die kleinen Krausköpflein! Sterbe ich nun, so verliert Frau Wulfheid alle Rechte an dem Lehen. Es sei denn, sie heiratet wieder einen Ritter auf die Burg.« – »Und tut sie's nicht?« – »So folgen in das Lehen ihre beiden nächsten Vettern, der Naturner und der Greifensteiner. So lautet der Vergleich, der am Laurentiustage vom Grafen Albert auf seiner Burg Tirol zwischen uns vertragen ward. Aber ihre Vettern haben den Vertrag – ohne Rechtsgrund! – bestritten und gleich von Anfang an die gierigen Hände nach Frau Wulfheids Gut gestreckt. Heiße Fehde hatte ich gegen beide zu führen, sobald ich das Lehen erheiratete. Wie werden sie jetzt die Alleinstehende bedrängen! Aber mir ist nicht bang um sie. Sie hat männlichen Mut. Wird sich weidlich wehren. Ich erhalte, denk ich, bald Nachricht. Es war verabredet, daß sie unsern Burgwart, den alten Oswald, mir nachsenden solle in des Kaisers Lager. Und neulich hörte ich, eine Galeere mit deutschen Pilgern, überholt von einer rasch segelnden Salandria, sei von dieser in Joppe als demnächst zu erwarten angemeldet worden. Gewiß ist Oswald auf der Galeere! Dann werd ich auch hören, ob wieder so viele Bären von Hochrätien herübergekommen sind wie im vorigen Herbst. Es wäre mir sehr leid, daß ich fern bin! Denn ich jage von allem wehrhaften Wild am liebsten Meister Braun! Davon verlangt mich am meisten, etwas zu erfahren.«

Hermann sah prüfend in das offene Antlitz des jungen Freundes. Dann sprach er kopfschüttelnd: »Lebte meine liebe, schöne, süße Hausfrau noch, wie heiß, wie inbrünstig würde ich mich nach ihr sehnen, nach ihrem Kuß, ja nach dem Blick ihres Auges! Sehne ich mich doch, seit sie gestorben, ihr ins Grab zu folgen. Statt in das Grab trat ich in meinen Orden. Liebst du denn Frau Wulfheid nicht?«

Friedmuth sah einen Augenblick schweigend vor sich hin. »Doch! Gewiß, ja, ja! Sie ist das tüchtigste Weib, das ich kenne. Ich glaube nicht, daß man noch solche Hausfrau und Burgherrin findet zwischen Etsch und Elbe.« – »Und das ist alles? Und das nennst du lieben?« – »Ich weiß von keiner andern Liebe! Wie sollte ich auch! Kaum zwanzig Winter zählte ich, da beschlossen mein Vater und Frau Wulfheids Vater, uns zu vermählen. Ich wurde nicht viel gefragt; ich fragte mich selber nicht. Ich kannte sie vorher nicht. Es gefiel mir nicht, als ich sie nun sah, daß sie soviel älter war als ich und nicht ihrer Stimme herrischer Klang; aber ihre wackere Kraft sagte mir zu. Und, wie gesagt, mein Vater – Gott letze seine Seele in der Ewigkeit! Er starb mir, wie die fromme Mutter, allzufrüh! – hat mich gar nicht lang gefragt. Wenige Tage nach der Verlobung war die Hochzeit. Ich zog auf ihr Lehenschloß und hatte gleich soviel Kriegsarbeit mit ihren Vettern, daß ich gar nicht Zeit fand, über Liebe und Ehe nachzudenken und ob mir etwas fehle. Zwar – wissen möcht ich's schon: Ist nun das, was Frau Wulfheid und ich aneinander haben, alles, was es zwischen Mann und Weibe gibt? Ist das die Minne, von der mein Walther singt – und noch viel heißer der Meister Gottfried? Dann muß ich wirklich sagen: Es ist nicht der Mühe wert, so wild und süß immer wieder davon zu singen. Und gar so viel! Auch muß ich dir gestehen, daß meinem schlichten, wohl allzu derben Sinne gar vieles arg mißfällt, was der Minnedienst erheischt. Herr Ulrich von Lichtenstein zum Beispiel scheint mir – verzeih's mir der heilige Udalrich! – ein Narr. Und wenn ich, wie Herr Gahmuret seiner Herzeloide, meiner Frauen Hemd auf meinem Ringpanzer tragen und, nachdem es recht zerhauen, ihr wieder anziehen wollte, ich würde Frau Wulfheid über Vergeudung schelten! Ich schämte mich ob solcher Torheit zu Tode. Ich diene und fechte für den Herrn Christus und den Herrn Kaiser, für meiner Seele Heil und für des Reiches Recht und Ehre, aber nicht für meine Ehefrau – oder gar für andrer Männer Ehefrauen – Minnedank.« – »Hast recht, Friedilo. Es muß entweder für Gott oder für das Reich etwas herauskommen bei jedem Dienst, sonst ist es Torendienst.« – »Oder weiß ich es nur nicht«, fuhr Friedmuth, laut denkend, fort, »daß mir etwas fehlt? Auch gut! Dann fehlt mir's ja nicht!« – »Aber horch! Was ist das?« fragte der Deutschritter. »Das klingt anders als der Wüstenwölfe Geheul.« Von der Ferne her, immer näher dringend, ward, manchmal durch das Wiehern eines Rosses, durch den Erzklang aufeinanderklirrender Waffen unterbrochen, durch die Stille der Wüstennacht von gar melodischer Stimme gesungen:

»Unter den Linden,
Auf der Heiden,
Wo ich mit meinem Trauten saß,
Da mögt ihr finden,
Wie wir beiden
Blumen brachen und das Gras.
Vor jedem Wald mit hellem Schall,
Tandaradei,
Sang ihr Lied die Nachtigall.«

Viertes Kapitel

»Beim reichen Gott im Himmel«, rief Friedmuth, »das ist Herrn Walthers Stimme!« Er sprang hastig auf und eilte aus dem Zelte, dem Ankömmling entgegen; langsamer folgte Herr Hermann.

Bald schritten ihm jene beiden Hand in Hand entgegen. Der neue Gast zählte gut über fünfzig Jahre. Aus der offenen Kesselhaube, die über dem Stirndach zwei fliegende Lerchen im blauen Felde wies, quoll das lange Haar, das noch in Fülle das edle

Haupt, das freundliche und heitere Antlitz umrahmte. Das Gelock war schön kastanienbraun, aber schon stark mit Grau gemischt; noch mehr der krause Bart, der auf dieser Fahrt gar lang und breit gewachsen war. Der kluge, herzgescheite und herzgewinnende Blick der gold-braunen Augen war aber noch so jugendlich und noch so warm! Um den feingeschnittenen Mund spielte Güte und heitere, schalkhafte Laune. Reichtönig und weichtönig erklang die schöne, die vielgeübte Stimme.

»Gott willkommen, edler Herr Walther! Welcher gute Wind hat Euch gerade hierher geblasen?« – »Das Herz, mein hoher Herr von Salza, hat mich hergezogen. Friedilo und ich, wir sind alte gute Gesellen und Herzensfreunde, obwohl ich sein Vater sein könnte, und Nachbarn seit vielen Jahren.« – »Nun, nähere Freunde als Nachbarn«, fiel dieser ein. »Aber zum Freund ist's niemals weit, und gar oft hab ich frohe Rast gehalten und reiche Weide gefunden, als wär ich selbst ein Falke und vom Kaiser Herrn Walther zur Pflege überwiesen, im guten Haus zur Vogelweide.« – »Leider ist's arm, das Häuselein, und gar karg sind seine Zinsen. Hab ich nur einmal, um das ich schon gar manchen Fürsten und drei römische Kaiser angesungen, hab ich nur erst ein Lehen, dann sollt Ihr den Walther als milden Wirt erkennen. Als ich nun in Eurer holden, buchengrünen Heimat, Herr Hermann, im Thüringlande, fahrend, vernahm, der Herr Kaiser habe die Reichsministerialen des Etschlandes zur Kreuzfahrt aufgemahnt – befehlen kann er's ja nicht –, da wußte ich, daß der Fragsburger nicht säumen werde. Und so schloß ich mich, die lang von mir gelobte Fahrt nun endlich anzutreten, der kleinen Schar an, die der junge Landgraf, Herr Ludwig – frohe Tage hab ich gelebt auf seiner waldumrauschten Wartburg! –, durch Bayerland über die Alpen und durch mein Eisacktal führte. Mein Dienstherr, der von Gufidaun, sah mich zwar ungern ziehen, aber zuletzt gab er mir doch Urlaub und schenkte mir zur Fahrt diesen grünen Waffenrock von Flanderzeug und dies wackere Hemd von Eisenschuppen und Maschen, in dem ich stecke vom Scheitel bis zur großen Zehe. Auch die Etschtaler Dienstmannen zogen Herrn Ludwig zu, und wie warm empfing mich zu Bozen dieser Friedilo!

So ritten wir denn zusammen die Etsch entlang nach Welschland hinein, nur kurze Zeit getrennt bei Genua, wohin mich der Kaiser entbot und wo ich damals Euch, Herr Hermann, traf. Bei Perugia traf ich mit Friedmuth wieder zusammen, und wir blieben beieinander bis zur Lagerung vor Joppe. Von da aus ward der junge Held hierher geschickt, zur äußersten Vorhut an der Wüstenmark. Mich Alten behielt der Herr Kaiser bei sich zurück.« – »Er wußte wohl, warum«, lachte Friedmuth. »Er liebt die edle, die frohe Kunst; und wer in seinen weiten Reichen, wer singt, seit die Nachtigall von Hagenau, Herr Reinmar, der Alte, verstummt ist, so süß wie dieser Liedermund?« – »Jawohl«, bestätigte der von Salza, »hat doch selbst Gottfried von Straßburg . . .« – »Den hat Frau Minne selbst gelehrt!« unterbrach Walther.
». . .nach Reinmars Tod gesungen:

Wer leitet nun der Sänger Schar
Im süßen Minnesang?
Ich finde die, ich bin nicht bang,
Die würdig unser Banner trag':
Die Meisterin, die wohl das mag,
Die von der Vogelweide.«

Da fuhr Friedmuth fort:

»Wie schallt ihr Lied so wundervoll
Hin über Flur und Heide!
Wie reich sie wandelieret,
Wie fein sie modulieret.«

»Und wie sie jetzt sich schämet, zu reich mit Lob verbrämet!« lachte Walther. »Als ich nun aber erfuhr, daß zu den Scharen links von dir Verstärkungen geschickt werden sollten, erbat und erhielt ich die Erlaubnis, mitzureiten. Ich bog nach rechts ab, als ich von ferne dein Lagerfeuer sah: Ich wollte dir doch wieder einmal in die steten Augen blicken. Morgen früh reit ich hinüber auf meinen Posten.«

»Und ich mit Euch«, fügte Herr Hermann bei; »ich hab einen Auftrag an den Führer.« – »Was sind's für Ritter, und wer ist der

Führer?« fragte Friedmuth. »Schwaben vom Lech und Allgäuer von der Iller; und es führt sie der Freyberger.« – »Wie? Der Freyberger? Der vieledle Herr von Eisenberg?« – »Jawohl, Herr Julius.« – »Den segne der lichte Himmelsherr!« rief Friedmuth. »Er hat ihn schon gesegnet«, sprach feierlich der Herr von Salza. »Denn er hat ihm das reinste Herz gegeben.« – »Mir aber hat heute der milde Gott hellste Freude gegönnt«, rief Friedmuth. »Er schickt mir die zwei liebsten Menschen, die mir auf Erden leben.« – »Gut, daß dich nicht Frau Wulfheid hört, die vielgestrenge«, lachte Walther. »Sie trägt mir ohnehin wenig Gunst! Ein Sänger deucht ihr ein Tagedieb in Gottes Welt und die Harfe gar unnützer Hausrat.« – »Ach ja«, meinte Friedmuth gutmütig. »Darüber gab es wohl oft Streit. Doch darüber auch allein. Sie mag nichts von der Dichtung hören. Und mir – mir ist sie so teuer! Mir selber ist ja Lied und Sang gänzlich versagt, aber ich hör es gar so gern! Ein edles Lied, zumal dieses Vogelweiders da, könnte mich fortziehen, fortreißen, berauschen wie edler starker Wein; aber nur zu guten Werken.« – »Und das«, lachte Walther, »war euer einziger Streit? Höre, Friedilo, du bist gar zu vergeßlich! Oder gar zu gut! Eifersucht ist ja Frau Wulfheid so unentbehrlich zum Leben – so notwendig ihrer Art wie – ja, wie Atemholen! Da ihr nun der getreueste aller Ehemänner nie auch nur die Möglichkeit des Argwohnes wegen eines Schürzleins gibt, wirft sich ihr unbeschäftigter Zorn auf seine Freunde.«

»Ja«, meinte Herr Hermann lächelnd, »in Eifersucht um ein Weib möchte ich die tapfre Tochter Herrn Wulfgangs nicht gerne sehen. War sie doch einmal ziemlich unwirtlich gegen mich, nur weil ich ihr zuviel von ihres Mannes Gunst und Gedanken für mich zu nehmen schien.« – »Jawohl! Ist sie doch sogar auf Tiere eifersüchtig! Schenke ich dem guten Friedmuth da, weil ich weiß, er hat die Vöglein gar lieb – wie jedes sinnige Menschenkind weiß: wer Vöglein nicht mag, der ist dumm oder bös oder beides zumal! – schenk ich ihm einen Steinrötel. Ich sag Euch, Herr Hermann, einen Vogel – ich hatt ihn selbst gezogen –, viel gescheiter als die meisten Menschen, einen Vogel wie ein liebes

Engelein! So zahm, so zutraulich! Und gesungen hat er – schöner als die Chorknaben im Dom. Hat denn auch Friedmuth große Freude an dem klugen Tier gehabt und hat ihm das Futter selbst aus Hand und Mund gereicht und hat es gestreichelt – so, über die Flügeldecken hin! – und hat oft gar lange seinem herrlichen Gesang gelauscht. Nun kurz, wie ich wieder auf die Fragsburg komme, ist der Vogel fort, und Frau Wulfheid sagt mir – im Glauben, ganz recht getan zu haben, sie hat nämlich immer recht! –, das dumme Vieh habe ich fliegen lassen, weil sich Friedmuth mehr mit ihm abgegeben hat als mit mir!« – »Das ist nun einmal ihre Art zu lieben!« entschuldigte Friedmuth. »Die lohne ihr der üble Höllenwirt«, lachte Walther.

Hermann sah, daß des Freundes offenes, heiteres Antlitz sich leise umwölkt hatte, er lenkte ab. »Wo habt Ihr Streitroß und Reiseroß gelassen?« fragte er Walther. »Bei den Knechten. Die letzte Strecke ging ich zu Fuß neben dem Reisegaul. Ich hatte unterwegs ein Lied eingefangen – oder das Lied mich –, das in der Nachtluft flog. So die erste, die Grundgestalt eines Stückleins sinnieret sich ganz gut im Sattel, aber Reim und Gegenreim findet man besser zu Fuß. So ließ ich mir denn die kleine Harfe vom Kamel – denn auch ein solches gab uns der Kaiser mit – herunterreichen, die hat's auch nicht geahnt, da sie der Meister zu Wien baute, daß sie einmal auf eines solch ungefügen Tieres Rücken liegen werde, und hob an zu greifen. Die Handschuhe an dem Schuppenhemd des Gufidauners habe ich mir längst abgehackt. Nun trag ich sie über den Sattel gehängt, denn sonst mußt ich mich immer erst bis aufs Wams ausziehen, wann mir was einfiel und ich es auf den Saiten fingern wollte. So ging ich denn zu Fuß im tiefen Sand und sang dazu, als ob ich mit der Herrin auf grüner kühler Heide zöge.« – »Weißt du's noch, Walther, wie du, so zu Fuße wandernd und ›steile Stiege stapfend‹, da wir über den Jausen stiegen, auf der Bärenjagd im Waltental aus dem Stegreif ein Lied sangst? Wie war es doch:

Deutsche Männer sind wohl gezogen,
Recht wie Engel sind die Frau'n von Art.«

»Ja! Das war dazumal!«

»Ja! Und Herr Leutold von Saeven war der dritte! Weißt du noch, wie der dich damals ansang?«

»Höre, Walther, wie's mir steh,
Mein Trautgeselle von der Vogelweide!«

»Wohl, wohl! Aber wer war doch der vierte?«

»Das war dein Schüler, der eifrigste von allen, die dir nachstreben, der junge Herr von Rubein.« – »Freilich! Der ist so eifrig, daß er manchmal, ohne es zu merken, meine Reime in die seinen mengt! Nun! Schadet nichts! Ich mach halt neue!« – »Der träumt von dir am hellen Tage. Weißt du noch, wir anderen schliefen nach dem Jagdschmaus, da hatte er ein langes Loblied auf dich ersonnen und trug's uns vor. Ich glaub, ich kann's noch, so oft mußt er mir's später wiederholen.« – »Wann ich nicht dabei war!« – »Nun, einmal«, meinte der Herr von Salza, »könnt Ihr's mir zuliebe wohl aushalten. Sag mir's, Friedilo, wenn du's noch weißt.«

Und Friedmuth hob an:

»Kein liebes Vöglein kommt zuleide,
Das dir in Garn und Schlaghaus geht!
Im Winter, wann durch Wald und Heide
Der Eiswind und der Hunger weht,
Da trifft in deiner Halle Weide,
Was zierlich Schopf und Fittich dreht:
Frei, sonder Käfig, hüpfen sie
Auf Harfe dir, auf Buch und Knie.

Dann ruhst du, deckend Bein mit Beine,
Das Kinn geneigt zur Hand geschmiegt,
Bei mattem Wintersonnwendscheine
Durch Hänflingsang in Lenz gewiegt,
Indes nach Donau, Mur und Rheine
Gedenken früherer Zeit dir fliegt,
Gedenken, wie du rangst und strittst

Und wie du minntest, sangst und littst.

Doch wann der Frühling kaum vom weiten
Den scheuen Gruß der Halde beut,
Wann in dem roten, eisbefreiten
Geknosp der Saft sich schwellend neut,
Wann schüchtern um die Dämmerzeiten
Zuerst die Amsel lockt – wie heut! –
Dann schließt du auf die Winterfeste,
Und hui, entschwirren deine Gäste. –

Und Undank ist nicht Vöglein Weise!
Sie kennt dich gut, die luft'ge Schar:
Ziehst du im Mai auf grüne Reise,
Wirst du geleitet wunderbar.
Das singt und flattert laut und leise
Zu Häupten dicht dir um das Haar
Und grüßt: ›Herr Wirt der Winterrast,
Im Wald bist du nun unser Gast.‹

Und nun hebt's an. In Ätherreine
Trilliert der Lerchen Morgenchor,
Schwarzköpflein singt im Busch, das Feine,
Herr Fink schlägt schmetternd dir ins Ohr,
Bachstelzlein wippt auf feuchtem Steine
Und aus dem Eichstumpf lugt hervor,
Mit silbertönigem Gepiep,
Zaunköniglein, der kleine Dieb.

Ja, rings im Buchhab schwankt kein Reislein,
Von dem kein Waldwillkomm! dir hallt,
Im Klopfen rasten Specht und Meislein,
Pirol, der flötet, daß es schallt,
Durchs nied're Weidicht schreit das Zeislein:
›Herr Walther kam zum grünen Wald.‹
Und Nachtigall setzt sich, zu ruhn:
›Du kamst und singst: So schweig ich nun.‹«

Fünftes Kapitel

»Ja«, meinte Walther, »damals ist's gar schön gewesen. Und so viele Jahre weniger grau war ich auch! Und dort weht ein besseres Lüftlein als in diesem Land. Sie heißen's das Gelobte! Das verfluchte sollten sie's nennen!« schalt der Sänger. »Was? Wie?« riefen da Herr Hermann und Friedmuth zugleich. »Ei, Herr Walther«, neckte der erstere. »Widersprechen sich die Sänger so leicht so bald?« – »Jaja, Freund! Wie hast du doch schon zu Schiff und gleich nach der Landung dieses Land gerühmt! Wie lautete das doch anders! Gib acht, ob ich's noch weiß:

Von allen Landen, allen Reichen,
Die je ich schaute, schön und hehr . . .«

Da fiel Herr Hermann ein:

»Kann keines sich mit dir vergleichen,
Du Land vor allen, reich an Ehr'.«

Aber Walther selber fuhr fort:

»Wo eine Jungfrau einst gebar,
Hoch über aller Engel Schar.«

Und Friedmuth schloß tief feierlich:

»Solch Wunder sah man nimmerdar!«

»Nun, und? Ihr zeiht mich ohne Grund des Widerrufs«, sprach Walther. »Was hab ich denn an diesem Land gepriesen? Doch wahrlich nur, was jeder Christenmensch mit Schauern der Ehrfurcht preisen muß! ›Solch Wunder sah man nimmerdar.‹ Ist das etwa nicht wahr? Und hab ich etwa gesagt, daß hier ein gesunder Ruch und Wind wehe? Daß hier gut wohnen sei und daß wir Deutschen hier bleiben sollten? Sankt Georg soll uns davor bewahren! Unser Herrgott hat es auch nur gewählt, darin gemartert zu werden – dafür ist es freilich gut – und darin zu sterben, nicht, um so recht vergnügt darin zu leben. Was wir hier sollen, wissen nur der Teufel und unser Kaiser, der ja des Teufels Wahlsohn ist, wie von allen Kanzeln die Pfaffen predigen. Ich aber stehe doch zu ihm: ›Mir ist nicht bang um meine Seele, steh ich zum Kaiser und zum Reich.‹« Aber nun nahm Herr Hermann das Wort: »Ihr wißt, der Papst hat ihn vor Jahr und Tag gebannt, weil er, erkrankt, nicht binnen vorgesteckter Frist den früher, in jungen Jahren, versprochenen Kreuzzug ausführte!« – »Nicht ausführen konnte!« unterbrach Walther. »Ich war dabei! Ich könnte dem Heiligen Vater als Augenzeuge eiden, wie der Herr Kaiser, der schon das Schiff bestiegen hatte, gleich dem lieben Herrn Landgrafen Ludwig von Thüringen von der bösen Lagerseuche befallen wurde: Beide mußten wieder landen bei Otrantum. Der fromme Landgraf – der jugendschöne Herr, noch nicht achtundzwanzig Jahre war er alt – starb gleich darauf. Gott lohnt ihm jetzt seine Milde im Himmel: Aber auf der Wartburg geht gar traurig unter Witwenschleier die reine Frau Elisabeth! Und der Kaiser war recht nahe daran, ihm nachzufolgen. Wie wankte, vom Fieber gerüttelt, die herrliche, die hohe Staufer-Gestalt! Wenn das der ›Grimmige Gregor‹ nicht glaubt, ich kann's beteuern.« – »Euch würde er auch nicht gerade sehr viel glauben«, lächelte der Hochmeister. »Eure Sprüche wider Rom sind so unsanft . . .« – »Wie seine Briefe! Ist der Mann doch über achtzig Jahre. Er sollte Friede halten.« – »Er ist versippt dem großen Innocenz und will dessen Werk vollenden. Sich aus dem Bann zu lösen, hat nun – zumal auf meinen dringenden Rat – unser Herr dies Jahr die Meerfahrt angetreten! Denn aus dem Bann muß er sich lösen, sonst sprechen ihm die unbotmäßigen Fürsten daheim die Krone ab, und obendrein mit Schein des Rechtes! Nun hat der Heilige Vater aber den Bann erneuert, weil ein Gebannter das Kreuz nicht tragen dürfe.«

»Ja, ja« zürnte Walther. »Er hat uns nachgerufen, der Kaiser sei ein Diener Mohammeds! Und nicht als Pilger, als Seeräuber. Piratae nennt man das, zögen wir über die See. Du weißt es, reicher Gott, was ich bisher dabei geraubt habe!« – »Und nur allzu viele im Lager«, fiel der Deutschmeister bei, »sind froh, ihren Ungehorsam wider den Kaiser durch des Papstes Gebot gerechtfertigt zu finden. Außer seinen Haustruppen, vor allem seinen Arabern, sind ihm fast nur noch die Pisaner und die Genuesen treu: Deren Gonfaloniere half mir wacker.« – »Und die Deutschen«, meinte Walther. »Das versteht sich von selbst«, sagte Friedmuth. »Leider nicht, mein Sohn«, seufzte der Hochmeister. »Er hat der Feinde genug daheim im Reich. Aber die Deutschen im Lager halten noch aus: Hatte doch der Papst mir zugemutet, an Stelle des gebannten und jedes Rechts entkleideten Kaisers die Deutschen und die Lombarden zu befehligen. Meine scharfe Weigerung hat denn auch manche Lombarden dem Kaiser treu erhalten.« – »Und hohe Zeit war es dazu«, rief Walther. »Denn der Heilige Vater hat zwei Mönche von den Franziskanern – des Papstes Jagdhunde nennen sie sich mit Stolz – uns nachgeschickt nach Syria. Die haben – ich sah sie selbst in Akkon: Recht lieblich waren sie. Der eine glich einer alten Nebelkrähe, der andere einem jungen Wiedehopf –, die haben überall den Bann verkündet und dem Patriarchen, den Ordensrittern, den Deutschen, ja allen Christen verboten, des Kaisers Kriegsbefehl oder Gerichtsbann zu gehorchen. Und haben ferner ausgerufen: ›Allen Kreuzfahrern, die gegen die Heiden und für Christi Grab das Gelübde getan, ist das Gelübde gelöst, wenn sie nach dem Abendland umkehren und des Kaisers Erbland in Italia verwüsten helfen im Heere der päpstlichen Krieger.‹ In den Bannern führen die Sankt Petri Schlüssel. Sehr überflüssig. Denn alle Kistenschlösser öffnen sie, alle Truhen leeren sie – ohne Schlüssel! Alle Frauen verunehren sie! Ich wollte sehr – verzeih mir's der milde Gott –, der Herr Kaiser kehrte diesen päpstlichen Wurfspeer um und spräche: Wenn die Päpstlichen ärger sind als die Heiden, führe ich das Kreuzheer gegen die Schlüsselschelme. Trotz meines grauen Bartes, auf diese Dietrichritter möchte ich noch einmal weidlich schlagen.« – »Der Herr Papst hat noch viel schwerere Schuld als die Schrecken dieses Krieges auf seine Seele geladen«, sprach der Hochmeister sehr ernst: »Er hat unseres großen Kaisers Herz abgewendet vom Herrn Christus selber, in dessen Dienst und Namen der Papst solche Taten vollbringt. Kaiser Friedrich glaubt schon lange nicht mehr an Rom. Er glaubt auch herzlich wenig mehr an den Heiland.« Da schlug Friedmuth mit tiefer Bewegung ein Kreuz: »Gott, gnadenreicher Herr, erleuchte ihn und rette seine Seele!« – »So glaubt er wirklich an den Propheten seiner arabischen Leibwachen?« fragte Walther, fast ängstlich.

»Nein, an den glaubt er auch nicht. Er glaubt nur an sich selbst und seinen Stern, wie er es nennt«, seufzte der Ritter. »Ist wenig!« meinte der Sänger. »Der Himmelsherr mag jeden Christen davor bewahren!« – »Nicht aus Mutwillen, Lieber, zweifelt jener edle Geist. Aus bittrer Not, aus Notwendigkeit der Gedanken. Ich aber halte mir meinen Christenglauben immer wieder tüchtig sturmfrei, wie eine feste, kriegsbedrohte Burg. Allein der Heilige Vater macht das oft zu saurer Arbeit. Und mein Kaiser, wie straft er meinen frommen Glauben oft mit Spott! Wenn der hohe Herr – er hat mehr Gedanken in seinem schönen, strahlenden Haupt als alle anderen Könige der Christenheit zusammen –, wenn er sich arabische Schriftgelehrte, jüdische Lehrer und unsere weisesten Äbte und Bischöfe nach Palermo kommen und sie in seiner Gegenwart Religionsgespräche halten läßt, indes unter seinen Augen im Zwinger Leopard, Panther und Gepard vor ihm sich balgen, während er den Falken streichelt oder Frau Giocondas wunderbar schönes Haupt, und dann und wann den Perserapfel taucht in den Wein von Chios und ihn mit feinem Schmunzeln in den hochmütig spöttischen Mund schiebt und wenn er dann, nachdem sie sich alle gegenseitig widerlegt haben und mit roßheißen Köpfen widereinander dräuen, wenn er dann so vergeblich seinen schönen rotbraunen Bart streicht und sie entläßt mit den Worten: ›Ihr habt alle gleich recht, weise Herren‹, und wenn die drei bösen Katzen unten sich niedergebalgt haben – sie können einander nichts Ernstliches antun –, dann graut mir leise vor diesem Mann, desgleichen nie den deutschen Kaiserthron geschmückt.« Da sprach Friedmuth traurig: »Ich kenne ihn soviel weniger als Ihr, und doch: Ich liebe ihn so heiß und muß ihn tief beklagen. O weh! O weh um ihn! Er glaubt nicht mehr an Christus, den Herrn? Wie kann er leben dann? Wie glücklich sein? Vor wem mag er sich demütigen um Sündenschuld? Und, trifft ihn Unheil, unverschuldetes, wie mag er sich getrösten, daß es doch zum Guten führt? Wahrlich, ein niedriger und unkluger Mann bin ich gegen den Herrn Kaiser. Aber ich tausche nicht mit ihm! Denn mir meinen Christenglauben aus dem Herzen reißen, wo ihn gar tief die liebe Mutter eingewurzelt hat, das kann kein Mensch und kein Geschick auf Erden. Eher möchte der Herr Kaiser mit seiner ausgestreckten Hand den schönen Abendstern vom Himmel pflücken.« – »Auch mir hat er«, sprach der Deutschmeister, »nur ein paar Vorschanzen verbrannt. An die Hochburg meines Glaubens reichen seine Feuerpfeile nicht. Dürfte ich sonst noch dieses schwarze Kreuz hier tragen? Ja, sogar mit Rom muß ich ihn wieder aussöhnen trotz alledem, und trieben es der Bischof dort und andere übereifrige Pfaffen noch zehnmal ärger.« – »Kann mir das nicht recht vorstellen!« meinte Herr Walther. »Aber Euch, Herr Hochmeister, hat der Himmelsherr seine weiseste Gabe verliehen: das Maß; und mir ein heißes Herz, das noch im Alter hastet.«

»Unablässig arbeite ich an der Versöhnung. Um des Reiches willen! Das ganz anderes dringend verlangt, als daß die beiden Häupter der Christenheit einander soviel Böses antun, als sie nur können. Auch helfen mir dabei gar manche wackere Bischöfe in Welschland und im Reiche. So all die eurigen an Etsch und Eisack: Sind alle gut kaiserlich.« – »Ja«, bestätigte Friedmuth, »auch Frau Wulfheids Ohm, Herr Heinrich von Taufers, der seit kurzem den Bischofsstuhl von Brixen bestiegen, ist dem Kaiser treu ergeben.«

»Und er ist ein gewaltiger Mann, der Herr Heinrich!« sprach der Hochmeister. »Ich kenne ihn genau: Er hat ja viele Jahre fern Eurer Heimat in Welschland gelebt als Abt, aber auch als Vermittler zwischen Rom und Friedrich. Ein strenger Mann! Unerbittlich gegen das Unrecht, scharf im kanonischen Eifer. Darum hat ihm der Papst befohlen, um die gesunkene Zucht der Mönche und Nonnen in euren Bergen zu heben, auch in jenen Klöstern Visitation zu halten, die nicht unter Brixen, sondern unter Trient stehen oder Chur.« – »Es gefällt mir nur nicht an ihm«, meinte Walther, »daß er so gerne Hexen brennt. Es gibt ja Hexen, gewiß: Die Bibel sagt es, die Canones und die Reichsgesetze. Aber nicht jedes alte arme Weib, das rote Augen hat und mit sich selber redet, auch wohl ihren Nachbarn mal was Böses wünscht – das tun wir alle manchmal –, ist des Teufels Buhlin. Der Teufel hat auch gar keinen so schlechten Geschmack, daß er sich so oft die Ältesten aussuchte! Herr Heinrich aber stößt auf Hexen wie die Krähe auf den Uhu. Der verbrennt seine eigene Nichte, Frau Wulfheid, gilt sie ihm als Hexe, so ruhig wie jede Bettlerin.« – »Ja, gerade auch zur Ausbrennung der Hexen – ein trauriges Geschäft – hat ihm der Papst für Euer Land besondere Einschärfung und Vollmacht gegeben«, fuhr der Herr von Salza fort. »Aber er ist von unbeugsamem Rechtssinn: fest und hart und klar, freilich auch unerweichbar wie ein Diamant. Ich darf ihn fast meinen Freund rühmen.« – »Ich kenne ihn beinah gar nicht«, sagte Friedmuth. »Er kam erst ganz kurz vor dieser Kreuzfahrt aus Welschland in die Heimat zurück. Und vor meiner Verheiratung trennte ja bittre Fehde uns Schännaer von den Herren von Fragsburg und von Taufers.« – »Aber zur Zeit«, seufzte Herr Hermann, »kann ich nichts ausrichten in Versöhnung und Vermittlung. Der Kaiser hat, einmal hier in Asia gelandet, seines großen Vaters Pläne wieder aufgegriffen. Gleich unterwegs, im Vorüberfahren, hat er das schöne Eiland Cypria als kaiserliches Lehen in gute Verwaltung genommen.« – »Heißt er doch jetzt schon König von Jerusalem«, fiel Walther ein. »An diese Krone – ja vielleicht auch an die von Byzanz – denkt er vielmehr, der herrschgewaltige Mann, als an das Grab Christi.« – »Dies Grab ist – leer«, sprach Friedmuth ernst. »Der Herr Christus aber thront über den Wolken zur Rechten Gottvaters, des starken Himmelskönigs. Der reiche Christ da oben kann, wenn er es will, sein ehemaliges Grab selbst schützen und die frommen Pilger.« – »Die frommen Pilger sind leider oft sehr unfromm«, grollte Herr Hermann. »Da streiten sie mit Worten und Waffen um den rechten Glauben oder um ihre Privilegien in der heiligen Grabeskirche selbst, so daß, zur Schande der Christenheit, die Heiden den Frieden des Ortes schützen müssen gegen die Frevel der Templer, Turcopulen und Pullanen.« – »Ich bin ein schlichter Mann«, sprach Friedmuth, »ich verstehe nichts von den Plänen unseres Herrn. Aber nach meinem Unverstand ist Zeit und Kraft und Gut und alles verloren, was unser Kaiser auf dies Land wendet. Es ist, wie wenn er edelsten Saatweizen nähme und in die Wüste würfe: Der Wind verweht's, der Sand verschüttet's. Ohne Spur und ohne Frucht vergeht's.« – »Dein Unverstand ist klarste Einsicht«, sagte Hermann. »Täglich warne ich den Herrn in gleichem Sinne. Buchstäblich hast du recht mit deinen Worten! Vor zehn Jahren haben wir deutschen Herren am Nordeingang der Wüste eine Siedlung gegründet. Kolonie nennen wir's gar vornehm. Mit unsäglicher Mühe ward eine Straße gebaut, eine Umschanzung aufgeworfen, ein Brunnen erbohrt. Jetzt, bei dieser Heerfahrt, führte mich eine Gesandtschaftsreise wieder über den Ort: Alles spurlos verschwunden! Die Menschen am Wüstenfieber, am Durst, an der Sonne verschmachtet oder geflüchtet: Straße, Schanzen, Brunnen so haushoch vom Sande verschüttet, daß wir mit größter Mühe an ein paar Ziegelsteinen die Stätte wiedererkannten. Ich habe den Kaiser und seine vertrautesten Räte dorthin geführt, aber auch noch andere.« Er hielt inne, und noch ernster ward sein Antlitz.

»Wen?« fragte Walther. »Wenn es kein Geheimnis ist«, meinte Friedmuth bescheiden. »Für euch schon jetzt nicht mehr. Bald, hoff ich, für niemand mehr. Schweigt noch einstweilen. Die anderen waren die Komture meiner deutschen Herren!«

Sechstes Kapitel

»Alles Heil euch tapferen Männern mit dem schwarzen Kreuz auf weißem Mantel!« rief Friedmuth begeistert. »Groß ist euer Ruhm bei Christen und bei Heiden. Ich habe euch oft an der Arbeit gesehen: am Bette der Pestkranken in eurem Hause zu Akkon oder auf glühendem Wüstenweg als Begleiter der Pilger, im Kampf mit zehnfacher Überzahl!« – »Aber doch erst, seit Herr Hermann sie leitet, kommen die deutschen Herren zum längst verdienten Ansehen. Hat sie doch der Papst erst seit kurzem gleichgestellt den Templern und den Hospitalitern.« – »Ja, seit wann und warum?« rühmte der Fragsburger mit blitzenden Augen, auf des Hochmeisters Schild deutend, der an der Zeltstange lehnte. »Weil vor Damiette dieser weise Mann des Rates, dieser vorbedächtige Herr Hermann, so gewaltige Schwertstreiche geschwungen hat, den neidischen Templern zur Seite, daß Papst und Kaiser ihm in das schwarze Kreuz seines Hochmeisterschildes – hier – das Goldkreuz von Jerusalem gesetzt haben. Das darf kein anderer führen.« – »Und damals war es doch, jetzt sind's neun Jahre«, fragte Herr Walther, »daß der hochmütige Franzose . . . Wie hieß er? Héron?« – »Es war«, antwortete Friedmuth rasch und stolz, »der Connétable Héron de Taillefer-Bréholle.« – »Nicht wahr, der ritt an Euch heran, senkte seine Lanze und sprach: ›Beim Glanze Gottes, nun will ich an der Loire melden, daß die Deutschen fast soviel besser das Schwert als wir die Lanze führen.‹ – »Ja«, sagte der Herr von Salza ruhig. »Ich lud ihn darauf gar sehr höflich zum Lanzenrennen in dem eroberten Damiette und stach ihn beim dritten Anrennen vom Gaul.« – »Und Gott hat Euch wunderbar gesegnet von Anbeginn«, sprach Friedmuth. »Was ist doch der Orden gewachsen, seit vor einem Menschenalter ein paar wackere Bürger von Lübeck und Bremen im Lager von Akkon aus einem alten zerschlissenen Segel ein Zelt errichteten – das war das erste ›deutsche Haus‹, ohne Balken und Dach – für kranke deutsche Pilger. Denn Templer und Hospitaliter wollten nur Franzosen und Welsche pflegen und schützen.« – »Ja, die Templer! Meine Ritter haben ein Sprichwort: ›Dem wahren Kreuz hat das Rote mehr denn der Halbmond geschadet.‹ Wie mußte ich doch streiten wider die Herren vom Tempel, des Papstes Innocenz Schoßsöhne! Nicht einmal den weißen Mantel wollten sie uns tragen lassen! Der Papst entschied zuletzt: Aus schlechterem Stoff als dem der Templer muß unser Mantel sein.« – »Das bringt Euch keine Schande!« sprach Friedmuth. »Freuden und Prunk versagt Euch Euer Gelübde. Ihr dürft ja gar, ihr Brüder vom deutschen Hause Sankt Marien, an Sattel und Zaum, an Helm und Schild nicht Gold, Silber oder weltliche Farbe führen.« – »Papst Innocenz war uns wenig hold«, fuhr der Hochmeister fort. »Aber Honorius und jetzt Gregor hab ich allerlei Privilegien abgerungen. Die Staufer jedoch haben uns von jeher hoch geehrt: Herr Heinrich, Herr Philipp und nun gar der gewaltige Friedrich. Ich schlug sogar ein Vorrecht aus, das er uns bot«, lächelte Hermann. »Welches?« – »Daß jeder, der bei uns eintrat, seiner Geldschulden sollte ledig sein. Ich scheute den großen Zulauf.« – »Dagegen gebot er aber«, meinte Friedmuth, »so sehr liebt er dich, daß der Deutschmeister, sooft er zu Hofe kommt, mit sechs Berittenen des Kaisers Ehrengast sein solle.« – »Gewaltiges habt ihr hier in Krieg und Frieden geleistet«, bestätigte Walther. »Und doch ist all das, fürcht auch ich, wie Ihr gesagt, Weizen in der Wüste. Heimat schafft ihr den Deutschen nie in diesem Land. Und je mehr Zeit und Kraft und Blut wir hier vergeuden . . .« – »Desto mehr«, fiel Hermann von Salza ein, »entziehen wir unsern Nord- und Ostmarken daheim, wo der Wenden und anderer Slawen von mancherlei Namen wegen unsere Bauern, bis zur Elbe hin, nicht mehr anders pflügen können als im Brustharnisch und den Speer angeriemt. Ich meine, wir hätten an der Elbe, ja über die Elbe hin, bis an den Wysselstrom, viel dringendere Arbeit als hier, zwischen Jordan und Meer.« – »Wie meinst du das?« fragte Friedmuth ernst und eifrig. »Über die Elbe hin – an die Wyssula? Von diesem Lande möcht ich wohl mehr erkunden! Ein Pilger von dorther, auf dem Weg nach Rom, kehrte einst bei uns ein. Er trug einen weißen Rock von Schaffellen, die Wolle nach innen, Schuhe von Holz und, bis über die nackten Knie empor, Riemenwerk; vier kurze Holzkeulen staken in seinem Gurt. Sein Bischof hatte ihm eine Romfahrt als Buße auferlegt, weil er viele Christen erschlagen hatte. Ein heidnischer Pruzze, ein Häuptling, war er gewesen, jetzt war er getauft. Aber zufällig donnerte es gerade, als er bei uns war. Da rief er immerfort ›Perkud, Perkun!‹ und schlug dann ein Kreuz und weinte sehr, daß er den alten Donnergott nicht vergessen könne. Eine Kröte, die des Weges sprang, fing er, fast weinend, küßte sie dreimal und ließ sie dann frei. Auf meine Frage sprach er: ›Um Verzeihung bat Warputus die Göttin, daß der Philipp ihr nicht mehr Schnecken opfern darf und sie anbeten, Vater Christian.‹ Wer mag das sein?« – »Das ist Herr

Christian, einst Mönch von Oliva, jetzt Bischof von Pruzzenland«, nickte der Hochmeister. »›Christian hat es Philipp verboten‹, fuhr er fort, ›aber Warputus hat die Krötengöttin heute noch viel lieber als den Vater Christian.‹ Ich verstand das nicht, da sprach er: ›Warputus hieß ich, da ich froh war und der Hölle eigen. Jetzt heiß ich Philipp, bin des Himmels eigen und sehr traurig.‹ Dann schenkte er uns gelbe, undurchsichtige Glaskugeln; die warf er auf den Herd. Das gab einen Rauch, köstlicher als der Weihrauch in dem Dom zu Brixen. Denn gar gutmütig war er, nur ein wenig einfältig! So konnte er die Tage nur zählen, indem er jeden Abend einen Knoten in seinen Gürtelstrick knüpfte. Was war das wohl für Glas?« – »Bernstein«, sprach Herr Walther. »Ein wundersam Gewächs: Goldstein der See. Wo das die Wogen ausspülen, da soll die Welt zu Ende gehen.« – »Noch nicht ganz«, lächelte Herr Hermann. »Denkt euch nur«, fuhr Friedmuth fort, »er wollte uns glauben machen, in seiner Heimat gebe es Berge, die, wandernd, in Jahrzehnten Hütten und Wälder bedecken und nach langer, langer Zeit anderswohin wandern.« – »Das ist doch gewiß nicht wahr?« meinte Walther.

»Ja, es ist wahr«, sprach der Hochmeister. »Aber sie sind von lauter Sand, diese Berge oder Hügel. Dünen heißen sie.« – »Recht elend mag's dort wohl zu leben sein. Denn . . .« – »Da können gar keine Menschen leben!« sprach Herr Walther sehr ernsthaft. »Höchstens Pruzzen und Samaiten, die sind's gewohnt.« – »Denn«, fuhr Friedmuth fort, »der beste Wein mundete ihm wenig, den wir ihm boten. Aber als er an dem Roßstall vorbeikam, blieb er plötzlich stehen, schnupperte in die Luft, stieß einen wilden Schrei aus, rannte hinein, schob das Fohlen weg, das an der Stute trank, und sog, vor Wonne schnalzend, deren Milch. Er fragte, zu Frau Wulfheids großem Zorn, nach meinen anderen Weibern. Ich sei ja ein reicher Fürst im Vergleich mit ihm, aber er habe doch daheim sieben Frauen gehabt und auch nach der Taufe nur vier verkauft – die mehr ältlichen. Mit Frau Wulfheid verdarb er's gleich zu Anfang, weil sie ihm nicht die schmutzigen Füße waschen wollte. Er meinte, das komme der Wirtin zu. Er wunderte sich sehr, als wir vom Tisch aufstanden. ›Bei uns daheim‹, sprach er, ›trinken Gast und Wirt bei jedem Gelage den Honigmet, bis beide auf der Schilfstreu liegen.‹ Und da wir einmal an die Etsch hinunterstiegen, zu fischen – er fragte immer nach Fischen, obwohl nicht Fastenzeit war, und aß sie fast lieber roh, noch zappelnd, als in Frau Wulfheids bester Brühe –, da flog eine Krähe vor uns auf. Der Gast griff einen Stein und traf die Krähe im Fluge: Sie fiel, er sprang hinzu und – sie war noch nicht tot! – biß ihr den Kopf mit den Zähnen ein. Ich staunte. Er aber sprach: ›O fremder Vater, in unserem Land sind viele Krähen und wenige Messer. Man muß der Messer schonen. Unsere stolzen Nachbarn, die Polaben, nennen uns wohl die Krähenbeißer, aber die haben viele Messer und essen Brot, nicht, wie wir, Krähen und Fische.‹ Und er bat gar flehentlich, daß ihm Frau Wulfheid die Krähe zum Abendimbiß braten ließ, schob das Haselhuhn zurück, aß die Krähe und weinte darüber vor Heimweh. ›Denn‹, sagte er, ›schön ist's nur bei uns. Diese Berge verdrücken mir den Atem.‹« – »Ja!« meinte der Herr von Salza, sehr langsam sprechend, »dort ist's wohl noch gar wild und öd und arm. Aber gerade dies Bernsteinland, dies Dünenland, das sollten wir haben.« – »Doch nicht wegen der Krähen?« lachte Herr Walther. – »Nein! Aber seht, es ist keine Ruhe mit diesen Wenden und anderen Heiden, bis wir sie nicht nur von vorn abwehren, bis wir sie auch vom Rücken fassen können. Wie die Grenzen jetzt dort laufen, ist gar nicht auszusorgen! Seht«, und er schob den Mantel zurück, auf dem sie lagen, und zeichnete mit der Spitze der Scheide seines mächtigen Schwertes, die er ergriff, in den Sand der Wüste vor sich hin: »So langgestreckt und offen läuft unsere Ostmark von Mittag gen Mitternacht. Nun liegt aber jenes Heidenland der Preußen den Polaben im Nordosten. Seht ihr, so!« – »Das leuchtet mir ein!« fiel Friedmuth sehr eifrig ein. »Und all die Tausenden und Zehntausenden, die Jahr für Jahr ein wirrer Drang nach heiligen – oder unheiligen – Abenteuern aus unseren Marken über See führt und die, sie blühen nun oder sie verdorren, fürs Reich verloren sind, die blieben uns erhalten. Und man könnte sie schön langsam zurückdrängen gen Aufgang, diese dumpfen Wenden. Sie starren von Schmutz. Ich kenne sie! In

Kärnten hab ich gegen sie gefochten.« – »Da würd es wohl noch langer Arbeit brauchen mit Pflug und Schwert«, meinte Walther. »Aber es wäre doch Arbeit, die haftete, nicht, wie hier, verwehte«, erwiderte Hermann. »Noch anderes kommt hinzu – ein Großes –, was ich jetzt noch nicht enthüllen darf. Doch ist's im Werk. Und ihr beide sollt davon vernehmen – vor anderen.« – »Und ob unsereiner auch wohl nur schwer dort leben kann in so rauhem Norden – ich meine, es atmet sich doch noch gesünder als in diesem giftigen Wüstenhauch!« rief Friedmuth. »Und wenn die Zeit dazu gereift, dann, Freund Walther – ich werd Euch mahnen zu rechter Stunde! –, dann sollt Ihr mir durch Eure Weisen Eure Deutschen ebenso zur Kreuzfahrt nach Pruzzenland begeistern, wie Ihr sie nach Palästina gerufen habt.«

Siebentes Kapitel

»Wohl, wohl«, meinte Herr Walther. »Wohin die Pflicht ruft und das Reich, dahin muß man gehen, sei's an den Jordan, sei's an die Wyssula. Ich geh auch selbst hin, muß es sein. Aber lieber wär mir's schon, ich dürfte meine Pflicht fürs Reich tun in einem Lande, wo . . .« – »Recht guter Wein wächst«, fiel da eine helle Stimme ein, »nicht wahr, Herr Walther?« Hezilo guckte, den leeren Becher wieder füllend, ihm über die Schulter. »Büble, Büble«, drohte Friedmuth, »deiner Keckheit wird fast allzuviel. Herr Walther sollte dich walken.« – »Laß das Garzünlein«, lachte dieser. »Kinder und Narren sprechen wahr. Und da dieser Fratz ein Kind und ein Narr zugleich, so spricht er doppelt wahr. Das Trinken ist nicht meine schlechteste Kunst. ›Denn durstig sind die Sänger‹, es ist ein alt gut Wort.« – »Ein Kind?« zürnte Hezilo. »Bald neunzehn Winter zähl ich! Und ein verlobter Bräutigam! Übers Jahr hoffe ich, die drei Herren zu meiner Hochzeit zu laden im äußeren Hof zu Goyen. Ein Narr? Das will ich nicht bestreiten. Besser ein fröhlicher Narr denn ein trübseliger Weiser! Mit dem Walken aber hat es gute Weile. In der Wüste wachsen keine

Haselstecken, wie sie der Herr Minnesänger gerne schneidet, gegen seine Garzünlein, die Singerknaben. Allein, Herr Walther, ich hätte eine Bitte. Ihr ahnt sie wohl? – Es ist wieder dieselbe, wie daheim und auf dem Schiff, es ist wieder . . .« – »Die Pfeife! Die verfluchte Schwegelpfeife?« rief Herr Walther. »Bub! Unglücksbub! Lieber lauf ich in die Wüste und höre die Wüstenfüchse bellen als nochmal deine Singerkunst!« – »Lauter Brotneid!« rief Hezilo und zog aus dem Wams eine kurze Rohrpfeife: sieben Schilfrohre mit Wachs aneinandergeklebt, immer kürzer geschnitten von rechts nach links zu, wie sie die Hirtenbuben schneiden aus dem Schilf der Etsch. »Ich hab eine neue Weise gefunden zu einem Eurer Taglieder. Die sollt Ihr hören, Herr Walther. Nur ein einziges Mal – in Eurem ganzen Leben! Ich bitt Euch, sie ist wirklich wunderschön!« Und sofort setzte er die Pfeife an und hub an, laut zu blasen. Bei den ersten Tönen begannen alle die zottigen Hunde, die das Lager bewachten, bitterlich zu heulen. Herr Walther aber sprang auf, den Spielmann zu greifen. Dieser entwich aus dem Zelt in das Dunkel.

»Wenn nur der Teufel käme und dir die verfluchten Quiekröhren vom Schnabel risse! Ich wollte ihm zum Dank den Schweif vergolden!« rief der Sänger dem Fliehenden nach. »Ist ein grundgescheiter Bub und keine Verdrehnis sonst an ihm. Aber glaubt, er blase wunderbar, und doch sind alle seine Töne falsch. Nur sein Schatz findet alles schön.« – »Ja, ja, es ist grausam, wie er bläst«, lachte Friedmuth. »Seine Töne sind falsch. Aber das ist auch das einzige Falsche an ihm. Er ist getreu; treu mir und seinem Trinelein«. – »Wäre schad um das Büble, wenn ihn hier Fieber oder Pfeil wegraffte. Bildsauber ist er auch, fast wie Herr Tristan oder gar Herr Parzival, noch beinahe bartlos, mit rosenrotem Mündlein, lieblich und licht von Haut – so recht der Frauen Wunschesart. Aber was hat ihn hergeführt? Er ist nicht dein Dienstmann.« – »Nein! Er sitzt als freier Mann auf dem äußeren Hof zu Goyen; aber der Hof, wie der innere, auf dem Katharinas Vater baut, gehört dem Bischof von Chur. Der hat die Vogtei über diese Höfe mir, das heißt der Fragsburg verliehen. Schon als Kind haben Hezilo und seines Nachbars Töchterlein sich, wie im

Spiel, verlobt. Das Spiel war Ernst, als sie keine Kinder mehr waren. Doch können sie als Vögtlinge ohne Zustimmung des Bischofs von Chur nicht heiraten; und der Bischof, Herr Berchtold, der Helfensteiner, hat, schon seit Damiette in Heidenhand gefallen, zumal aber seit die Kreuzpfaffen, die Papst Gregor aussendet, wieder so eifrig predigen, kaum was anderes mehr in Gedanken als das Gelobte Land. Bevor ich dem Kaiser hierher folgte, wollte ich die Kinder verheiraten. Aber da ich nun mit ihnen des Bischofs Einwilligung erbat, schrieb der: ›Ja, aber nur unter dem Beding, daß die Braut jährlich sechs Pfund Wachs von ihrem Muttergut zu Schänna der Kapelle zu Kains als Martinizins aufläßt.‹ Das sagten die Braut und ihr Vater gerne zu. ›Und‹, schrieb der Bischof weiter, ›wenn der Bräutigam das Kreuz nimmt und Jahr und Tag im Heiligen Lande dient.‹ Da, als ich ihm das vorlas, machte er ein lang Gesicht, und das Kathrinelein weinte bittere Tränen. Es sah ihn schon gespießt an eines grimmen Heiden Speer! Ich tröstete die Kleine und versprach ihr in die Hand, den Knaben selbst mit mir zu nehmen und besser als auf mich auf ihn zu achten.« – »Und wie hast du dein Wort gehalten! Gleich bei der Landung im Hafen von Akkon! Der gute Hezilo zog, aus purer Neugier, den Vorhang von einer reichen Sänfte, die vorübergetragen ward, zurück. Er ahnte nicht, daß eine Sarazenin, eines ägyptischen Gesandten Tochter, darin saß. Im Augenblick blinkten zwanzig Dolche wütender Heiden gegen den Niedergeworfenen. Wie standest du da plötzlich in der Mitte, fingst den schlimmsten Stoß mit dem Arm und wehrtest der Überzahl, wie ein Bär die Meute abschüttelt, bis Euch Hilfe beisprang.«

»Das sieht ihm gleich«, sprach der Herr von Salza. »Er lebt nicht sich – er lebt, mehr als gar mancher Ordensritter, für andere.« – »Und stirbt für sie! Schon auf der Überfahrt – für ein fremdes Kind – sprang er . . .« – »Schweig still, Walther. Trinke lieber noch eins.« Und Friedmuth füllte ihm den Becher aufs neue. »Wenn ich soviel Wasser hätte schlucken müssen wie du damals, zumal Salzwasser! Aber da fällt mir ein, beim Trinken: Kennt ihr den Böppele von Boblingen?«

Achtes Kapitel

Friedmuth verneinte. Aber Herr Hermann sprach nachsinnend: »Böppele? Ich meine, ja, den ›Böppele‹ nannten sie ihn. Ja, den hab ich wohl gekannt, bei Genua, nicht? Was ist mit dem drolligen Kauz?« – »Und was ist Boblingen?« fragte Freidmuth. »Hei, Boblingen ist ein kleines Nest in Alemannien: ein Haufen von Hütten, der aber eine Mauer um sich gezogen und vom Kaiser eine ›Marktfreiheit‹ erbettelt hat. Durstig müssen sie sein, die Boblinger. Denn obzwar nur ein paar hundert Männlein und Weiblein dort leben, haben sie einen eigenen zünftigen Weinschank von Rats wegen eingesetzt und verpachtet, und ein lustiger Kumpan, der früher als Schuster eingegildet war – das ist ein durstig Handwerk –, der hat es gepachtet. Er war von den ehrsamen Schemelhockern ausgestoßen wegen Innungsschulden und loser, nicht schlechter Streiche – mein Freund Böppele ist ein arger Schalk, aber kein allzu arger Schelm – und ist seit Jahren viel herumgezogen, billigen Wein einzukaufen, ihn, verdünnt und teuer, daheim seinen Boblingern zu verzapfen. So traf ich ihn früher auch manchmal im Eisackland. Aber gar viele Jahre war er ausgeblieben. Als ich nun auf der Fahrt hierher nach der reichen Hafenstadt Genua kam, war da in der Stadt auch ein Herr Egino von Hohenbühl aus Schwabenland, ein Nachbar der Boblinger Burgensen. Der hatte nicht das Kreuz genommen, sondern nur einen Auftrag des Pfalzgrafen von Tübingen bei dem Kaiser und bei dem Rat von Genua auszurichten. Mit dem Hohenbühler ritt ich einmal an einem heißen, durstigen Sommertag zu den Toren von Genua heraus, und wir kamen an ein Fischerdorf, heißt Sestris. Da winkt an einer Schenke, nach deutscher Sitte, ein grüner Rebenzweig oben von der Tür, zum Zeichen, daß Wein ausgeschenkt wird. Wir treten beide in den kühlen Steinflur, wo es ganz erstaunlich sauber aussieht – gar nicht welsch –, und rufen nach dem Schankwirt. ›Gleich, gleich!‹ tönt es ganz gut schwäbisch, und aus dem Keller taucht empor – mein Böppele, der Alte, nur viel runder an dem Bauch und röter an der Nase. Jedoch kaum erschaut er den Hohenbühler, als er hurtig entweichen will. Der aber schreit: ›Was, der Böppele? So büßt der meine Sünden ab?‹, hascht ihn am Wams und schlägt mit der Faust gar eilig und kräftig auf ihn los. ›Du arger Unnütz, du Lügengauch! Da! Das ist für das Heilige Grab! Und das für Bethlehem!‹ – ›O weh.‹ Und immer mehr ›o weh!‹ schreit er. ›Lasset, schonet! Schenkt mir die anderen heiligen Örter! Ich will ja alles bekennen und das Geld herausgeben, sofern ich's noch haben sollte‹, sagte er dann vorsichtig, als der Zornige losließ und er sich, den Rücken reibend, erhob. Und nun – ich mach es kurz –, nun kam's heraus. Der vom Hohenbühl hatte mal im Heißzorn einen Pfaffen, der ihn öfter zu allerlei unbequemen Tugenden recht störend vermahnte, heftig verhauen. Da das leider während eines Gottesfriedens geschehen, den der Bischof von Augsburg, die Reichsstadt Ulm und der Pfalzgraf von Tübingen miteinander beschworen hatten, konnte der Geschlagene – der Hohenbühler meint, es war gar nicht arg gewesen; kaum, wie man einen zuchtlosen Braken haut – auch noch beim Bischof klagen vor geistlichem Gericht, nachdem der arme Herr Egino die weltliche Buße und Wette schon hatte bezahlen müssen. Der Augsburger Bischof, Herr Siboto, ist nun geradeso versessen auf die Kreuzfahrten wie sein Amtsbruder zu Chur und legte dem wackeren Ritter eine Kreuzfahrt auf, von Jahr und Tag, zwischen Jerusalem und Damiette zu verleben. Das taugte nun dem jungen Herrn Egino wenig; er konnte wirklich nicht fort damals, denn er warb um Jungfrau Zisa, des zweiten Bürgermeisters von Augsburg junge Tochter. Und die war nicht nur sehr schön, auch sehr reich, und das alte, morsche Mauerwerk des Hohenbühls schrie aus vielen Mauerlöchern nach baldiger, gründlicher Flickung, sollte es nicht für Krähen und Eulen allein bewohnbar werden, die jetzt schon besser als Menschen darin Hausung fanden. Nun kurz: Herr Egino ritt wohin? Ratet, wohin?« – »Wie soll ich das wissen!« lachte Friedmuth. »Hm«, überlegte der Hochmeister, »da, am Neckar? Wenn er gut beraten war, ritt er zu dem Burgpfaffen von Tübingen. Der ist im Lande der Schwaben in Kreuzfahrtgelübden einer der Allergelehrtesten.«

»Richtig! Zu dem ritt er, zu dem ›weisen Bruder‹ von Tübingen und versprach ihm gleich bei der Begrüßung – denn das ist das Hauptstück der Weisheit des Bruders, daß er nichts umsonst tut – die Eichelmast für seine Schweine im Hag von Hohenbühl, wenn er ihm einen gottgefälligen kanonischen Ausweg finde. Der Weise von Tübingen besann sich nicht lange und sprach: ›Erst setzt, ehe wir weiterreden, Euer Kreuz unter diese Eichelmast-Urkunde.‹ Und als das der Hohenbühler getan, sagte der Mann Gottes bloß das eine Wort: ›Kreuzfahrt durch Stellvertretung.‹ Dumm ist Herr Egino nun auch nicht. Er verstand sofort, daß die Kirche Stellvertretung zuläßt. Der Burgpfaff machte auch den Böppele ausfindig. Der war ganz willig, für eine geringe – auffallend geringe – Summe den Weinschank in der Winkelgaß zu Boblingen zu sperren und für des Hohenbühlers Seelenheil auf Jahr und Tag ins Gelobte Land zu ziehen und am Heiligen Grab zu beten, dabei auch mit einem leichten Fuchssperlein, einer Armbrust und zwölf Pfeilen wider die Heiden zu streiten, falls ihn solche angriffen. Heiden aufzusuchen, um sie anzurennen, sollte er nicht gebunden sein, wenn er es nicht freiwillig aus Kampfgier tun wolle, was wenig wahrscheinlich. Auch mußte der Ritter ihm die Trutzwaffen liefern, eine mittelgute Mähre stellen und einen armlangen Reiterschild als Schutzwaffe. All das empfing er von Herrn Egino und auch die Pfennige im voraus. Freilich mußte der Ritter leider um die letzteren erst einen Augsburger Juden werfen, der zur Jakobimesse nach Ulm zog; da es nicht im Gottesfrieden geschah – auf Rat des Tübinger Gottesgelehrten hatte der Hohenbühler diesmal weislich gewartet, bis des Friedens Frist abgelaufen war –, nur im Augsburger Weichbildfrieden, war es nicht besonders sündhaft. Und da der Jude ihn in der Finsternis nicht erkannte, hat es dem wackeren Herrn auch weltlich nicht geschadet. Nur der Jude verlor drei Vorderzähne darüber, da er zuletzt, während ihm der Ritter beide Hände hielt, seinen Geldgurt mit dem Munde festhalten wollte in seinem schmutzigen und echt jüdisch verstockten Geiz und Eigensinn und ihm daher – durch seine Schuld! – der Mund mit dem Schwertgriff ein wenig locker gemacht werden mußte. Also war nun alles gut: Der Jude verlor seine Zähne und Pfennige, der Böppele erhielt Pfennige,

Waffen und Gaul. Der arme Herr Egino konnte im Lande bleiben und die schöne Zisa von Augsburg auf den Hohenbühl führen. Der Bischof selber traute sie im Dom; und die guten Burgensen von Augsburg verehrten ihr einen schönen Smaragd für ihren dritten Finger, nicht ahnend, daß der andere Smaragd, an ihrem vierten Finger, den ihr kürzlich Herr Egino geschenkt hatte, aus dem Schmuckladen des reichsten Juden von Augsburg, Jochai, gekauft, diesem Jochai mit seinem eigenen Golde war bezahlt worden und daß derselbe noch unwissentlich ein paar Zähne als Zuwaage gegeben hatte. So wäre also alles ganz schön verteilt gewesen. Den Ritter hatte es nur gewundert, daß der Böppele, der gar nicht geldblöde ist, für so wenige Pfennige die weite, gefährliche Fahrt wagen wollte. Jedoch der hatte gesagt, er habe selbst ganz unaufhaltsame Sehnsucht nach dem Gelobten Land. Seine Nachbarn aber meinten, Frau Zahme – ›Zahmmuthe‹ war sie getauft, allein die Bürger von Boblingen und die Gauleute auf ein paar Meilen im Umkreis hatten sie lange ›Frau Zankmuthe‹ oder auch ›Frau Zanke‹ umgetauft –, seine Ehehälfte, sei so bösartig, daß er lieber in der Heide Hände fallen wolle – das seien doch noch unbekannte Schrecknisse –, als die altbekannten Schrecknisse unter den Händen Frau Zahmes länger tragen.

Auch kamen bald, gelegentlich von heimkehrenden Pilgern mitgebracht, Briefe – denn der kluge Böppele war als Gärtnerbursche in dem Kloster zu Maulbronn erzogen worden und hatte lesen und ein wenig schreiben gelernt –, wie er die Alpen überschritten, dann in Venedig sich eingeschifft habe. Dann folgten, stets in den angemessenen Zwischenräumen von Monaten, Schilderungen eines grauslichen Meeressturmes bei dem Eiland Zypern, viele Durstbeschwer in der Wüste, ein Gefecht mit Sarazenen, wobei er einen Pfeilschuß in den linken Fuß erhalten – wofür er nochmals achtzig Pfennige berechnete, weil er die Heiden, über seinen Vertrag hinaus, bei einer Zisterne aufgesucht und angegriffen habe. Dann, wie er am Heiligen Grabe gebetet habe, sei er eingeschlafen, und im Traum sei ihm der heilige Sebastian erschienen und habe ausdrücklich erklärt, dem Ritter vom Hohenbühl seien alle Sünden verziehen, und es sei dem

Heiligen sogar viel lieber gewesen, daß ein so frommer Pilger statt des leider etwas weltlichen Ritters gekommen sei. Er habe so bei dem lieben Gott den Sündenerlaß mit zweihundert Vaterunsern durchgesetzt, während er sonst leicht nochmals soviel gebraucht hätte. Und der Jordan und Bethlehem, Gethsemane und der Ölberg, und alles war ganz genau beschrieben. Und zuletzt kam gar die Nachricht, sie möchten Frau Zahme nur sagen, sie werde ihn nie mehr mit leiblichen Augen schauen, bis sie ein liebes Engelein geworden, denn er habe der Welt mit allen Freuden der Ehe entsagt und werde seine Tage als Mönch in einem stillen Tale bei Jerusalem beschließen, wo er täglich gegen ihr Gallenleiden bete, das sich oft so heftig geäußert. Er fragte zuletzt, ob sie nicht schon große Linderung verspüre, seit er so für sie bete. Ihm gehe es viel heiterer als daheim. Ein süßer Friede, so rechte Fröhlichkeit im Herrn, wohne in ihm, seit er zwischen Jerusalem lebe und dem Jordan.«

Da hielt Herr Walther inne: Friedmuth schob ihm den Becher hin.

Neuntes Kapitel

Der Sänger tat einen tiefen Zug, wischte sich den schönen Bart, der gar zierlich kraus, obzwar schon merklich grau, den schön geschnittenen Mund umzog, und fuhr fort: »Diese letzte Botschaft machte sogar – so schien es – auf Frau Zahmmuthes harten Sinn etlichen Eindruck. Denn sie strich sich mit der umgekehrten Hand über die Augen. Als ihr aber der Nachbar, in der Meinung, nun sei etwas mit ihr in Güte zu richten, vorhielt, sie sei es wohl gewesen, die durch ihre Unsänfte den braven Böppele bis an den Jordan zu den Heiden und in die Mönchskutte gescheucht habe, und deshalb weine sie jetzt wohl in Reue, da warf sie dem Nachbar den ganzen Nudelteig, den sie gerade knetete, an den Bart und schrie, sie weine nur vor Zorn, daß sie den feigen Ausreißer, den Böppele, der sich seinen heiligsten Pflichten entzogen, nun nicht vor sich habe, ihm mit dem Besenstiel den Mönch wieder auszuklopfen. Und alle Boblinger und ihre Nachbarvölker, Herr Egino und auch ich, der es von diesem erfuhr, waren ganz gerührt und erschüttert durch die Bekehrung des Böppele, der in seiner Weltlichkeit, wie vorhin schon beklagt, ein arger Schalk gewesen war. Desto heftiger war nun aber des Hohenbühlers Zorn, als er den Böppele, den er am Jordan büßend gewähnt und fast bedauert hatte, hier, in einer wunderlieblichen Küstenbucht am wunderschönen blauen Mittelmeer, im warmen Ligurien, ganz behäbig und viel feister, denn ihn je daheim Frau Zanke genährt hatte, als Weinschenken recht gedeihlich niedergelassen antraf. Und ich meine fast, er hätte den Rundlichen mit der Schwertscheide zu Tode geschlagen, wär ich nicht dazwischengesprungen und hätte den armen Gauch freigemacht. Nun mußte er aber alles beichten, und nachdem ich ihm vor weiteren Schlägen Sicherheit erwirkt, erzählte er denn auch bereitwillig alles. Und er bekam das so drollig unverschämt heraus, daß zuerst ich laut und fröhlich auflachte.« Und er lachte jetzt noch in der Erinnerung.

»Der frohe Himmelswirt segne dein Lachen, mein Walther! Es tut der Seele gut, so recht warm gut, dich lachen zu hören.«

»Und es steckt an«, meinte der ernste Hochmeister lächelnd.

»Muß wohl was dran sein. Denn gar bald fiel der Ritter, so zornig er noch kurz vorher gewesen, ein; und sogar der Böppele, der sich freilich dazwischendurch immer wieder den Buckel rieb und ängstlich auf den Gestrengen blickte, mußte zuletzt über seine eigene Frechheit schmunzeln und endlich hell auflachen. So lachten wir denn schließlich alle drei. Der köstliche Ligurer-Wein trug wohl dazu bei. Auch die leckeren, frisch gefangenen Fische, die der Böppele trefflich zu braten gelernt hatte. Und so, von vielen Querfragen unterbrochen, erzählte denn unser Wirt: ›Ja, meine frommen Herren, das sind Schicksale, das sind Prüfungen der Heiligen! Ihr fragt – nicht wahr? –, um mit dem Anfang anzufangen, Herr Walther, woher ich das Geld bekommen, diese Wirtschaft mir zu kaufen? Denn sehr, sehr mit Recht denkt Ihr: Von den paar Pfennigen, die mir Herr Egino gab, mich dafür an seiner Statt von den Heiden, sooft diese wollten und konnten, spießen zu lassen, hätt ich es nicht bestreiten können, auch wenn ich den Gaul – er lahmte, und die Waffen dazu verkaufte . . . Wo sie sind? Ja, was sollte ich hier mit dem Kriegszeug? Nur den Schild, den hab ich behalten – seht hier!‹ Und er sprang auf, hob den Tabernenschild von der Tür herab, kehrte ihn um und wies dem erstaunten Ritter dessen stolzes Wappen, den steigenden gekrönten roten Löwen im weißen Feld. Diesmal mußte ich wieder mit Gewalt die Faust des Zornigen festhalten. Eilfertig hing der Wirt den Tabernenschild wieder auf: ›Könnte mir sonst leicht einer vorbeiwandern, statt einzukehren. Der Schild lockt gar stark, hab ich doch selbst die schöne Wurst darauf gemalt und den roten Wein in der durchsichtigen Kristallflasche. Ja also! Um die paar Pfennige hätt ich freilich mich von meinem ehelichen Herd und Bett nicht losreißen können. Und da lag ich denn, nachdem ich Euer Geld empfangen und sorglich vor Frau Zahme vergraben hatte, in diesem meinem Ehebette und sann nach, wie ich das mir zukommende Reugeld mehren könne. Aber da gab mir der heilige Sebastian, den ich von Kind auf besonders verehre, in der Nacht einen Traum, der half. Denn „den Schwaben gibt's der Herr im Schlaf", schreibt der Apostel Paulus an die Deutschen. Nicht? Nun, das ist gleich. Dann schreibt er was anderes: Wahr ist's einmal.‹«

»Jetzt mein ich fast«, sagte Friedmuth, »ich kenne diesen Menschen.«

»›Also‹, fuhr der Dicke fort, ›der Heilige erschien mir, von vielen Pfeilen durchbohrt, und er zählte mir die Pfeile und die Wunden vor, es waren zehn, und sprach: „Böppele, dummer Schützling, zehnmal eins sind zehn!" Und so dreimal hintereinander in drei Nächten. Und immer waren es der Pfeile mehr, und jedes Mal sagte der Heilige: „Böppele, dummer Kerl! Zehnmal drei sind dreißig", und das dritte Mal: „Böppele, ganz dummer Kerl, dreimal dreißig sind neunzig." Sprach's, gab mir einen Rippenstoß und verschwand. Ich aber erwachte und wußte, was er meinte. Ihr habt's noch nicht verstanden? Dann braucht euer Geist mehr als einen Rippenstoß des Heiligen. Nun: Ich machte mich auf von Boblingen und fragte entlang dem Neckar, entlang dem Rhein bis Köln und dann, umbiegend, den Rhein wieder hinauf über den Main und die Donau ins Bayerland, ins Tirol und ins Welschland pilgernd, überall an, ob – nun ob nicht noch mehr tapfere Ritter oder auch Bürger und bäuerliche Freisassen wären, die ein Pfäfflein geschlagen hätten oder sonst gemäß auferlegter Kirchenbuße oder nach einem Vergleich in Beilegung einer Fehde verpflichtet worden seien zur Kreuzfahrt, aber viel lieber zu Hause blieben. Gar viele hatten es auch wieder gereut, die vorschnell, nachdem sie so einen heißen Kreuzprediger gehört und einen Becher Weines dabei getrunken, sich das Kreuz auf die Schulter geheftet hatten. Und so gab es denn wirklich solcher Kreuzfahrer recht viele, die lieber einen anderen an ihrer Statt kreuzfahren lassen wollten. Und gar vielen, vielen tat ich es zuliebe, daß ich für eine kleine Summe auch an ihrer Statt auszog und mein armes Leben einsetzte. So waren es im ganzen, mit Gottes und des heiligen Sebastian Hilfe, noch siebenundsechzig geworden.‹

›Ja aber‹, fiel ich ein, ›wenn du für jeden auch nur ein Jahr im Heiligen Lande fechten mußt, so kannst du's ja nicht mehr erleben? Denn vierzig bist du gut, Böppele, müßtest ja über einhundertsieben Jahre . . .‹ Jedoch da schaute mich unser Wirt gar mitleidig lächelnd an, schenkte mir den Becher voll und sprach: ›Da sieht man's, Herr Walther, daß man die feinsten Weisen erfinden und doch in anderen, zumal in geistlichen Dingen nicht sehr klug sein kann. Was schadet das denn zum Beispiel dem edlen Ritter Egino hier, wenn ich das Jahr, das ich für ihn im Heiligen Land verbringe, zugleich in meinen Gedanken auch für einen Ritter in Franken ausstehe? Es weiß ja keiner vom anderen! Und wenn auch. Die heilige Kirche gestattet den Loskauf vom Gelübde: Jeder, der zahlt, wird frei, ob nun die achtundsechzig an achtundsechzig verschiedene zahlen oder an einen – das kann der Kirche und dem Zahlenden doch wahrscheinlich gleich sein und für den, der sein Herzblut und sein bißchen Leben einsetzt. Was geht's die achtundsechzig an, daß es so für den leichter in einem hingeht? Für den ist's auch eins, ob er für achtundsechzig stirbt oder für einen: Er kann doch nur einmal büßen, leiden, kämpfen, fallen und sterben.‹ Und er schenkte mir wieder ein. Ich kam mir ganz einfältig vor, daß ich es nicht gleich eingesehen hatte.

Aber der Ritter war noch zu gereizt. Er fuhr den Böppele mit einem wütenden Blick an und schlug auf den Tisch, daß der Wein aus den Bechern spritzte: ›Aber, du Gauch, du elendiger, du Lügenschelm, du frecher Schwab! Du bist ja wohl gar nicht, so ahnt mir, ins Gelobte Land gegangen? Sowie du in dies sonnige Land gekommen, bist du hier geblieben, für die achtundsechzigmal zweihunderet Pfennige! Hast dich hier gemästet, gefaulenzt – denn den Wirt machen ist dir liebste Werkarbeit! –, bist deinen maulraschen Hausdrachen losgeworden und hast hier gezecht und geschmaust all diese Zeit. Gesteh's oder . . .‹ – ›Was hülfe das Leugnen‹, schmunzelte der Wirt und wischte sich das Fett von den Lippen, denn er aß wacker mit von den gebackenen Fischen. ›Euer Scharfsinn hat mich hier herausgefunden. Er würde auch wohl herausbringen – das andere. Na ja: Ich bin alleweile hier gewesen.‹ – ›Das sagst du selbst?‹ rief nun auch ich. Ich hatte nicht hindern können, daß ihm Egino den leeren Becher an den Kopf warf. Der Wirt bückte sich, hob ihn auf, schenkte ihn wieder voll und schob ihn vor den Zornigen, der nun mit noch mehr Staunen als Grimm sprach: ›Und all deine Briefe – wie du von Jerusalem an den Jordan gepilgert, darin gebadet, wie du Bethlehm, Gethsemane gesehen, wiederholt besucht und daselbst gebetet hast: Alles erlogen?‹ – ›Alles wahr! Seht: Dort das Bächlein, das zwischen den Weinbergsmauern hindurch in das Meer hastet, hab ich „Jordan“ getauft und gar oft darin mir die Füße gewaschen. Da droben rechts der Olivenberg, das ist der Ölberg. Dort links der Stall mit der Krippe, für Ochs und Eselein, jetzt stehen eure Rosse drin, den hab ich Bethlehem genannt. Und an all diesen Orten hab ich gebetet für euch alle achtundsechzig.‹ – ›Aber ein Gebet in Ligurien – was kann das helfen?‹ schalt der Ritter. ›Und die Gefahr der Heidenkämpfe, die du übernehmen solltest?‹ mahnte ich. Jetzt aber wandte sich das Spiel.

Auf sprang der Böppele. Ganz zornrot, das soll sagen: noch

mehr rot, färbte sich seine Nase, und er rief: ›Nein, mit so schlechten Christen teile ich nicht Wein und Fisch! Ihr Kleingläubigen, ihr Unchristen! Wisset ihr nicht, daß Gott, der liebe Himmelsherr, allgegenwärtig? Ist er nicht in dieser Schenke wie am Heiligen Grab? Haltet ihr ihn für so – wie soll ich sagen? – für so unverständig, daß er ein Gebet nach dem Loch einschätzet, aus dem es zu ihm emporsteigt in die Wolken?‹

Ich hatte ähnliche Ketzerei schon manchmal still bei mir gedacht und schwieg daher ganz verdutzt und halb einverstanden. ›Aber die Heidenkämpfe?‹ wiederholte ich schüchtern. Da fuhr mich der Böppele an: ›Was? Ein deutscher Rittersmann wollt Ihr sein, Herr Walther, und ein frommer Sänger? Und wisset Ihr nicht das fünfte Gebot: Du sollst Gott nicht versuchen? Nicht? – Nun dann halt ein anderes. Will mich der Himmelsherr am Leben erhalten, kann er es nicht, und ob dort tausend Sarazenenpfeile auf mich flögen? Und will er meinen Tod, kann er mich nicht hier durch diese Fischgräte ersticken lassen? Wozu soll ich ihn in Versuchung führen?‹

Da verstummte ich. Selbst das Lachen verging mir vor lauter eitel Staunen. Der vom Hohenbühl aber war noch nicht ganz versöhnt. Nicht das Geld und Gut schmerzte ihn, aber der Verdruß des Geprelltseins. ›Warte nur‹, drohte er, ›ich werde dich schon zwingen, ins Gelobte Land zu fahren. Und müßte ich dich aus unserem Vertrage beim Kaiser verklagen.‹ Aber der Schwabe lachte. ›Der Kaiser? Der wird mir nicht viel tun. Der ist seinem Böppele gar wohl gewogen!‹ – ›Was weiß der Kaiser von dir?‹ meinte ich. ›Kaiser Friedrich liebt einen guten Trunk, einen frischen Fisch, einen freien Sang und einen lust'gen Schwank. Die fand er alle bei mir. Und deshalb ward er mir wohl geneigt.‹« – »Ach ja«, fiel Herr Hermann ein, »ich gedenke. Daher hatte ich den Namen Böppele gehört.« – »Unser Wirt aber fuhr fort: ›Vor wenigen Wochen erfuhren wir hier in Sestris, der Kaiser werde von Genua aus, wo er die Befrachtung von ein paar Userien mit Kriegsmaschinen leitete, einen Jagdausflug machen längs der Riviera und dabei durch unser Dorf kommen. Ich putzte den Tabernenschild blank . . .‹ – ›Meinen Schild!‹ grollte der Ritter.

›Nur die Rückseite und die Wurst, nicht den Leuen! Sorgte für frische Sardinen und Meeraale, setzte die dreisaitige Harfe instand, die Herr Rudolf von dem Baumbach, ein fahrender Sänger, ein trefflicher, aber durstiger Thüring, bei mir zu Pfand gelassen – für vielen, ach sehr vielen Weintrunk! Und wie der Kaiser angeritten kam und als die Welschen ihr Viva, Viva! schrien, grüßte ihn von meiner Schwelle aus, zur Harfe gesungen, mein neuestes Lied.‹ – ›Was, ein Sänger bist du auch?‹ fragte ich erstaunt. ›Ha, meint Ihr, Ihr könnt's allein? Höret, ob Euch meine Weise nicht gefällt.‹ Und er fing an zu singen:

›Bischöf', ihr seid mißleitet! Du edle Priesterschaft,
Dich führt in Teufelsschlingen der Papst. Drum aufgerafft!
Nie schlimmer war's bestellt noch ums Heil
  der Christenheit,
Der Papst, der uns sollt' lehren, der ist . . .‹

›Mann!‹ rief ich und griff nach seinem Barte. ›Das sind ja meine Weisen, falsch zusammengestellt.‹ – ›So?‹ fragte der andere kühl. ›Nun, das ist gleich. Sie lagen mir so im Munde. Wißt Ihr's gewiß? Ich meinte wirklich, sie wären mein. Aber gleichviel: Dem Kaiser gefiel das deutsche Lied unter all dem welschen Klingklang. Er rief: „Hier rasten wir!", sprang vom Roß und trat über meine Schwelle. Er trank und speiste: und trefflich mundete ihm, was ich bot, und als er davonritt und sein Kämmerer – oder wer es war – den Geldsack zog, da sprach ich: Nein, Herr Kämmerer! Heute war der deutsche Kaiser zu Gast beim Böppele: Und das ist reich bezahlt.‹« – »Und wahr ist's auch, merkwürdigerweise!« bestätigte Herr Hermann. »Denn der Reisemarschall für diese Jagdfahrt war ich selbst. Und dem hohen Herrn hatten der Schwab' und sein Wesen und sein Wein so sehr gefallen, daß er, als wir nach einer Woche zurückkehrten, sich im voraus ansagen ließ bei dem Wurst-Böppele, wie er ihn nannte, und sich ein Gericht frischer Fische ausbedang: Aber lebend wolle er sie noch sehen, und einer, ein Meeraal, müsse groß, armslang, sein. Der Wirt versprach's, und wir kamen. Jedoch inzwischen hatte heftiger Nordost geherrscht: Kein Fischer an der Riviera hatte eine

Flosse gefangen, und unser Herr sprach: ›Will sehen, wie sich der Schwab' herauslügt.‹ Der Kaiser sprang ab und rief dem Böppele zu: ›Herr Wirt, wo sind die Fische? Und leben sie noch? Und ist der eine, der Aal, auch recht groß?‹

Der machte einen Kratzfuß und sprach: ›Alles wie befohlen!‹ – ›Ich will sie sehen‹, meinte unser Herr. ›Dort ist der Fischbehälter. Ich weiß es noch von neulich‹, ging hin und hob den schweren Eichendeckel ab. Da lagen im Wasser oben ein paar elende fingerlange Sardinen, ganz steif und tot. ›Ei, Böppele‹, fragte der Kaiser, ›was ist das? Sie sind ja tot!‹ – ›Wirklich?‹ sagte der ganz erstaunt. ›Ja, tot! Nun, das ist gleich! Sie sind's halt nicht gewöhnt, daß der Kaiser den Topfgucker macht, und da sind sie gestorben vor eitel Ehrfurcht.‹ – ›Gut!‹ lachte Friedrich. ›Aber wo ist denn der Aal, der große, der armslange?‹ – ›Ja‹, meinte der Böppele, ›das ist gespaßig. Aber seht, o Herr: Es war nur ein großer König und Lehnsherr und sehr viele Kleine, Vasallen. Da haben allmählich die vielen Kleinen den einen Großen ganz aufgefressen.‹ – ›Wie im Deutschen Reich‹, lachte der Kaiser. ›Du bist ein kluger Schwab!‹ Und er beschenkte ihn reich und ritt davon.« – »Nun, es freut mich, daß der Böppele also einmal nicht gelogen hat«, meinte Herr Walther. »Ich konnte ihm nicht zürnen! Aber den vom Hohenbühl wurmte es doch, daß er so schmählich betrogen. Aber als wir nun aufbrachen, sprach er zu dem Wirt: ›Was macht die Zeche?‹ – ›Ist schon bezahlt – vorausbezahlt!‹ erwiderte der eifrig und rieb sich den Rücken. ›Nicht doch‹, fuhr der Ritter mit beängstigender Freundlichkeit fort – er lachte so süßsauer dabei! ›Du mußt deinen Lohn haben. Nimmst du kein Geld – wohlan! Ich zahl dir's dennoch heim. Komm, laß uns zu Pferd, Walther‹, und damit stand er auf und ging nach ›Bethlehem‹: zu dem Stalle, wo unsere Gäule standen. ›Herr, was meint Ihr mir Böses zu tun?‹ forschte der Wirt, ängstlich hinter ihm herlaufend; und auch ich war gespannt.

Aber der andere lachte noch giftiger und schwieg. Gar bang hielt ihm der Böppele den Steigbügel und überließ mir's allein, in den Sattel zu kommen. ›Was wollt Ihr mir antun, Herr,‹ wiederholte der Ahnungsvolle. ›Antun? Ha, einen Gefallen tu ich dir! Eine

Botensendung erspar ich dir. Mein Geschäft mit den reichen Herren von Genua ist zu Ende. Morgen brech ich auf und zieh nach Hause gen Tübingen, dem Herrn Pfalzgrafen zu berichten. Der Umweg über Boblingen soll mich nicht verdrießen! Man tut gern was Übriges für seine Freunde. Ich trage dir Botschaft dorthin. Hui, Rößlein!‹ Und er gab dem Rappen den Sporn. ›An wen?‹ schrie der Wirt und hielt den Gaul fest, der mächtig stieg. ›Ei, an Frau Zahme! Ich lade sie hierher. Ich mal ihr aus, wie herrlich sich's hier lebt in ihres Ehegatten Weinschank zu Sestris. Dann kommt sie gar eilfertig.‹ Und noch ein Sporenstoß und hinweg sauste das Roß. ›Nein! Nein! Lieber Herr! Nein! Tut's nicht! Nur das tut nicht!‹ Aber der Ritter hörte ihn schon nicht mehr. Da sprach der Böppele ganz traurig zu mir . . . aschfahl war sein Antlitz: ›Herr Walther, glaubt Ihr, er tut's?‹ – ›Ich fürchte ja!‹ rief ich und setzte das Pferd in Trab. ›Morgen fahr ich ins Gelobte Land!‹ sprach der Arme ganz feierlich.«

Zehntes Kapitel

»Bald hatte ich des schalkhaften Schwaben vergessen – oder vielmehr in all diesen vielen Monden dacht ich seiner nicht. Aber vor wenigen Stunden – da ich, in Gedanken versunken, an der neuen Weise dichtete, wohlfeile Reime abwehrte, die, wie zudringliche Mücken, stets zuerst sich aufdrängen – kurz bevor ich deine Zelte erreichte – es war schon ziemlich dunkel –, da kam an mir vorübergetrabt, auf einem Maultier, mir entgegen, von deinen Zelten her, ein kleines, dickes Männlein. Gerade noch ein wenig sah ich von seinem Gesicht. Aber ich meine, ich kannte die rote Nase. Rasch war er entschwnden. War er bei deinen Zelten?« – »Nein«, sagte Friedmuth, »bei mir war niemand. Nur ein Mönch! Ei, vielleicht ist der Schalk doch noch fromm geworden. Aber horch! Die Lagerwächter blasen zur Ablösung. Macht es euch so bequem, als es das enge Zelt gestattet.« – »Und du?« fragte Walther. »Ich muß hinaus, auf Wache.« Damit setzte er den Helm mit den drei Goldsternen im blauen Stirnfeld auf das hohe Haupt, ergriff den Speer und schritt hinaus. Walther blickte ihm nach mit leuchtenden Augen. »Das ist ein Mann! Gott gebe dem Reiche viele solche! Treu und schlicht und in der Pflicht so tief gewurzelt wie ein Baum im harten Porphyr seiner Heimatberge.«

»Ja«, bekräftigte der Herr von Salza. »Und es ist alles kernheil an ihm. Kein Splitter, kein Bruch, kein wurmkranker Fleck. Und kein Widerspruch wider Gott und Gottes Welt.« – »He, Bub«, rief der Sänger, »noch einen Krug Weines. Vor dem Einschlafen möcht ich noch die Weise zu Ende sinnen. Dazu taugt Wein. Trinkt Ihr nicht mit?«

»Nein. Zu dem, was ich noch sinne, taugt der Wein nicht. Ich will den Brief zu Ende denken, in welchem ich dem Kaiser allerlei Ratschlag geben will. Vor allem: Wenn er fortfährt, in eigenem Namen zu befehlen, läuft ihm bald alles aus dem Lager – bis auf seine Sarazenen und die Deutschen. Er muß fortan gebieten – in eines anderen Namen.« – »Das muß aber ein hoher Name sein! Sonst weicht ihm der Staufer nicht.« – »Gewiß. Aber dem Namen, den ich meine, wird er doch wohl weichen, hoffe ich. Und sobald nur ein leidlicher Friede erreicht und das Heilige Grab den Christen gesichert ist, dann muß ich ihn so rasch wie möglich von hier fortschaffen – vielleicht hilft mir dazu der Heilige Vater mit seinen Schlüsselsoldaten selbst am kräftigsten – aus dem Gelobten in das soviel gescholtene deutsche Land. Aber hab ich ihn nur einmal abgelenkt von seinem Drei-Kronen-Traum, hoff ich bestimmt, ihn dahin zu bringen, daß er meine Gedanken über die neue Preußenmark genau erwägt. Und erwägt er sie, so muß er sie billigen.« – »Da bringt der Bub den Wein. Tut, einmal nur, Bescheid: Heilo für Euren Brief und heilo meiner Weise! Mögen sie uns beiden nach Wunsch geraten.« – »Habt Ihr nicht ein paar Zeilen weiter fertig?« – »Ja!« – »Oh, dann sagt sie mir vor, mir allein!« – »Jaja«, nickte Walther. »Friedmuth versteht davon nichts. Aber Ihr wäret ja kein Thüring, wäret Ihr nicht liederfroh – und nicht umsonst heißt Ihr der ›Minnesame‹ Hermann.« – »Das ist lange her! Als ich noch in braunen Locken ging! Nun – fangt an, ich höre.« Und der Sänger hob an:

»Als ich kam gegangen,
Hat mich auf der Au
Schon mein Freund empfangen.
Hehre Himmelsfrau,
Da er mich ins Herz geschlossen,
Ist mir ewiges Glück ersprossen!
Ob er mir geküßt den Mund?
Tandaradei!
Seht, er ist noch rot zur Stund'!«

»Eia, Herr Walther«, sprach der von Salza. »Das ist der Ton von eitel Gold, der keinem fast wie Euch gerät. Wird nur mein Brief so gut wie Eure Weise!« Und noch einmal klangen die kleinen Becher, die Freunde tranken aus, und dann legte sich jeder in eine andere Ecke des schmalen Zelts. Eine Stunde und noch eine zweite hatten sie gewacht – nach dem Maß des Sternengangs, den die Lagerwachen abriefen. Dann entschlummerten beide.

Aber draußen, unter den äußersten Vorposten der Christen, schritt Friedmuth wachsam neben seinem Roß auf und nieder. Kaum scheuchte das Wachtfeuer die Raubtiere der Wüste, welche die Witterung der Pferde heranlockte, auf ihrem nächtlichen Pirschgang. Er stemmte den Speerschaft auf den Boden der Wüste, lehnte sich an den Bug des klugen Tieres, diesem die Zügel überwerfend, und blickte getrosten Mutes in die einsame Nacht hinaus. Ganz nahe hörte der Einsame einmal ein furchtbares Brüllen. Der Wüstenboden erdröhnte davon. Sein Roß fuhr zusammen, witterte scharf, sich gegen den Schall hin wendend, die Nüstern weit aufblasend, und zitterte an allen Gliedern. Aber Friedmuth beruhigte es. Er klopfte ihm den Hals, legte den starken Arm darüber und sprach: »Schäme dich, Falka! Der Schreier darf dir nichts tun, solange ich dich hüte. Und mich hütet der liebe Himmelsherr. Siehst du nicht, wie hell und freundlich seine Sterne niedergrüßen? Sind's auch andere Sterne, als die sich in Etsch und Passer spiegeln – auch sie hat der treue Gott angezündet. Und wie sang die liebe Mutter nach dem Gebetläuten jeden Abend, wann die ersten Sterne entglommen und sie mich lehrte, die gefalteten Hände emporzuheben?

Wer Unrecht nimmer tut,
Der steht in Gottes Hut.
Den darf an Leib und Ehren
Nicht Leid noch Übel sehren.«

Elftes Kapitel

Bald nachdem am folgenden Tage die beiden Gäste sich von Friedmuth verabschiedet und nach dessen linker Flanke hin auf den Weg gemacht hatten, traf bei diesem ein Bote des Kaisers ein, mit der Weisung, der Ritter solle ihm – rechts hin – sogleich auf das wenige Stunden entfernte, in den Bergen gelegene Schloß Klein-Kerak folgen, das die Christen vor einigen Wochen bei ihrem Vorrücken verlassen gefunden und besetzt hatten; er habe dort kaiserliche Befehle entgegenzunehmen.

Friedmuth wußte, daß der Kaiser die Burg wiederholt besucht hatte, hier, unbelauscht von päpstlichen Spähern, zumal den Tempelherren, mit Gesandten der feindlichen Fürsten über Waffenstillstand oder Frieden zu verhandeln. Er selbst hatte ihn zweimal dahin begleitet. Auch war jeder Argwohn ausgeschlossen. Der Bote hatte zwar nur mündlichen Auftrag, aber der Ritter kannte ihn genau. Es war Hamid, einer aus der arabischen Leibwache des Kaisers, deren Treue und blinde Ergebenheit sprichwörtlich war im Heere. Nur Hezilo, mißtrauisch, wo es seinem Vogte galt, fragte vorsichtig: »Muß der Herr dir unbedingt folgen? Wie viele von uns darf er mitnehmen?« – »So viele er will.« Da beruhigte sich der Knabe und ließ, mit Friedmuths Erlaubnis, zwölf Knechte aufsitzen, die er selbst führte. »Treff ich den Kaiser in Klein-Kerak?« fragte Friedmuth, als sie aus dem Lager ritten. »Nein; aber in dem großen Waffensaal, unter dem Fuße des achteckigen Steintisches, findest du – versiegelt – seinen Befehl.« Friedmuth nickte, er kannte den Saal und kannte auch den schönen Tisch, dessen Platte von mannigfaltig gefärbten Steinen ihm aufgefallen war. Schweigend ritt der Sarazene neben ihm her.

Als man das blendendweiße Gemäuer des Turmes aus den steil aufragenden gelben Felsen aufsteigen sah, hielt Hamid an – der Pfad gabelte sich hier. »Dort hinan!« Und er wies nach rechts mit der Schlachtgeißel, der Keule, an deren Spitze, an einer kurzen Kette, eine eiserne Kugel voll spitzer Stacheln hing. »Ich habe noch anderen Auftrag. Christus und die Heiligen mögen deinen Weg segnen.« Damit wandte er das Roß und sprengte davon. Pfeilschnell führte ihn der edle Berberhengst dahin, sein weißer Burnus flatterte wehend im Winde. Erstaunt sah ihm Friedmuth nach. »Wie? Christus und die Heiligen ruft er an?« sprach der Ritter zu Hezilo, der an seiner Seite ritt. »Ein Leibwächter – getauft? Ein seltener Fall!« – »Ich sah ihn noch vor wenigen Wochen mit den anderen die Gebetspulen drehen und hörte ihn zu seinem Götzen Mahom beten. Horch, der Türmer meldet uns . . . die Zugbrücke senkt sich . . . das sind des Kaisers Apulier oben auf den Zinnen. Ich kenne die bunten Waffenröcke, die ›Mi-Part‹, halb gold, halb blau.« – »Ja, und die spitzen, vorn übergebogenen Helme mit der Nasenschildstange.« Bald ritten die Ankömmlinge in den Hof des Schlosses ein. Friedmuth überließ sein Gefolge den Apuliern und Sizilianern, die ihn hier begrüßten, und stieg allein die steinerne Wendeltreppe hinauf, die in den Waffensaal führte.

Alles war still auf diesen inneren Gängen.

Er hielt, unwillkürlich lauschend, inne auf dem letzten Absatz der Stiege vor einem offenen Bogen in Hufeisenform, der in einen kleinen Hofraum blickte. Ein gleichmäßiges sanftes Geräusch zog seinen Blick nach jener Richtung. Es war der Springbrunnen, der, nach der Sitte des Landes, nicht fehlen durfte, wenn nur irgendein Strahl Wassers in der Nähe zu finden oder auch aus der Ferne mit großer Kunst und Mühe heranzuziehen war. So stieg denn auch hier ein dünner Faden Wassers aus einem muschelgeschmückten Becken ein paar Fuß in die Höhe, um bald, wie ermüdet von der Anstrengung, zurückzufallen.

Ein Pfau sonnte, auf dem weißen Sande gelagert oder vielmehr in denselben hineingegraben, seine steif zur Seite gestreckten schillernden Schwingen in der heißen Mittagsglut; ein großer, breitflügeliger Tagfalter flog mit langsamem Schweben über eine brennendrote Kelchblüte hin, von der betäubender Duft aufstieg. Vogel, Falter und Blume hatte der Deutsche nie gesehen. Er starrte darauf wie in Traum versunken. Er lauschte dem eintönigen Geriesel des Springbrunnens – sonst war alles still. Eine seltsame Spannung regte ihn auf – er blickte auf die halbangelehnte Pforte des Waffensaals.

»Welcher Befehl erwartet mich hinter jener dunkelfarbigen Tür? Warum so seltsam, so geheimnisvoll? Ach was, Friedel, schäme dich, geh hinein, lies den Brief und du weißt es. Wenn du hier draußen stehen bleibst und auf das dumme Wasser achtest, erfährst du's nie.« Und mit rascher Bewegung – seine Waffen erklirrten dabei – riß er die Halbtüre auf und trat über die Schwelle auf den hoch mit Teppichen belegten Marmorestrich.

Das geräumige achteckige Gemach schien leer zu sein. Der bezeichnete Steintisch stand in der Mitte, alles still, aber dem Eingang gerade gegenüber, hinter dem Vorhang, der den Austritt auf einen Balkon verhüllte, rauschte etwas. Offenbar war darin jemand verborgen. Rasch trat Friedmuth darauf zu, die gepanzerte Hand ausstreckend. Aber rascher noch fuhr er zurück; er wäre am liebsten wieder über die Schwelle entwichen, denn heraus trat nun, sich entdeckt findend, ein Weib.

»Gioconda! Frau Fürstin: Ihr hier!«

Aus den schweren Falten des Vorhangs schwebte hervor eine herrliche, eine königliche Frau. Sie war nur wenig kleiner als der hochgewachsene Ritter. Auf breiten, stolz getragenen Schultern ruhte ein majestätischer Hals; dunkelbraunes Haar, auf der Mitte der Stirn mit schmalem, weißem Scheitel geteilt, durch die plötzliche Bewegung des Erschreckens losgegangen, flutete in großgeschwungenen Lockenwellen aus einem goldgegitterten Netzgeflecht, das diese Fülle zusammenzuhalten kaum vermochte, auf den blendendweißen Nacken. Die vollschwellenden, fast üppigen Formen drangen, trotz keuschester Verhüllung, aus dem dunkelveilchenfarbigen samtähnlichen Stoff des reichen, ebenfalls mit Goldfäden durchwirkten Gewandes. Den Mantel wie den über dem Haarnetz getragenen Reisehut hatte sie wohl abgelegt, da sie aus dem Sattel gehoben ward. Das Hemd, von glänzendweißer arabischer Seide, bedeckte nur bis unterhalb der Schultern die schönen vollen Arme. Das »heimelich«, das heißt eng um Busen und Hüften angeschmiegte Oberkleid war ärmellos; ein handbreiter Gürtel von feinem weichem Leder, mit nur fünf, aber höchst kostbaren Edelsteinen geschmückt, umschloß die schlanken Hüften und fiel in einem langen Streifen vorn auf das Unterkleid von schwerer tiefdunkelgelber Seide, das in faltiger Weite bis auf die Knöchel wallte und kaum die zierliche Spitze des kleinen weißseidenen Schuhes zeigte. Marmorweiß, mit leise bräunlichem Anhauch, war die Farbe des vollendet edel geschnittenen länglichen Antlitzes wie des nackten, wohlgerundeten rechten Armes, der sich wie abwehrend gegen den Eindringling erhob; auf diesen vornehmen Zügen thronte vollberechtigter Stolz. »Königlich«, dies Wort mußte sich Friedmuth immer wiederholen und dabei nach einer Ähnlichkeit suchen, die er fühlte, aber nicht auszusprechen vermochte. Das schöne Weib ward in diesem Augenblick noch viel schöner durch einen Hauch von Verwirrung, von holder Scham auf den jungfräulichen Zügen, der ihren Reiz erhöhte. In reizender Bestürzung war sie vorgetreten, das Oberkleid mit der Linken ein wenig in die Höhe lüpfend. Ihr Schweigen, ihre Verwirrung gaben ihm Zeit. »Ihr hier?« wiederholte er im höchsten Erstaunen. Aber nun wechselte der Ausdruck in Antlitz und Haltung des schönen Weibes: Hoch richtete sich die prachtvolle Gestalt auf. Sie warf mit heftiger Handbewegung die über den herrlich gewölbten Busen flutende Haarwelle hinter die Schulter, flammende Röte schoß ihr in die Wangen, und aus den leuchtenden hellbraunen Augen flog ein Blick verhaltenen Vorwurfs: »Ihr fragt? Ihr seid überrascht, fast bestürzt? Ihr, der mich hierhergerufen – geheim vor allen? Wahrlich«, fügte sie sanfter bei, und in raschem Wechsel der Stimmung verschleierten sich die feucht schimmernden Augen, »keines anderen Mannes Ruf wär ich gefolgt.« Aber der Ritter hörte nicht. Er achtete nicht des so zärtlichen Klanges dieser melodischen Stimme, die das ihr fremde Deutsch mit italischem Wohllaut sprach, er sah nicht den ernsten Vorwurf in diesen nun sich senkenden Augen. Ungehalten über das »Weiberspiel«, das ihn hierher gelockt, trat er, zorngemut, einen Schritt näher und rief, ziemlich laut: »Welch kecke List! Gleitet von welscher Frauen Mund so leicht die Lüge?« – »Ah«, stöhnte das schöne Weib auf. »Welch Wort! Ihr zeiht mich der – Lüge! Das ist nicht zu tragen! Nehmt sogleich, um Euretwillen, das Wort zurück, das Euch beschimpfte, nicht mich!«

»Mich?« – »Ja! Denn ich bin schuldlos, und ich bin unfähig jeder Lüge. Glaubt Ihr, schaut mir ins Auge, glaubt Ihr, ich kann lügen?« Hoheitsvoll trat sie dicht vor ihn und schlug die wundervollen Augen groß auf, sie fest und tief in seine Seele senkend. »Nein, bei Sankt Georg«, sprach er rasch, bestürzt. »Ich . . . ich tat Euch unrecht! Aber ich begriff nicht . . .« – »O Herr Friedmuth«, klagte sie nun in lautem Wehruf. »Wie bitter weh tut Ihr mir! Nicht durch jenes Schmähwort – es haftete nicht an meiner kristallenen Seele –, aber Ihr habt es erreicht, was keine Macht der Welt bei mir vermocht hätte: Euch selbst, das schöne Bild, das ich von Euch im Herzen trug, habt Ihr herabgezogen! Wie unritterlich, wie grausam hart habt Ihr ein Weib gewürdigt, das . . . gleichviel! Also weil Ihr durch irgendeinen Zufall oder wohl durch eines Dritten Anstiftung mich auf Eurem Wege findet, glaubt Ihr sofort, ich muß mich Euch in den Weg geworfen haben? Und sei es, wenn ich es getan hätte: Glaubt Ihr, ich würd es leugnen? Ich Euch belügen? O Herr Friedmuth von Fragsburg, ist das deutsche Art?« Es klang mehr wie Schmerz denn wie Vorwurf. »Vielleicht, Frau Fürstin . . .« stammelte er tief beschämt, und nun stand ihm dies sehr anmutig, »oder doch Etschtaler Art. Verzeiht, wir sind ein wenig ungefüg in Gedanken – oder doch in Worten: plump, schwerfällig; und zumal ich! Ich bin ganz ungeübt, mit Frauen nach höfischer Sitte zu verkehren, denn Frau Wulfheid . . . Ich bitt Euch herzlich, edle Frau, verzeiht!« – »Es steht Euch so herzgewinnend an, wenn Ihr bittet, daß man

Euch öfter im Unrecht sehen möchte«, lächelte sie. »Laßt es vergangen sein oder, besser, nie geschehen. Es soll Euch nicht schaden an meiner Gunst. Doch laßt uns nun beide unseren Scharfsinn anstrengen«, sie schmunzelte ein wenig, »herauszuklügeln, von wem warum uns beiden dieser Streich gespielt ward?« – »Ja, von wem?« drohte der Ritter, zornig den Schwertknauf drückend. »Der freche Bube soll . . .« – »Ihr könnt es ihm, scheint es«, lächelte die Anmutvolle, »immer noch nicht verzeihen, daß er Euch gezwungen hat, Gioconda wiederzusehen.« – »Wohl, wohl! Das ist just nicht so schlimm«, meinte der Fragsburger ehrlich. »Wirklich? Die Höfischkeit hat Euch nicht verdorben«, lachte sie nun heiter. Friedmuth ward verlegen, unwirsch. Er fühlte, daß er hier keine günstige Rolle spielte vor dieser überlegenen Frau. Aber er wollte gar keine Rolle spielen! Keine gute und keine schlechte, hinaus wollte er! So sprach er wieder in fast feindlichem Ton: »Nicht zu Narrenritten, zu Christ, zu Kaisers Dienst bin ich in dieses Land gezogen. Das ist kein Boden für Fastnachtspäße. Wer ist der Freche? Kennt Ihr ihn?« Sie schüttelte das schöne Haupt. »Des Kaisers Leibwächter brachte mir den Auftrag seines Herrn, Euer heute hier zu harren. Ihr hättet geheime Zwiesprache mit mir verlangt. Ich hatte guten Grund, hieran zu zweifeln«, fügte sie mit leisem Vorwurf bei, »denn Ihr habt mich immer mehr gemieden als gesucht. Doch der Kaiser befahl, und ich, ich gehorchte – gern«, klang es schüchtern nach. »Und mir ließ der Kaiser sagen . . ., aber halt! Der Brief unter dem Marmeltisch! Laßt sehen, ob das auch eitel Lüge!« Eilfertig schritt er auf den Marmortisch zu, bückte sich, hob das schwere Fußgestell mit der Linken sacht vom Boden auf und zog mit der Rechten ein zusammengefaltetes Pergamentblatt darunter vor.

»Ich bitt Euch, lest. Mir wird es immer schwer – auch in der Ruhe –, und jetzt vollends schwimmen mir die Schrifthaken vor den Augen.« Sie nahm, warf einen Blick hinein und rief: »Ich kenne diese Schriftzüge.« – »Des Kaisers?« – »O nein, des Bruders Sebastian.« – »Der Tropf! Er wagt es!« Aber Gioconda las: »Einen Tropf wahrscheinlich werdet Ihr mich schelten, gestrenger Ritter, oder sonst was Ungutes, kommt Ihr hinter den

Schlich. Aber ich hielt es nicht mehr aus. Ich mußte mir helfen. Ich habe Hamid getauft und ihm gesagt, sein neuer Schutzpatron, Sankt Sebastian, sei mir im Traum erschienen und lege ihm die Doppelbestellung an euch beide im Namen des Kaisers auf. Ihr müßt euch sehen – euch sprechen.« Hier ließ sie mit einem Aufschrei das Blatt fallen: Friedmuth hob es auf und las mit seiner zorngrimmigsten Stimme: »Der Kaiser will wirklich, daß ihr euch heiratet. Die Ehe des Herrn Friedmuth – das wisse Frau Gioconda – fällt wie ein welkes Blatt, sobald er will. Sie ist sogar sehr sündhaft. Ihr tut ein gutes Werk, wenn Ihr ihn heiratet. So bringt denn des Kaisers Willen und seinem Seelenheil dies schwere Opfer. Herr Friedmuth, Ihr denkt jetzt in Eurem Sinne: ›Wenn ich den Pfaffen greife, walk ich ihn weidlich.‹ Aber Ihr werdet ihn nicht greifen. Mir ist das Christenlager verleidet. Ich gehe anderswohin. Ihr, schöne Fürstin, sucht Euch einen anderen Beichtvater, ich bin noch zu jung dazu. Und viel zu weltlich. Scham und Zorn gegen mich glühen jetzt in euch beiden; aber Frau Minne wird euch noch lehren, wie gut der es mit euch gemeint hat, der Bruder Sebastian hieß. Ich hab Euch an der schönen Nase herumgeführt, Frau Herzogin, aber ich kann es nicht länger tun. Ich bin nicht ganz nichtsnutzig, nur soviel ich's nicht bessern kann. Ich wollte gutmachen, was ich an Euch gefehlt.« Da errötete die stolze Frau, zog ihm das Blatt aus der Hand, zerriß es und warf die Stücke zum Bogenfenster hinaus. »Ha, welche Schmach!« rief sie. Der Zorn wich tiefer Scham. Sie schluchzte laut auf, barg das Antlitz in die Hände und sank auf den niederen, mit Tiger- und Pardelfellenb edeckten Diwan, der sich rings um die Wände des Gemaches zog.

Zwölftes Kapitel

Der Ritter aber achtete nicht ihres Wehs. Unzufrieden schalt er: »Was tut Ihr! Zerreißt das Blatt, das allein die Rache auf seine Spur leiten konnte! Gewiß stand noch mehr darauf. Aber ich sehe: Meine Gegenwart, mein Anblick schmerzt Euch. Ich bin wahrlich nicht daran schuldig und befreie Euch davon sofort. Fahrt wohl.« Er wandte sich kurz und mit ziemlich unfreundlicher Miene. Ohne die edle, von tiefem Schmerz in sich selbst gebeugte Gestalt auch nur noch mit einem Blicke zu messen, schritt er waffenklirrend zur Türe. Da sprang sie auf, und sich hoch emporrichtend gebot sie mit beherrschender Stimme: »Halt, noch nicht! Nicht mit einem schrillen Mißklang, wie von zerrissenen Saiten einer Laute, soll enden, was mir so teuer, was mir heilig war. Ihr müßt mich hören.«

Wenig willig blieb er stehen, hart an der Türe. Er wäre so gern gegangen. Dieses ganze krause, unklare Verhältnis widerstrebte von Grund auf seiner einfachen, hellen Seele. Aber in dem Tone jener ringenden Frau lag etwas Hohes, das er nicht ungewürdigt lassen konnte. So hob er unmutig das behelmte Haupt und sprach kurz: »So sprecht. Ich kann mir zwar nicht denken, was Ihr mir mögt zu sagen haben. Oder«, besserte er, ziemlich ungeschickt, nach, denn nun reute ihn doch diese Barschheit, »was dadurch anders werden soll.«

Mit langem, vornehmem Blicke maß ihn die schöne Frau. »Ja, Ihr habt recht. Ihr seid nicht fein. Oder besser: So groß und stark Ihr seid und so mannesstark Ihr ohne Zweifel dreinschlagt, Ihr seid – verzeiht mir – mit Euren Mannesjahren noch ein Knabe, der Welt und Leben und Menschenherzen und vielleicht sich selbst nicht kennt.« – »Das wäre«, lachte der Wackere und stützte sich schwer auf sein langes Schwert. »An mir ist nicht viel. So ist auch nicht viel an mir zu kennen!« – »Vielleicht doch, nur schläft es etwa noch in Euch. Oh«, und nun leuchtete ihr edles Auge, »wer das schlummernde Leben in Euch wecken dürfte, das wäre ein selig, selig Weib«, flüsterte sie, unhörbar für ihn. »Aber von mir, nicht von Euch muß ich nun reden. Meine Ehre, mein Stolz, mein Frauenrecht fordern das und – Ihr seid ein Ritter, Ihr müßt mich hören. Ihr habt mir den Schmach angetan, mich der Lüge fähig zu halten, der Aufdringlichkeit in rohem Trug.« – »Ich dachte, das wär abgetan«, meinte er, unbehaglich. »Es ist's; es zeigt nur, wie klein Ihr von Gioconda denken könnt.

Das aber trag ich nicht. Hasset mich.« – »Hab's nicht Ursach«, meinte er gutmütig. »Vergeßt mich! Aber klein sollt Ihr nicht von mir denken. Hört mich an! Ich bin gerade zwanzig Jahre alt, und was hab ich erlebt? Meine Mutter hab ich nie gekannt. Sie starb, nachdem sie mir das Leben gegeben. Mein Vater . . .«, sie errötete, »Kaiser Friedrich hatte von frühesten Tagen für mich Sorge getragen. Er hat das Kind auf den Knien gewiegt und geküßt und mir ein Bild gezeigt, auf Goldgrund gemalt, und mir gesagt: Das war deine Mutter, und sie war das schönste Weib Italiens und der Erde und das edelste Herz. Und als ich heranwuchs und nach meinem Vater fragte, verschloß er mir den Mund mit einem Kuß und gebot: ›Frage nie! Ich, Kaiser Friedrich, will, solange ich lebe, mit solcher Vaterliebe dich umhegen, daß du mich als deinen Vater ansehen sollst.‹ Und er hat Wort gehalten bis heute.«

Hoch auf horchte Friedmuth. Sein schlichter Sinn hatte sich nie Gedanken gemacht über allerlei Dinge, die anderen auffallen mochten. Aber jetzt fiel es ihm wie Schuppen von den Augen! Er fand jetzt plötzlich die gesuchte Ähnlichkeit der edelschönen Züge mit einem anderen Antlitz. »Ein Bastard! Mir einen Bastard zum Weibe bestimmen wollen, zu christlicher Ehegemeinschaft!« Mit Mühe unterdrückte er diesen Ausruf; zornig rückte er an der Schwertfessel.

Aber sie fuhr fort: »Mit acht Jahren schon ward ich verlobt, mit zwölf Jahren, ja, mit zwölf, ward ich vermählt. Mein Gemahl, einer der edelsten, der reichsten Vasallen der drei Reiche des Kaisers, war der Fürst von Paluzzo.« – »Ja«, sagte Friedmuth ganz erstaunt, »wirklich, ja, das ist wahr. Er war ein sehr edler Herr. Und sonst sehr stolz«, dachte er bei sich. »Aber, bei Sankt Georg!« rief er unwillkürlich. »Er war ja tief in die achtzig, als er starb?« – »Und neunundsiebzig, als wir die Ringe tauschten im Dome zu Palermo.« Sie schwieg. Friedmuth ließ einen milderen, fast mitleidigen Blick auf sie gleiten.

»Ich pflegte ihn gut, das darf ich von mir rühmen. Kein Ritter, kein Troubadour, der nicht der jungen Fürstin Minnnedienst gesucht hätte – der Kaiser lächelte dazu. Aber ich hieß bald ›die Fürstin von Eis‹. Wohl fühlte ich mein Herz öde, eine brennend heiße Sehnsucht zog durch meine Seele! Aber, bei der Heiligen Jungfrau, es war kein Verdienst, daß ich die Treue wahrte, auch im Wunsch, im Gedanken nie verletzte. Denn von den Hunderten, ja Tausenden, die sich mir nahedrängten – nicht einer hat mir einen Pulsschlag lang den Sinn beschäftigt. Der Fürst starb vor zwei Jahren. Auf der Überfahrt von Zypern nach Akkon rief mich der Kaiser in sein Schiffszelt und sprach: ›Mein Töchterlein‹, er nennt mich gerne so, ›diesem Ritter vertrau ich deinen Schutz auf der Fahrt.‹ Ich sah Euch an – und ich vertraute Euch, ein Mann wie einer der deutschen Buchenstämme, die ich nordwärts der Alpen bewundern lernte: stark und doch mild. Auf der Überfahrt trugt Ihr wenig Sorge um mich . . .« – »Ihr, Frau Fürstin, bedurftet deren nicht.« – »Aber die armen Pilger, die, auf dem überfüllten Schiff zusammengedrängt, erkrankten, die hatten keinen treueren Pfleger als Euch; obzwar Euch kein Gelübde zwang.« – »Ich bin ein Mensch, ein Christ dazu. Was redet Ihr von Dingen, die man nicht anders tun kann.« – »Das gewann Euch meine Verehrung, mein warmes, stilles Lob. Und als bei dem heftigen Südsturm das kranke Knäblein des armen Schifferknechts vom Decke der hochbordigen Dromone herabgeschwemmt ward von der wilden Sturzwoge und alle die Schiffsleute, die meervertrauten, untätig in den schlingenden Wasserschwall schauten, Ihr aber, der Sohn der Berge, in voller Rüstung ohne Besinnen hinabstürztet in das fast sichere Verderben – da schrie ich laut auf vor Schreck und, ach, vor Wonne, vor Stolz auf den Mann, den allein unter allen ich gelernt hatte sehr hoch zu schätzen! Der jähe Schreck, dann die heiße, ins Herz mir einschießende Freude lehrte mich viel. Und als man Euch, den halb Bewußtlosen, Erstarrten – aber das Kind hattet Ihr nicht aus dem linken Arm, nicht von Eurer Brust gelassen –, an dem Seil heraufhob, das Ihr mit der Rechten gerade noch vor dem Versinken erhascht hattet . . .«

»Da vergingen mir die Sinne. Ich wußte nur, der Bub war in Sicherheit. Im Fieber sah ich dann wohl oft einen wunderschönen Engel über mich gebeugt, der Tag und Nacht nicht von meinem Lager wich, mich pflegte, mir den Heiltrank bot. Ich ahne jetzt . . .« Gioconda wandte errötend das herrliche Haupt; eifrig fiel sie ein: »Nach der Landung drängte es mich, meine wogende, ringende Seele zu entlasten. Ich hatte den Ring an Eurer Hand bemerkt! Ich mußte beichten. Den Kaiser hatte wegen des Bannes sein Beichtiger, der auch der meinige gewesen, verlassen. Da sandte mir der Gebieter den Bruder Sebastian. Halb im Scherz ließ er mir sagen, ich möge mit diesem Zugelaufenen einstweilen vorliebnehmen, er habe gerade keinen bessern Pfaffen. Klug war der, auch gutmütig und mir sehr zugetan, aber allzu weltlich, zu unwissend, oft roh. Ich konnte ihm unmöglich beichten, nicht ihm sagen, daß ich Euch schon auf der Überfahrt kennengelernt. Mein Herz sträubte sich dawider. Er glaubte, damals, auf der Reiherjagd, hätte ich Euch zuerst gesehen; er lachte oft gutmütig spöttisch. Was lag mir daran? Aber ihm konnte ich nicht beichten! Nur einer lebte, dem ich mein Herz ausschütten, es rechtfertigen konnte – der waret Ihr selbst! Und da ich nun wähnte, Ihr selbst hättet mich hierher beschieden, Ihr ließet mir sagen . . . Oh, wie jubelte da meine Seele auf! Grausam war die Enttäuschung! Aber ich danke dem Mönche doch dafür. Ich konnte Euch nun sagen, wie alles kam. Verwerft mich, wenn Ihr das nicht begreifen könnt.«

Erwartungsvoll sah sie zu ihm auf. Ruhig, unbewegt stand er vor ihr, mit klarem Blick sie betrachtend. »Verwerfen? Nein! Aber begreifen? Auch nicht! Ich versteh all das nicht! Es ist, wie wenn Ihr Arabisch zu mir sprecht. Ich weiß nicht«, fuhr er leise, nachdenklich den Kopf schüttelnd, fort. »Jaja! So muß es sein: Es muß wohl etwas geben, was die anderen Minne nennen, hohe Minne, volle Minne, und das mir völlig fremd und unlernbar! Ihr seid schön, sehr schön, das seh ich wohl; das schönste Weib, das ich bisher erschaut. Und Ihr habt auch, das fühl ich dunkel, eine Seele, groß und tief und weit. Und es scheint ja – Ihr seid mir nicht abgeneigt. Aber, straf mich der heilige Georg, wäre Frau Wulfheid tot und begraben und ich wirklich frei: Nie, niemals würde mir einfallen – ich kann mir das so wenig vorstellen, wie daß mir auf einmal Flügel wüchsen und ich durch die Wolken segelte –, nie würde mir einfallen, je ein ander Weib zu nehmen.

Und gäbe mir der Kaiser Zypern und Sicilia zur Mitgift, ich spräche: ›Nein, ich will nicht.‹« – »So mächtig, so treu über das Grab hinaus liebt Ihr Euer Ehgemahl! O die Beneidenswerte!« – »Nein! Das ist es nicht. Ich halte sie recht wert, aber das ist es nicht! Ich habe nicht nach ihr verlangt und würde, wäre sie tot, wahrlich nach keiner anderen verlangen. Ich habe wohl kein Herz, das heißt kein minnegehrend Herz.«

Da trat die schöne Frau dicht vor ihn hin und sprach, alle Kraft zusammennehmend, um ruhig zu scheinen: »Lebt wohl. Segen über Euch! Ihr seht mich niemals wieder.« – »O doch! Im Laufe des Kreuzzugs . . .«

»Ich kehre morgen, heute noch, zurück ins Abendland.« – »Wohin?« – »In ein Kloster.« – »Ah! Wie schade!« meinte er gutmütig. »Beileibe nicht! So jung, so klug, so edel, so schön! Ihr schlagt Euch bald aus dem holden Kopf, was jetzt darinnen: ›Lange Haar' und kurzen Sinn‹, sagt man, haben schöne Frauen.« Aber da richtete sich die Hoheitsvolle stolz auf: »Schweig, Friedmuth! Lästere nicht, was du nicht kennst. Du Armer! Wahres Glück bleibt dir versagt. Ich, ich habe nur das Weh, das Sehnen kennengelernt echter Liebe; und doch: Dieser Schmerz ist mir – höchste Seligkeit! Denn ich darf ihn tragen, um dich. Und ich vertauscht ihn nicht, diesen Schmerz, um aller anderer Frauen Liebesglück! Du aber wisse: Wahre Liebe kennt keinen Wechsel. Lieben, das ist Ewigkeit! Friedmuth, mein Friedmuth, der nie der Meine war und doch ewig, unentreißbar mein ist, o du mein armer Friedmuth: Lebe wohl!« So schön war dieses Antlitz nie gewesen. Tiefstes Weh der Seele, innigste, entsagungsstarke Liebe verklärte die edlen Züge mit heiligem Schimmer. Betroffen trat der Ritter einen Schritt zur Seite. Der Vorhang des Eingangs rauschte – sie war verschwunden.

Friedmuth vermochte nicht, ihr zu folgen. Wie träumend strich er mit der gepanzerten Hand über die kühle Stirn. »Das also war die Minne? Jaja, das war sie wohl. War etwas Hohes, Edles, aber fast Unheimliches. Lieber Himmelsherr und du, Sankt Georg, haltet mir das fern! Laßt mich meine Lehnspflicht tun für Kaiser und Reich und meine Christenpflicht gegen jedermann. Anderes brauch ich nicht, will ich nicht! – Horch, die Apulier stoßen ins Horn! Sie reiten ab! So reite auch ich zurück auf meinen Posten. Ich wollte, es setzte heute noch ein frisch Gefecht. Denn mir ist schwül.«

Dreizehntes Kapitel

Als der Ritter sich mit seiner kleinen Schar dem Lager näherte, fiel ihm auf, daß auf der die Straße beherrschenden Sandhöhe mehr als die drei von ihm hier aufgestellten Reiter Wache hielten. Er sah wohl ein halbes Dutzend Helme sich scharf von dem tiefblauen Horizont der Wüste abheben. Und während er noch über die Ursache nachsann, sprengte einer davon eilfertig ihm entgegen. Staub- und Sandwolken des Wüstenbodens verhüllten ihn, sobald sein Pferd aussprengte. So konnte ihn Friedmuth nicht erkennen, bis der Reiter dicht vor ihm hielt. Der sprang ab und umklammerte des Ritters Knie, erst jetzt erkannte dieser den heftig Bewegten. »Oswald!« rief er und richtete das graue Haupt empor, das sich, wie von Schmerz niedergebeugt, an den Bug des Hengstes gedrückt hatte. »Oswald! Was hast du?« – »Ach, teurer Herr!« – »Ist Übles geschehen? Wie ließest du mein Haus, die gute Fragsburg?« – »Sie steht unversehrt.« – »So ist der Berg gerutscht? Ist die Etsch ausgetreten?« – »Nein. Aber Frau Wulfheid . . .« – »Was ist mit meiner Hausfrau?« – »Tot ist sie, Herr, gestorben und begraben!«

Mit einem Sprung war Friedmuth aus den Bügeln und stand neben dem Alten. »Tot? Frau Wulfheid? Unmöglich!« – »Doch, lieber Herr.« – »Die Lebensstarke! Sie wollte leben und starb doch? Was konnte sie bezwingen?« – »Der stärkere Tod! Auf einer Eberjagd . . .« – »Wie? Ich hatte ihr scharf verboten, je wieder dies männische Werk zu üben, seit sie schon einmal der Eber gehauen.« – »Ich wagte, sie Eures Verbotes zu mahnen. Und sie liebte ja gar nicht die Jagd. ›Schweig, Knecht‹, herrschte sie mich an. ›Die Weizenfelder da unten an der Etsch sind mein,

mein vorbehalten Frauengut. Und wenn Herr Friedmuth auch, leider, allzu gering das Gut achtet, das Sach‹, sagte sie, es war ihr Lieblingswort . . .« – »Ja, das war es.«

»›Ich sehe streng auch auf die Pfennige. Denn aus den Pfennigen wachsen Schillinge. Es ist nicht mehr zu tragen, daß die Wildsauen, aus den Etschsümpfen einbrechend, unseren besten Weizengrund zerwühlen! Die Knechte beschaffen nichts ohne das Auge der Herrin. Ich muß zum Rechten sehen.‹ Und sie befahl – Ihr wißt: es gab nicht Widerspruch gegen ihr Wort. – So zogen wir, ich und Oswin, mein Sohn, mit den vier Knechten, und mit den Suchhunden und den Stellrüden am andern Mittag hinaus, die Herrin uns allen voran, den Schweinsspeer in der Faust. ›Wenn das Herr Friedmuth wüßte‹, sagte ich vorwurfsvoll, ich ritt zunächst hinter ihr. ›Er hat's so streng verboten!‹ Da wandte sie sich und rief mir zu: ›Ich tu's ja doch – für ihn! Daß er stolz und reich erscheine unter den Landesrittern. Nicht für mich spar ich, haus ich und wahr ich, nur für ihn mehr ich das Sach.‹ Das war ihr letztes Wort auf Erden.« – »Mach's kurz! Der Eber traf sie zu Tode?« – »O nein, Herr! Kein Hauer kam ihr nah! Es war ganz wundersam. Nicht ein wildes Tier, auch kein Sturz vom Pferd, ein Schlagfluß wohl hat sie getötet. Sie gab dem Roß . . .« – »Welches ritt sie?« – »Die Schwalbe. – Sie gab den Sporn und sauste den Knechten voran, nachdem der Suchhund Sauen aus dem Sumpfland der Etsch aufgestört, wo sie während der heißen Mittagszeit bis an den Rüssel tief in Wasserlöchern liegen. Ein mächtig Tier stand hoch und nahm nach kurzem Gang die Stellrüden. Die Frau sprengt hinzu: auf Speerwurfsweite von dem umstellten Wild holt sie aus, schwingt den kurzen Schaft und – sinkt mit einem gellenden Schrei rückwärts vom Gaul. Sie war wieder – gegen Euer Verbot! – rittlings auf dem Sattel gesessen. Ich fing sie auf: leblos! Die Augen waren halb geöffnet. Sie hat kein Wort mehr gesprochen, bis sie ins Grab getragen ward.« – »Also ein Blutschlag? Oder was war es?« Der Burgwart schüttelte den grauen Kopf: »Ich kann's nicht sagen. Wir haben gar nichts wahrgenommen an der Leiche.« – »Die Leiche! Ich kann's nicht denken!« – »Mühsam trugen wir sie auf unseren Speeren den Felsensteig hinan. Wir riefen alsbald den altweisen Priester Markulf aus dem Zisterzienserhause zu Meran. Der hat ja lang in Welschland gelebt und zu Salern die Heilkunde gelernt. Denn wir wollten doch wissen, wodurch die Herrin so plötzlich gestorben. Aber der war eben hinaufgeholt nach der Burg Tirol, wo das Söhnlein Herrn Albrechts in schwerem Fieber lag. So kam an seiner Statt einstweilen nur sein Schüler, der junge Mönch Alderich. Wir waren aber froh auch um den, auf daß er, ein Mann Gottes, wache bei der Leiche, denn wir Knechte, wir fürchteten die Tote, wie wir die Lebende gescheut. Er meinte, wie er kam und alles vernahm und auch das hörte, daß Ihr der Frau die Eberjagd verboten und das männische Reiten, der Himmelsherr habe das gesendet, als strenge, aber gerechte Strafe, weil sie, wie so oft, ihres Eheherrn Willen nicht befolgte.« – »Dummer Pfaff!« – »Ja, ja, er meinte, bei dem jähen Tod, ohne Vorbereitung, ohne Sakramente – sie hatte seit zwei Monden nicht mehr gebeichtet – werde sie wohl ein paar Jahrzehnte in die Fegeflammen . . .« Da zuckte Friedmuth schmerzlich auf. »Zumal sie doch auch Euch, ihren gütigen, milden Eheherrn recht, recht viel durch Jähzorn gequält habe und heftig wildes Wesen und durch Trotz.« – »Was geht das den frechen Priester an? Ich verzeihe ihr von ganzem Herzen! Und wenn das nicht hilft, Seelenmessen will ich für sie lesen lassen, so viel, daß . . . Von Jahrzehnten sprach er?« – »Jawohl«, nickte der Alte. »Nun, lieber Herr, vielleicht ist's nicht ganz so schlimm. Ihr wißt ja, die Verstorbene war ein wenig scharf und hart mit allen Leuten: Neigung und gute Meinung der Menschen hat sie nicht viel gehabt. Auch den Alderich hat sie manchmal unsanft fortgewiesen, kam er bettelnd für sich oder für seine Kranken. Vielleicht kommt Frau Wulfheid doch gelinder ab.« Aber Friedmuth sann einstweilen schon über ganz anderes. »Soll ich den Kaiser angehen um das Geld? Den Ring verwerten? – Nein! Ich verpfände das Geleitrecht nach Bozen. Es trägt wohl siebzig Schillinge. Ich stifte ein ewig Licht ins Kloster zu Sonnenburg. Die frommen grauen Schwestern dort sollen sie mir aus dem Fegefeuer beten Tag und Nacht. – Und sie hat wirklich gar nicht mehr gesprochen?« – »Nicht mehr geschnauft hat sie! Ich habe immer wieder das Ohr an ihren Mund, an ihr Herz gelegt – denn wir wollten's nicht glauben, die Stattliche sei tot. Und sie sah noch den zweiten Tag ganz unverändert aus, als wolle sie gleich aufspringen und wieder ihr lautes Befehlwort rufen durch die Burg. Aber am Abend des zweiten Tages gebot der Mönch, sie hinabzubringen in die Gruft. Denn die üblen Wichte von . . . nun von dort her, wo . . . wo die Engel Hörner tragen . . . fahren leicht in eine Leiche, die noch in der zweiten Nacht uneingesegnet liegt. So trugen wir denn die strenge Frau hinab in die Burgkapelle. Da ward sie aufgebahrt auf schwarzbehangenem Gerüst. Stolz, drohend, zorngemut sah sie noch im Tod auf uns. Den traurigen Zug machte ich noch mit. Aber von der Bahre weg eilte ich – gerade sank die Sonne – in den Hof, sprang auf mein vorher gesattelt Roß, eilte gegen Bozen und dann nach Trient und Venedig, Euch sobald als möglich aufzufinden. Wußte ich doch, daß Ihr auf Nachricht von der Heimat harrtet. Und nun muß ich Euch solche Nachricht bringen!« – »Und wann war das? Wann starb sie?« – »Am zweiten Tage vor Sankt Johannes des Täufers Tag. Wir hatten schon das Holz für das Sunnwendfeuer aufgeschichtet.« – »Gott, so viele Monate schon, da ich noch an die Lebende dachte! Nun hat die Frau doch all dies so arg geliebte, so scharf gewahrte Gut hergeben müssen. Nicht mir! Ihren Vettern! Die werden wohl nicht gesäumt haben, zuzugreifen! – O hätte sie doch, auch wenn ich fern war, dem fahrenden Spielmann manchmal einen Krug Wein gegönnt.« – »Zumal aber das Burggesinde minder knapp gehalten«, brummte der Alte vor sich hin. »Arme Frau!« Und er schüttelte den Kopf. »Wie schade um so viel Trefflichkeit!«

Unter solchen Reden stiegen sie langsam die Anhöhe hinan: Friedmuth hatte dem klugen Hengst, der von selbst folgte, die Zügel über den Hals geworfen. Oswald führte den eigenen Klepper am Zaum, hin und wieder seinem Herrn Antwort gebend auf kurze Fragen über einzelne Umstände, die dieser, aus seinem Nachsinnen aufschauend, an ihn richtete.

Weiter rückwärts ritt Hezilo langsam nach. »Hm«, meinte der, »er trägt es ruhiger, als ich gemeint. Wie wenn er im Gefecht einen recht tapferen Waffengenossen verloren hätte – aber nicht Herrn Hermann oder Herrn Walther. O Trinelein, wenn du mir gestorben wärest!«

Vierzehntes Kapitel

Der Witwer behielt nicht Zeit, seinen Gedanken lange nachzuhängen: Sein Wunsch nach einem frischen Gefecht sollte sich rascher erfüllen, als er hatte hoffen können. Kaum war er im Lager angelangt, da jagte von den Vorposten her ein Bote mit der Meldung, zahlreiche arabische Reiter umkreisten und bedrängten hart das kleine Häuflein der Vorhut. Es waren berittene Bogenschützen, deren Pfeile, gefiedert mit den Federn des Kranichs, aus großer Ferne trafen und oft durch Schild und Brünne drangen. Die Abendländer scheuten gerade diese unfaßbaren Feinde. Die Mitte hielten diese stets zurück, nur beide Flügel schwärmten vor, ihre Geschosse entsendend. Sprengten nun die vollgerüsteten Franken auf ihren schweren Hengsten gegen die Plagegeister an, so waren diese weißen Flattermäntel im Nu zerstoben, gleich vom Sturmwind entführten Federn.

Friedmuth hatte den Ritt nach dem Schlosse, das ja hinter den deutschen Stellungen lag, in ganz leichter Rüstung unternommen. Nun gebot er Hezilo, ihm behilflich zu sein, sich rasch zu waffnen. Er fuhr zuerst in den ärmellosen Unterwaffenrock, ihn über Haupt, Brust und Arme streifend, denn im Morgenlande trugen die Ritter, der Hitze wegen, nicht Unterkleid, Rüstung und hierüber Waffenrock, sondern diesen am Leib und auf diesem den Panzer. Darüber zog er dann den Panzer, mit Schuppen für die Arme und mit Schuppenhandschuhen, auf der Brust geschützt durch Kettenringe, die bis zum Gürtel reichten. Daran schlossen sich Ringschuppen in Maschen von den Hüften bis an die Knöchel. Hieran wurden geschnürt die starken Lederschuhe mit den langen Stachelsporen; das mächtige Hiebschwert ward mit der Schwertfessel locker um die Lenden gegürtet. Über das

Harsenier, die Schuppenhaube, die Kopf und Hals, Schultern und Nacken schleierartig umzog, stülpte er den schweren Glockenhelm: die Gupfe oder Hirnhaube, die man zunächst über dem Haupt trug, hatte Friedmuth im heißen Morgenland abgelegt.

Nun führte Oswald das Streitroß vor: – zum Ritte nach dem Schlosse hatte das Reiseroß gedient – »Falka« war ganz verdeckt von der »Cuvertiure«, einem Pferdekleid, das, mit eisernen Ringen verstärkt, an dem ledernen, im Rücken hoch erhöhten Sattel festgeschnürt, hinten viel länger als vorn, die Brust ganz frei lassend, das Tier zu beiden Seiten umwogte.

Friedmuth schwang sich in voller Rüstung in den Sattel und ließ sich nun den langen Schmalschild reichen, der, wie sein Helmdach, die drei goldnen Sterne im blauen Felde zeigte. Er warf ihn vorläufig an der Schildfessel auf den Rücken. Dann ergriff er die mächtige Lanze, diese zehn Fuß lange Stoßwaffe mit der blattförmigen, zweischneidigen, halbfußlangen Spitze.

»Vorwärts!« befahl er.

Die Sonne war nun gesunken. Es ward sehr rasch dunkel. Während Friedmuth, gefolgt von Hezilo, an der Spitze seiner Inn- und Etschtaler aus dem Lager sprengte, tummelten, die Lanzen schief über den Rücken geschnürt, zwei Führer der Wüstenreiter die windschnellen Rosse wie im Spiele hinter der Reihe der Ihrigen hin und her. »Du hast«, fragte der ältere, »doch selbst nachgesehen? Es ist doch tief genug gegraben?«

»Du weißt, Oheim Emid, wir fangen in unserer Heimat in solchen Gruben den Löwen. Nicht der König der Wüste vermöchte von der Sohle des Trichters im Sprung den Rand zu erreichen.«

»Und das Gestrüpp?«

»Nicht meinen leichtfüßigen Berber würde es tragen, geschweige das plumpe, gepanzerte Roß des gepanzerten Franken.«

»Gut! Bei Allah – wir müssen ihn haben. Er allein hat uns den ganzen Plan des Überfalls verdorben. Er ist wohl einer der allervornehmsten der Franken. Für ihn wird der König willig meinen Bruder, deinen Vater, freigeben. Habt acht! Da ist er schon.«

Friedmuth hatte nun seine weichenden Vorposten erreicht. Sowie diese den geliebten Führer gewahrten und die Verstärkung, die er ihnen zuführte, hielten sie stand und sprengten unter dem Kriegsruf: »Christus der Herr!« mutig wieder gegen die Feinde vor. Sofort prallten diese, ihre leichten Rosse herumreißend, zurück, im Fliehen nochmals ihre Bogen abschießend. Neben Friedmuth stürzte, einen Pfeil in der Stirn, einer seiner Etschtaler Vögtlinge, der Zeidler von Hafling. –

»Wartet! Steht doch, ihr feigen Heiden!« rief der Ritter in der Lingua franca. Es trieb ihm das Herz, den Schmerz um Frau Wulfheid und allerlei Gedanken in grimmen Stößen loszuwerden. Heftig spornte er das Roß. Schon jagte er durch die Reihe der Vorposten hindurch, weit den Seinigen voran. »Halt, lieber Herr, halt! Nicht allein so weit vor«, warnte eine Stimme. Es war Hezilo, der einzige, dessen Roß zu folgen vermochte. Aber Friedmuth war zornig: Er hörte nicht den Ruf des Treuen. Er sah zwei feindliche Führer – die reich in Gold strahlenden Waffen, die hohen weißen Straußenfedern über dem beturbanten Schuppenhelm machten sie kenntlich –, die, ungleich ihren fliehenden Scharen, ihn ruhig erwarteten. Sie hoben die Wurfspeere und ritten im tänzelnden Trabe langsam gegen ihn vor. Friedmuth deckte sich mit dem schmalen Schild, ihn zum Halse hinaufzukkend, legte den Speer ein, nicht in der Höhe der Hüften ihn fällend, sondern zu besonders gefährlichem Stoße, bis dicht unter die Achselhöhe ihn hebend, um den Feind recht hoch oben zu treffen und so desto leichter aus dem Sattel zu stürzen; er hob sich in den Bügeln und sprengte mit der vollen Wucht des starken Rosses gegen jene an, froh des Zusammenstoßes.

Aber pfeilschnell wandten beide die Pferde herum und flohen, nach rechts ausbiegend, nicht ihrem links enteilenden Häuflein folgend. Grimmig setzte der Ritter nach. Er sah gerade vor sich, zwischen den Ohren des Pferdes durchblickend: Auf der Erde lag ein Haufen dürrer Palmzweige oder anderen Gestrüppes, die Dunkelheit ließ den Erdboden kaum mehr erkennen. Die beiden Flüchtlinge bogen links und rechts um die kreisähnliche Anschwellung, jenseits derselben wieder zusammentreffend. Friedmuth trieb den keuchenden Hengst gradaus. Da, sowie dessen

Vorderhuf auf die Palmzweige schlug, stürzte das Tier kopfüber nach vorn in eine tiefe Grube; krachend flogen Splitter und wirbelnd dürre Halme empor. – Hezilo sah seinen Herrn plötzlich verschwinden. Mit bangem Angstschrei jagte er gegen die Grube heran.

Plötzlich war er von sechs Reitern umringt. Die beiden Führer hatten mit laut gellendem Ruf die verstellte Flucht der Ihrigen gehemmt. Eine Schnur flog um seinen Hals, eine Bleikugel schlug an seine Schläfe, unterhalb der Schuppenhaube. Er fühlte noch, wie er vom Pferde gerissen und quer über einen Sattel geworfen ward. Dann schwanden ihm die Sinne. Sofort stoben die Sarazenen wieder davon, in die Wüste hinein.

Als die Deutschen die Stelle erreichten, wo sie Friedmuth und Hezilo hatten verschwinden sehen, trafen sie nur Hezilos Pferd, dessen Sattelgurt zerschnitten war; die Sturmhaube und der Sattel lagen neben dem Tier auf dem Sand: es schnupperte mit weitgeöffneten Nüstern nach Südosten. Sie eilten weiter vor, nach rechts: der alte Oswald zuerst entdeckte eine tiefe trichterförmige Grube, über welche Palmzweige und Gesträuch gebreitet lagen. Ohne Besinnen stieg er ab und sprang hinein. Da lag der treue Hengst mit gebrochenem Genick, den ganzen Boden der nach unten schmaler werdenden Grube füllend. Darüber der zerbrochene Speer des Ritters und sein aus dem Mundloch der Scheide geglittenes langes Schwert. Die Spitze fehlte – der Rest der Klinge war ganz blutig. Von dem Rande der Grube nach Südosten zog sich eine sehr starke Blutspur zwischen den Huftritten zweier arabischer Rosse hin: Oswald und die Reiter folgten der Spur, bis die volle Dunkelheit der Nacht sie nicht mehr erkennen ließ. Dann kehrten sie in das des Führers verwaiste Lager zurück, tieftraurig bis ins Herz hinein. Denn Friedmuth hatten alle liebgehabt.

ZWEITES BUCH

HEZILOS UND BÖPPELES ABENTEUER

Erstes Kapitel

Zwei Jahre waren ins Land gegangen, seit Herr Friedmuth und sein getreuer Hezilo verschwunden waren aus den Augen der Ihrigen. Längst waren der Kaiser und sein Heer aus dem Morgenlande zurückgekehrt.

Da ging an einem wunderschönen Sommerabend in einem wunderschönen Tal, »das Etsch und Passer, zwei Silbergürteln gleich, umhegen«, im Tale von Meran, die Sonne so herrlich zu Golde, wie es vor anderen jener gesegneten Landschaft lieblich eigen ist.

Zauberhafte Farbentöne hatten von der sinkenden Glanzscheibe aus oder um sie her den Himmel, die Berge, die üppigen Mittelhöhen der Hügelgelände, die beien Flüsse und deren Talgrund erfüllt: vom wärmsten Gold, durch glühendes Rot bis ins immer noch stark rot durchwärmte Violett.

Der Wiederschein im Osten, zumal im Südosten, wo die Mendola, wie von Sehnsucht gezogen, gen Italien hinabneigt, erfüllte den ganzen Himmel mit prachtvoll leuchtender, lodernder Glut.

Auf der Höhe im Osten von Meran, wo dermalen Schloß und Gehöft Goyen zwischen Schänna im Norden und der Fragsburg im Süden ragen, standen damals ein paar niedrige, strohgedeckte Bauernhütten. Sie waren samt dem zugehörigen Wein-, Acker- und Wiesenland dem Bistum Chur zu eigen und an Hintersässige ausgeliehen, die zwar persönlich frei, nicht leibeigne Knechte und Mägde, aber doch »Vögtlinge« des Bistums und von dem Bischof und dessen Vogt streng abhängige Leute waren. »Ze Goyen« hieß damals die Siedlung. Nicht viel anders schon in den Tagen, da Ostgoten auf dem nahen Iffingerberg lebten, denn bereits zur Römerzeit krönte jenen wunderbar schönen Hügel eine »villa Gajana«. Und die Winzer, die dem Rebgarten Halt und Stütze aufbauten aus allerlei zerbröckeltem Gestein und Mauerwerk, das in großen Mengen den Boden auf der Krone der Höhe bedeckte, ahnten nicht, daß sie die Ziegel altrömischer Grundmauern und Hypokausten übereinanderschichteten.

Vor der kleineren dieser Bauernhütten stand oder lehnte an einer solchen niedrigen Weinbergmauer, welche ihr nur bis unter die Brust reichte, ein junges Mädchen von fast noch kindlicher Gestalt. Den Rücken dem Hause zugekehrt, schaute die Kleine, über die Mauer gebeugt, eifrig der sinkenden Sonne nach. Sie hatte die beiden Ellbogen, die nackt aus den Kurzärmeln des dunkelbraunen Wollhemdes ragten, auf die obersten Steinplatten des Gemäuers gestützt und das Kinn auf die beiden umschließenden Hände gelehnt. Zwei dicke, breitgeflochtene gelbe Zöpfe fielen über den zierlichen Nacken, das grüne, rotgeränderte Mieder und das Hemd, das unterhalb des Mieders wieder hervorkam und bis auf die Knöchel der bloßen Füße reichte. So tief versunken war die Jungfrau in ihr Sinnen und Ausschauen, daß sie es gar nicht merkte, wie die zutraulichen kleinen Eidechsen, die alles Gestein jener sonnigen Gehänge beleben, auf der breiten, noch ganz sonnenwarmen Mauerbrüstung dicht an ihren Armen vorüberhuschten. Lange, lange blickte sie so regungslos, sprachlos vor sich hin – in die rotgoldene Pracht des Abendgewölks. Endlich seufzte sie tief auf: »O Frau Sonne, liebe Herrin! Bring ihn mir wieder! Dir hab ich ihn befohlen, dir, der heiligen Katharina, und zumal der heiligen Gertraud. Denn an deren Tag und unter deren Geleit zog er einst davon, da hinab, gerade dorthin! Noch seh ich ihn, wie er da um die Ecke des Weinbergs bog! Noch einmal sah er sich um und winkte grüßend mit der Hand: Und verschwunden blieb er von Stund an für so viele, viele Tage! Und habe doch jeden Morgen und jeden Abend gebetet auf den Knien zu Sankt Gertraud, die ganz besonders in Schlacht und Kampf den Männern beispringt; und habe das Steinbild der heiligen Jungfrau mit Kränzen geschmückt und mit Sträußen, solange es Blumen gab. Und wann es keine mehr gab, mit den schönsten Schnüren von roten Vogelbeeren. Und alles umsonst! Und andere, sogar solche, die viel später fortgezogen sind als Herr Friedmuth und Hezilo, sind schon lange wieder zurück: der Ferge von Lana und der Hübner von der Töll! Ach, und von Herrn Friedmuth und von Hezilo keine Spur, keine Kunde!« Die Kleine sah nun die hellsten Sonnengluten wie gedämpft, denn Tränen traten ihr in die blauen Augen und liefen langsam, langsam über die runden blühenden Wangen des Kindergesichts.

Zweites Kapitel

»Trinele!« rief da eine Männerstimme, von der Türe des Hüttleins her. »Gleich, Vater!« antwortete sie, wischte sich rasch die Augen und sprang zurück an das Haus.

Da stand auf der Schwelle ein alter Mann, hochgewachsen, mit den edlen Zügen, dem langgestreckten Antlitz, dem tiefernsten Ausdruck, der so vielen Bauern des Burggrafen von Tirol, in scharfem Gegensatz zu der bajuwarischen Bevölkerung der Nachbartäler, eignet. Vielleicht ein Erbteil der Ostgoten, die, nach dem Fall des Heldenkönigs Teja in der Mordschlacht am Vesuv, gemäß Vertrag mit Narses freien Abzug über die Alpen »zu andern Barbaren« sich ausbedungen und ausgeführt haben. Wie er so dastand, von der Abendsonne beleuchtet, die hochragende Gestalt vom Alter nicht gebeugt, barköpfig, das edelgeformte Haupt umrahmt von glänzend weißem Haare, das er in schlichten Strähnen herabfallen ließ als seiner Freiheit Zeichen, ungeschoren, nur über der halben Stirn waagrecht geschnitten, die Brust nicht ganz verdeckt von dem groben braunen Wollrock, der die Knie nicht erreichte und durch einen schmalen Gurt von Bocksleder um die Hüften zusammengehalten ward, während enge Hosen von gleichem Stoff ihm bis an die Knie reichten, schien er, die blitzende Sense, einem Speere vergleichbar, über die linke Schulter gelehnt, die Rechte nach seinem Kinde ausgestreckt, wie aus alter Reckenzeit übriggeblieben.

»Da! Setze dich zu mir«, sprach er nun, die Sense ablegend; und mit der mächtigen, von schwerer Arbeit gehärteten Handfläche ihr Haupt und Har streichelnd, zog er sie zu sich nieder auf die Holzbank, welche, wie um die Süd- und Ostwand, auch um die Westseite des Häusleins gezimmert war. »Ich habe dir die Abendmilch und das Speltbrot mit herausgenommen – sieh hier, auf dem Steine –, da du wieder nicht auf das Meierglöcklein achtetest, das die Knechte und Mägde von der Arbeit zu dem Rundtisch rief. Du hast wieder einmal deinem Buben nachgesehen, nachgesonnen, nachgeweint! Nein? Ja, die Augen sind jetzt wohl trocken! Aber da, das Hemd links und rechts vom Kinn, das ist ja noch naß.« – »O Vater!« rief die Kleine, stellte hastig den Napf Milch nieder, den sie hatte zum Munde führen wollen, und warf sich, laut schluchzend, an des Alten Brust. »Nun, nun, er wird wohl noch leben, dein weißköpfiger Bub.« – »Ach, ich glaub's kaum mehr! Denk doch nur, was da alles auf solcher Fahrt einen braven Christenmenschen treffen kann. Es ist ja grausam, was die Männer erzählen, die drüben gewesen über dem großen, großen Wasser.« – »Und trotz allem glücklich heimgekommen sind, dank den Heiligen. Wird wohl leicht auch ein wenig Gelogenes darunter sein«, meinte der Alte, gutmütig tröstend. »O Vater, nein! So schlecht ist doch kein Christenmensch, daß er das achte Gebot verletzt, gerade wann er vom Heiligen Land erzählt.« – »Weiß nicht! Ich kenne einen, der könnte wohl auch darüber aufschneiden, daß die Bänke krachen.« – »Den von Boblingen, den Böppele, meinst du«, und sie mußte ein wenig lächeln mitten unter ihren Tränen. »Ja der! Aber so einen Schwänkemacher läßt der liebe Gott nicht zweimal herumlaufen auf dem Erdboden. Und weißt du denn nicht mehr, wie der Ferg von Lana erzählt hat, daß schon in Welschland drüben, wo sie sich einschiffen, oft so giftige Fieberluft weht, daß gar viele erkranken und sterben, bevor sie nur das Schiff besteigen? Dann die Stürme auf der Meerfahrt, Wellen, hoch wie Kirchenmauern! Und in den Wassern, den abgrundtiefen, Haifische, die den Schiffen fraßgierig folgen. Und verborgene Klippen! Und Seeräuber! Und sind die frommen Pilger dem allem entgangen, dann drüben die furchtbare, lange, lange Wüste, wo es nichts gibt als Sand und einen bösen Wind, der den Sand haushoch aufschüttet, Roß und Reiter und Lagerzelt begrabend. Und die grimmen Heiden auf ihren pfeilschnellen Rossen mit vergifteten Pfeilen! Und Schlangen gibt es auch! Und . . .« – »Schöne Weiber, Trinelein, viel schönere als eine Bauerstochter an der Etsch.« – »Nun, die tun aber nichts!« sagte die Kleine ganz unbefangen. »Die fechten doch nicht mit? Wie die Bergriesinnen tun werden, nach der alten Weissagung, wann der Antichrist gegen Elias streiten wird im Rosengarten Königs Laurins zu Algund und wann die Welt in Feuer aufgeht an dem Jüngsten Tage. Was schaden die Heidinnen dem Hezilo?« – »Dem Hezilo nicht, aber vielleicht dir, Trinelein.« Mit großen Augen sah ihn das Kind an: »Mir, hier? Zu Goyen? Der Zauber müßte weit fliegen! Und wie wissen denn die Heidinnen, daß ich lebe?Und was hätt ich ihnen zuleide getan, daß sie mich verzaubern möchten?« Da sprach der Alte wehmütig: »Du könntest einem das Herz springen machen vor Harm! Wenn es wahr wäre . . .!« Und er senkte das Haupt auf die Brust. »Wenn was wahr wäre?« forschte die Kleine, hastig auspringend. »Vater, was soll wahr sein? Du weißt etwas. – O Jungfrau Maria! Du weißt was von ihm und willst mir's nicht sagen! Er ist tot? Er ist gefallen? Oh, ich bitte dich, sag's mir! Sag's – mit aufgehobnen Händen bitt ich dich!«

Und sie warf sich vor ihm nieder auf die Knie und hob die beiden Hände mit fest ineinandergeschlungenen Fingern zu ihm empor. »Nicht tot! Nicht gefallen«, beschwichtigte der Alte und hob sie sanft vom Boden auf. »Bei Sankt Johannes dem Täufer, meinem Schutzpatron im Leben und bei dem Gerichte Gottes.« Da beruhigte sich, bei solcher Beteuerung, das Mädchen. »O weil er nur lebt! Nun, was aber denn sonst? Verwundet? Krank! Im Haus der frommen Ritter?« Der Alte schüttelte den Kopf. »Ganz gesund und frisch ist er!« – »Warum kommt er dann nicht heim? Wie die andern alle. Der Kaiser soll doch schon lange wieder zurück sein.« – »Aber Herr Friedmuth fehlt. Und niemand glaubt, daß er noch lebe, sagt der Böppele.« – »Hast du den Böppele gesprochen? Der war ja auch in des Kaisers Heer! Hat der meinen Buben gesehen?« – »So rasch kann ich nicht hören, geschweige antworten, wie du fragen kannst! Also: Alles der Reihe nach. Ja, der Böppele ist zurück. Ich hab ihn nicht gesehen, aber der Gevatter, der Torwart von Meran.« – »Der Zingilo? Wo? Wann, Vater?« – »Gestern abend. Da ist der Böppele mit einem Geleitbrief des Rates von Bozen und vier Saumrossen mit Wein durch Meran gekommen.« – »Und der hat meinen Hezilo gesehen? Gesund und unverwundet?« – »Ganz frisch und gesund, aber . . .« – »Nun, aber?« – »So halb und halb – gefangen!« – »O barmherziger Heiland«, schrie das Mädchen und fuhr mit beiden Händen in ihr Haar. »Gefangen von den Heiden! Ach, und sie sollen die Gefangnen lebendig begraben oder von ihren Rossen zerreißen lassen, oder – o ihr Heiligen! Mein armer Bub!« – »Schrei nicht so wüst! Deinem Buben geht es ganz gut. Viel besser, viel lustiger als dir – und mir«, fügte er seufzend, leiser, bei, »der ich ihr das beibringen soll. Er ist nicht so recht gefangen wie andre – kriegsgefangen. Er, er kann nur nicht fort.« – »Warum? Wer hält ihn, wenn nicht Zwang?« – »Die stärkste Zwingerin, wie Herr Walther sagt: die Minne.« – »Die Minne? Die Liebe – unsern Hezilo, meinen Hezilo? Die Liebe hält ihn? Nein, herführen wird sie ihn, auf Flügeln, rasch wie die Schwalbe, zu mir.« – »Ja, wenn er aber . . . eine andre liebt?« Da richtete sich das junge Mädchen hoch empor, sah ihrem Vater leuchtenden Blickes in die Augen und rief: »Das ist nicht wahr!« – »Ich glaub's auch nicht von dem Buben.« – »Es ist nicht möglich, sag ich dir!« wiederholte fast drohend die Tochter. Das Kindliche ihres Wesens war nun ganz gewichen. »Wer hat's gesagt?« – »Der Böppele!« – »Der Böppele lügt!« – »Ja, ja! Oft lügt er schon. Aber manchmal sagt er doch auch die Wahrheit. Und diesmal . . .« – »Wem hat er es gesagt?« – »Dem Torwart, dem Gevatter. Und den hab ich jetzt gerade gesprochen. Er kam herauf, nach seinem Rebgarten zu sehen an der Naif. Ich traf ihn dort: Ich mähte unsern Grummet an dem Naifenbühl.« – »O Vater, Vater, erzähl es – o jedes Wort! Aber genau, so, wie man das Vaterunser sagen muß.« – »Der Böppele ist über Nacht geblieben in Meran, hat bei dem Torwart selbst seine Weinrosse eingestellt. Er ist nämlich wieder, wie vor Jahren, Weinschenkwirt zu Boblingen im Schwabenland geworden. Und hat dem Gevatter viel erzählt von allem, was er gesehen, erlebt und ausgestanden. Das meiste, meint der Zingilo, war gelogen und übertrieben. Aber als der Wackere ihn fragte, ob er nichts von Hezilo und vom Fragsburger erfahren habe oder von Herrn Walther, da sagte er: Herrn Walther habe er vor kurzem in Brixen gesprochen.« – »Dank den Heiligen! So lebt er, der brave, liebe, kluge, frohe Herr? Aber Hezilo . . .?«

»Vom Fragsburger hab er nichts sagen wollen, trotz allem Drängen des Gevatters.« – »Ja, ja: wegen der Geißelung, die einem auf der Fragsburg droht, wenn einer von dem Vogt berichtet, was man dort nicht gerne hört. Das ist ja weit und breit bekannt geworden. Aber mein Hezilo?« – »Hezilo hat er im Morgenland gesehen, gesprochen, aber zuletzt als Sklaven, nein, Freigelassenen einer . . . Heidenprinzessin.« – »Freigelassen? Dann käme er zu mir.« – »Ja, sie haben ihn freigelassen – nur unter einer Bedingung.« – »Welcher Bedingung?« – »Daß er sie heiratet.« Da erbleichte das Mädchen, tief holte sie Atem: »Woher weiß das der üble Landfahrer?« forschte sie dann nach langem Schweigen. »Auch er ward von Heiden aufgegriffen und in die gleiche Felsenburg gebracht, wo Hezilo – allein, ohne Herrn Friedmuth – festgehalten war. Auf Hezilos Fürsprache ward der Böppele freigegeben.«

»So viel gilt der gefangene Knabe bei der Heidin?« fragte Katharina, und tiefe Trauer zog über ihr Antlitz. »So viel!« – »Ja, sehr viel. Der Böppele durfte nicht viel mit ihm reden, aus Argwohn der Heiden, er möchte mit Hezilo die Flucht planen. Denn die junge Fürstin hat gedroht, alle Wächter zu kreuzigen, falls sie ihren Liebling entspringen ließen.« – »Ihren Liebling!« – »Ja. Und Hezilo trug die allerschönsten, reichsten Kleider der Heiden: Kopftücher von Seide und weite Hosen, fast wie Weiberröcke, und spitze, weiche goldgestickte Schuhe. Und er aß von goldnen Schalen. Und sechs Mohrenknaben dienten ihm. Und die Prinzessin hatte ihm erbeuteten Wein bringen lassen, teuren Wein! Er gab Böppele davon, und die Heidin schenkte selbst den Becher ein und kredenzte ihn dem Buben.«

»Ist sie schön, diese Prinzessin?« fragte Katharina. Glut schoß ihr in die Wangen. »Ja, danach hab ich wirklich nicht gefragt! Und soweit wäre ja alles ganz gut bestellt für den Buben. Und wir, die wir ihn liebhaben, wir müssen uns freuen über all das!« – »Freuen? Müssen uns freuen?« – »Nun freilich. Er lebt, er ist gesund, er ist heil! Was hättest du vor einer kleinen Weile darum gegeben, hättest du das von ihm gewußt?« – »O Vater, du hast recht! Ich bin . . . ich war so undankbar! Ich war . . . ich dachte nur an mich, nicht an ihn. O das war schlecht von mir!« – »Ja, das heißt: Damals, vor vielen, vielen Monaten, lebte er gesund und frisch. Jedoch . . .« – »Nun, was später?« – »Als der Böppele entlassen ward, da sagte ihm einer der Wächter, ein zum Heidentum übergetretener Welscher . . .« – »Gibt's das auch?« – »O ja, das gibt's. Der sagte, unser Hezilo . . .« »Nun?« – »Der Vater der Prinzessin, der in allem seines Kindes Willen tue, habe gar nichts gegen die Heirat. Aber da sei von dem obersten Kaiser der Heiden ein harter Befehl ergangen gegen alle Gefangenen, weil die Tempelritter einen Waffenfrieden sehr schnöde gebrochen.« – »Heilige Katharina! Welch' ein Befehl?« – »Der Fürst habe Botschaft an seine Tochter geschickt, denn er war nicht mehr in der Burg, wenn Hezilo nicht in drei Tagen sein Eidam sei – bis dahin hatte sich der Wackere immer standhaft geweigert . . .« – »Siehst du, Vater, ich hab es gewußt!« rief sie mit lachenden Augen. »Dann?« – »Dann müss' er ihn eben, wie alle Gefangenen, köpfen lassen.« Da stürzte das Mädchen laut aufschreiend auf den Vater und rief: »Ach, um Gott! Aber er hat sie doch ohne Zweifel geheiratet? O ja? Ja? Doch gewiß? Ich bitte dich: Sag doch ja. Er hat's doch getan?«

»Kind«, klagte der Alte, »wie soll ich's wissen? Der Böppele ward aus der Burg geführt, ohne unsern Buben vorher noch einmal sprechen zu können. Das war das letzte, war alles, was er wußte.« – »O Vater, Vater, sage, sage du mir! Du bist so alt, so erfahren, du kennst den Hezilo. Meinst du nicht, er hat's doch getan? O sage ja. Er mußte ja! Er mußte doch sein Leben retten! Gerade, wenn er mich lieb hat, hat er's doch getan? Und, ach Gott! Ich hab ihn ja in alle diese Not, in die Gefangenschaft geführt! Nur weil er mich lieb hat, weil er mich töricht Ding zum Weibe haben wollte, nur deshalb hat er ja das Kreuz genommen, das der Bischof zur Bedingung seiner Erlaubnis gemacht hat. Ich bin schuld, seine Liebe zu mir! Oh, ich hoffe doch, ich bitte Gott – Gott! Laß ihn nur sein Leben retten! Und müßt er hundert andere freien. Oh, nur er nicht sterben!«

Da brach sie vor dem Alten zusammen, das Haupt in strömenden Tränen gegen seine Knie drückend; er richtete die halb Ohnmächtige auf und barg ihr Köpfchen an der Brust. »O mein Kind! Mein gutes Kind! Ja, du liebst ihn, den Buben. Aber auch er hat die wahre Liebe und Treue zu dir, und ich fürchte sehr . . .« –

»Was fürchtet Ihr? Wann ich komm, weicht die Furcht«, sagte da von der Haustür her eine tiefe Stimme fröhlich. Der Alte wandte sich. »Oh! Ihr, Böppele! Ihr waret ja, sagte der Gevatter, schon bei Sonnenaufgang fort aus Meran gegen das Inntal zu hinauf.« – »Ja, bin aber nicht gar weit gekommen. Schon bei Glurns kehrte ich um.« – »Weshalb?« – »Ich . . . ich hatte was vergessen.« – »Hei, was?« – »Einen Botenlohn.« – »Wo habt Ihr den zu zahlen? Oder eher wohl zu holen?« – »Wo? Ei, hier auf Goyen, bei Euch.« – »Wofür? Für jene böse, böse Nachricht? Ihr seht, was sie angerichtet hat in meinem Kind.« – »Ach so! Nun, was fürchtet Ihr denn?« – »Ich fürchte, der wackre Bub, er hat, wie ich ihn kenne, die Heidin nicht genommen.« – »Da kennt Ihr ihn recht. Er hat sie nicht genommen.« – »So ist er tot?« schrie Katharina, sich aufrichtend. »Bewahre Gott und Sankt Sebastian! Er ist ganz hechtlebendig.« – »Habt Ihr ihn gesehen?« – »Jawohl.« – »Wann? Wann?« – »Heute.« – »Wo? Wo ist er? Um Gott?« – »Da ist er, Trinele! In deinen Armen!« So rief eine jubelnde Stimme, und aus der Türe, an den beiden Männern vorbei, sprang ein schlanker Bursch auf die Kleine zu. »Hezilo!« rief diese und fiel an seine Brust.

Drittes Kapitel

In der »Stuben«, dem Raum, der, neben ein paar kleinen Verschlägen und dem Stall, das ganze Erdgeschoß des Bauernhauses in Anspruch nahm, war der Kienspan, in eiserner Öse über dem Herd aufgesteckt, schon mehr als einmal erneut worden, und immer noch mußte Hezilo erzählen.

Der breite Herd war eingerahmt von schönem weißen Marmor. Vor vielen Menschenaltern hatte man ihn ausgehoben aus dem Schutt und Steingeröll der alten Villa Gajana, und mit seinen Bruchstücken umrandete man die Herdplatte vom rotem Porphyr, der hier überall zutage steht. Auf der einen Seite des Herdes, auf der Herdbank, saß, den Rücken an die Wand gelehnt, Iffo, der

Innerhofer von Goyen; auf der anderen Seite, Hand in Hand geschmiegt, das junge Paar auf einer breiten Eichentruhe und dem Herd gegenüber auf einem niedern Schemel mit Rückenlehne der, den sie den Böppele nannten. Katharina ließ kein Auge von dem Geliebten und strich ihm manchmal mit der Hand über Haar und Wange, wie um zu prüfen, ob er auch wirklich leibhaft sei und nicht ein Traumgebild.

»Und so habt ihr denn alles gehört«, schloß Hezilo und holte Atem, »bis zu dem Tage, da ich meinen armen Herrn mitsamt dem Roß plötzlich verschwinden sah vor meinen Augen, als habe sich die Erde aufgetan und ihn verschlungen. Aber jetzt«, und er hob die irdene Schale, die vor ihm stand auf dem Marmor, »jetzt noch einen Weidling Milch! Das viele Reden macht trocken. Mir wird's in der Kehle wie in der Wüste.« Voll innigsten Mitleids sprang die Kleine auf – sie meinte, er könnte ihr plötzlich sterben! – und wollte nach der Milchkammer eilen. Aber der Böppele haschte sie flugs am Zopfe, da sie an ihm vorbei wollte, und zog sie sanft zurück: »Halt, junge Braut! Des weißen Geschlapps ist's nun genug. Seit ich ein Säugling war, hab ich nicht so viel Milch getrunken wie heute abend! Was der Bub bisher erzählt hat, das hab ich alles schon gewußt. Oder mir denken können. Denn es ist doch fast immer dasselbe. Der eine kriegt das Fieber schon bei Rom, der andere in Neapel, der eine kriegt die Seekrankheit gleich, der andere kriegt sie bei Zypern, der eine frißt in der Wüste vor Hunger Heuschrecken – gibt gar nicht viele, schmekken so übel nicht, nur hüpfen und fliegen sie viel gewaltiger als die um Boblingen und sind schwerer zu fangen, zumal in langen Mönchskutten . . .« – »Habt Ihr die je getragen?« fragte das Mädchen ehrerbietig. Der andere nickte sehr ernsthaft. »Dann müßtet Ihr sie immer tragen«, mahnte der Alte. »Das Gelübde bindet bis in den Tod.«

Hezilo schwieg. Er lachte nur in seinen schönen blonden Flaumbart, der ihm in diesen Jahren stattlich gewachsen war. Viel größer sah er aus, als da wir ihn kennenlernten. Das dunkle Braun des Antlitzes stand ihm gut. »Schon recht, schon recht!« beschwichtigte der Böppele. »Wenn Ihr es so meint beim Anlegen – wenn Ihr es nicht für ewig meint –, dann eben nicht. Aber was Mönchsgelübde! Das ist abgetan! Dank dem heiligen Urban, dem besten aller Heiligen.« – »Ausgenommen Sankt Johann der Täufer«, sprach der Bauer ernsthaft. »Der taufte mit Wasser, Sankt Urban taufte mit Wein. Hujado, meint Ihr, man ist umsonst Weinwirt in Boblingen? Als ich den da plötzlich auf der Straße traf oberhalb Glurns, diesen Buben, der uns wiedergekehrt ist wie Daniel aus der Bärengrube« – Katharina zog Hezilo an sich – »oder wie die sieben Männer aus dem feurigen Backofen . . .«

»Es waren nur drei«, meinte Hezilo. Aber Katharina war noch mehr gerührt und lehnte das Köpfchen an seine Schulter. »Oder vielmehr wie der, der mit Zurücklassung seines Mantels der Frau Potiphar entsprang: der heilige Joseph, Christi Nährvater.« – »Hör auf!« lachte der Bauer. »Das war ja ein ganz anderer Joseph.« – »So?« fragte der aus Boblingen gedehnt. »Nun, das ist gleich. Dann war es ein anderer!« – »Und das muß ich dir wehren, bei Drohung harter Schläge, daß du die Jungfrau, die viel reine, edle, hochgemute, die mich gerettet hat, mit jenem Buhlweib vergleichst!« Und heftig schlug der Jüngling die Faust auf den Marmorsims. Da schaute ihm das Trinele tief, scharf, sorglich fragend ins Gesicht. Aber er merkte es nicht. »Nun, bei Sankt Sebastian! Ich will sie nicht schmähen, die Heidenfürstin. Sie ist . . .« – »Sagt, ist sie schön?« forschte da rasch eine Frage. So scharf war der Ton, daß Hezilo rasch umsah. Gespannt waren des Mädchens Augen auf Böppele gerichtet. »O ja, recht angenehm so zum Anschauen. Ein wenig bräunlich, wie dunkles Bocksleder . . .« – »Aber Augen wie . . . wie ein Reh!« rief Hezilo. »Und wie alt war sie? Sag's, braver Böppele!« – »Nun, recht schön jung, so wie Ihr! Aber jetzt hab ich genug des Geredes und des Gefragtwerdens. Durst hab ich! Nein, nicht Milch! Als ich den Heimgekehrten auf einmal traf bei Glurns – um die Felsecke bog er –, auf einmal hielt er da vor mir auf seinem Rößlein.« – »Und wie geschah das? Wo kamst du her des Weges?« fragte der Bauer. »Boblingen ist doch weit von der Etsch?«

»Jawohl, aber ich fahre immer gern zu Weinkäufen in die Rebgärten zu Trient und Bozen, um die Zeit, wenn sie dort billig verkaufen. Und warum? Nur aus Liebe zu meinen Boblingern. Denn je billiger ich einkaufe, desto weniger brauche ich draufzuschlagen. Und es reist sich auch sicherer in Gesellschaft, zumal der Kirchenleute, die ihre Schutzheiligen und die Furcht vor dem geistlichen Recht beschirmen wie Vogelscheuchen. So weiß ich es immer so zu richten, daß ich von Trient und Bozen eine Strecke weit reise mit den zehn Fudern Wein von Bozen, drei Säumen Öl und hundert Ochsen und Schweinen zusammen, die das Bistum Trient als Vogtherrschaft jährlich der Muttergottes zu Kloster Sonnenburg auf den Schoß – wollte sagen auf den Altar – legt schon seit mehr als zweihundert Jahre. Bischof Hartwich hat's gestiftet. So tat ich auch diesmal und zog mit ihnen von Trient bis Bozen. Erst nordwärts von Bozen wandten sich jene gen Aufgang, ich gen Niedergang und traf so auf diesen Buben, der vom Wormser Joch daherkam. Bub, sagte ich, ich kehr mit dir um, doch tat ich's nicht um Botenlohn, wie ich dem Goyenbauer vormachte; nein, um mich mit euch, mit ihm und ihr zu freuen. Dank ich ihm doch das Leben. Und hab ich auch die Weinrosse eingestellt in Glurns. Ein wacker Lägel vom allerbesten Bozner hab ich mit zurückgebracht. Das ist mein Hochzeitsdank! Aber antrinken können wir's schon heut'!« Damit ergriff er den großen tönernen Wasserkrug, der auf der Erde stand, goß sorgfältig, sehr sorgfältig die Neige, die darin stand, aus, eilte in den Stall und kam bald wieder, den Krug, roten Weines voll, Hezilo darreichend. »Nun trinke und gib den anderen und erzähle weiter.«

Als die Männer herzhaft getrunken hatten und die Kleine genippt, hob Hezilo, sich den Bart wischend, an: »Uff! Um diesen Trunk Böppele, verzeiht dir unser Herrgott siebzig Lügen. Also! Da ich, nachdem ich vom Gaul gerissen worden, meiner Sinne wieder mächtig ward, merkte ich, daß ich vor einem Heiden quer über dem Sattel lag, der mich mit einer Schlinge an seines Rosses Hals gebunden hatte. Wir meinten, wir ›reiten‹ im Abendland. Meinetwegen, aber was ich jetzt mitmachte, das war nicht Reiten – das war Fliegen! Mir schwanden aufs neue die Sinne, ich glaube vor Schwindel. Auf einmal erwachte ich von dem jähen Aufhören der sausenden Bewegung. Ich sah um mich: Fackeln glänzten durch die Nacht, andere Heiden – zu Fuß – nahmen uns in Empfang. Wir hielten am Fuß eines steilen Felsens. Die Reiter sprangen ab, man band mich von dem Gaul los und schob mich, nicht ohne einiges Puffen und Knuffen . . .« – »Diese Unmenschen!« seufzte Katharina. »Einen schmalen, in den Fels gehauenen Steig hinauf, hoch, sehr hoch. Plötzlich klaffte auf, was ich für eine Spalte im schmalen Fels gehalten hatte: Es war ein Burgtor. Noch ein Puff von hinten, und ich war drinnen. Der Führer der Reiter – ich erfuhr später, es war der Burgherr und Esmas Vater – winkte einen der Burgwächter heran. Es war ein ›Renegat‹, wie sie's nennen, ein Welscher aus Amalfi, der bei einem früheren Kreuzzug den Hunger bei den Christen nicht mehr ausgehalten hatte und zu den Heiden übergelaufen war. Constantino hieß er. Der sprach Arabisch und sprach Frankistan, Welsch und auch ein wenig Deutsch, und der diente uns als Dolmetsch. Er erklärte mir die Befehle des Burgherrn: Man werde mich hier gefangenhalten, um mich gegen gefangene Heiden auszutauschen; ich sei auf seinen, des Burgherrn, Beuteteil gefallen. Auf mein ängstliches Fragen nach meinem Herrn erfuhr ich, gegen ihn sei, weil er der Heiden besten Plan vereitelt, der Anschlag gezielt gewesen. Aber was aus ihm geworden, wußten meine Gefangennehmer nicht. Sie seien auf der Flucht, verfolgt von den Unseren, sogleich von den anderen getrennt worden. Vielleicht auch wußten sie's, wollten's aber nicht sagen, doch meinten sie, selten komme einer bei dem Sturz in solche Trichtergrube oder Löwenfalle gut davon. Da grämte ich mich denn um den lieben, treuen, mildgütigen Vogt und um mein eigen Los. Und am bittersten um dich, Kleine! Und wie dir's das Herz abdrücken werde, wenn ich gar, gar nie mehr wiederkäme.«

Katharina griff rasch nach seiner Hand und strich ein paarmal darüber.

»Und obwohl sie mir nichts zuleide taten, die Heiden, auch zu essen gaben sie mir – meine Lust am Essen war nicht groß –, war mir doch recht öd und weh zumute. Sprechen konnte ich nur mit dem Constantino, der nicht oft in der Burg war. Und so saß ich denn den ganzen langen, langen Tag auf dem Sande des viereckigen schmalen innern Hofes des kleinen Felskastells und schäftete Pfeile – das war die Arbeit, welche sie mir zugeteilt hatten –, gewaltige, fast armslange Geschosse: Denn, ließ mir der Burgwart höhnisch verdeutschen, der kurzen Frankenpfeile schlucke er drei mit einem Becher Wasser. Weil ich aber den Sonnenbrand des Mittags nicht vertrug wie die Heiden, die ihre glattgeschornen Scheitel ohne jeden Schutz den sengenden Strahlen aussetzen, und den Wechsel der dann manchmal empfindlichen Kühle der Nacht, zimmerten sie mir in einer Ecke des Hofes einen Verschlag aus ein paar Brettern mit einem Schutzdach.« – »Das haben dir die Heiden getan? Wohl nur die eine, die . . . deine Prinzessin?« – »Nein. Die wußte damals noch gar nichts von mir, sowenig wie ich von ihr – oder daß überhaupt ein Weib in der Felsenburg atmete. Die Heidenmänner haben's getan, einfach aus Güte des Herzens, weil sie sahen, wie ich litt, einmal einen Sonnenstich hatte . . .« – »So gut können Heiden sein?« forschte der Bauer ganz erstaunt. »Ja, so gut! Und daß ich das gelernt habe, daß es auch recht wackere Leute gibt unter den Ungläubigen, das ist nicht das Schlechteste, was ich herübergetragen habe über das große Wasser. Da saß ich denn gar trübselig und von Heimweh verzehrt in meinem Verschlag. Das Essen, ich ließ es stehen, der Kummer würgte mir den Hals. Ich ward krank.« – »Oh, du armer Bub, und alles um mich.«

Viertes Kapitel

»Und ich wäre wohl bald gestorben vor Fieber und vor Verelendung. Da hat mich eins gerettet – eins allein! Das Leben zuerst und die Befreiung zuletzt: Einem Ding – unter Gottes Hilfe – verdank ich alles. Ratet: Was ist es?«

Alle schwiegen. Böppele meinte zuletzt schüchtern: »Hast sie recht angelogen, die guten Heiden?«

Aber Hezilo schüttelte den Kopf: »Kann gar nicht lügen! Nun? Ihr ratet's nicht! Auch du nicht, Kleine? Sollte mich fast kränken.

Nun, wem sonst als meiner Singkunst: meinem Pfeifenspiel!« Da sprang der Weinschenk von Boblingen auf und rief: »Hujo ho!« und abermals »Hujo ho! Du kannst es noch besser als andere: das Schwänkeersinnen und das, nun halt, das freie Lügen.«

Und auch der alte Iffo schaute mit seinen ernsthaften Augen fast ungläubig auf den Erzähler. Nur Katharina, das anmutvolle Köpflein mit dem schwellenden Kinn auf beide geöffnete Hände ruhend und die beiden Ellbogen auf den Steintisch gestützt, sah ihm voll freudigen Vertrauens gläubig in die Augen. Der zuckte die Achseln und zog den Böppele wieder auf den Sitz zurück. »Lügen? Hab's immer noch nicht gelernt, sag ich, obwohl ich von Glurns bis Meran mit dir gewandert bin. Ich seh schon, es wird eben kein Sänger in der eignen Heimat geehrt; zu den Heiden muß er gehen, in die Wüste, gerecht Gericht zu finden! Und es ist doch wahr!« rief er, gereizt auf den Tisch schlagend. »Erzürn dich nicht, mein Hezilo, mein Herz«, sprach das Mädchen, ihm die geballte Faust sanft lösend, »ich hab es immer gesagt: Du singst und pfeifst so arg schön.« Etwas besänftigt fuhr der Sänger fort: »Wenn nur einer dabei gewesen wäre! Und hätt' es miterlebt, nur der eine!« – »Er, Herr Walther«, rief der noch immer erbost. »Der mich gar nichts gelten lassen will.« Er trank zornig einen großen Schluck und setzte den Becher heftig auf den Tisch, daß ein paar Tropfen übersprangen; sorglich wischte sie das Trinele weg.

»'s ist wohl der Neid!« beschwichtigte die Liebende.

»Nun also, wie war's aber?« ermahnte der Alte. »Da saß ich denn eines heißen Mittags in meinem Verschlag und dachte an euch beide, zum Sterben traurig. Das Herz tat mir weh im Leibe. Und ich drückte die Hand darauf. Da griff ich auf etwas Hartes: Meine Schwegelpfeife war's, die ich immer innerhalb des Wamses trug. Ich hatte ihrer ganz vergessen. Es war mir nicht ums Pfeifen und Singen gewesen. Aber jetzt – die Sehnsucht nach der Braut, nach der Heimat kam mir übermächtig –, jetzt zog ich das alte Ding hervor und küßte es, und die Augen wurden mir feucht . . .«

Katharinas Augen wurden da mehr als feucht.

»Und setzte sie an den Mund und blies meine eigene – selbstgefundene – Weise darauf. Und die alten Töne schallten, die ich so oft hier, an dieser Stelle sitzend, geblasen.« – »Ja, leider!« dachte der Alte; aber er sagte es nicht. »Da mußte ich laut aufschluchzen. Und das tat mir wohl! Und darauf sang ich:

›O weh, wie ist so ferne
Mein Lieb mir und mein Land!
O weh, wie stürb ich gerne:
Dann wär' mein Leid gewandt.‹

Und darauf blies ich wieder, so stark ich konnte. Es ging nicht ganz so schön wie sonst. Denn ein Rohr war zerknickt, das andere war ganz weggebrochen. Aber doch: Diese meine Kunst hat mich gerettet!«

»Wie das?« fragte Böppele, immer noch staunend.

»Aufgerissen ward plötzlich die angelehnte Tür meines Verschlags, und vor mir stand – sie!« – »Die Heidin?« fragte Katharina, ward sehr blaß und hob sich von der vorgebeugten Stellung ganz zurück auf ihren Sitz. »Ja, Esma war es. Und neben ihr stand Constantino, der Rundliche, und winkte mir.« – »Wie sah sie aus?« fragte das Trinelein gespannten Blickes. »Das hab ich damals noch nicht wahrnehmen können. Denn dicht verschleiert stand sie vor mir, ein paar Sklavinnen dabei, das Haupt und das ganze Gesicht verhüllt in ein gar feines weißes Tuch. Nur ein Auge war sichtbar . . .« – »Und das war? Wie war es?« – »Recht schön, Liebste! Groß und dunkel, aber doch unheimlich, so wie ein Gespuk, blickte es damals aus der weißen Wolke. Nun, Constantino winkte mir also, der Herrin und den Sklavinnen zu folgen in das Innere der Burg; und erzählte mir unterwegs, die Jungfrau habe zu ihrem Gemach mein Spiel und meinen Gesang hinaufklingen hören, und – nun kurz und ohne mich in Worten zu loben, die Werke haben's ja bewiesen – sie war entzückt! Sie erklärte, nie, bei allen Festen der Heiden, und sie hatte doch schon manches mitgemacht, seit sie erwachsen . . .« – »Wie alt war sie?« forschte Katharina. »Sechzehn, sagte der Welsche – habe sie je so was Wunderliebliches gehört wie meine Pfeife und meinen Gesang. Das sei schöner als Cymbalon, Flöte und Laute. Und von diesem Tag ab mußte ich jeden Mittag zu ihr in ihr Gemach kommen. Da waren immer viele Sklavinnen; und ein Springbrunnen war mitten im Marmorboden, und glänzende fremde Vögel flogen kreischend auf Wipfeln von Palmen, die in hohen Erdkübeln standen. Ja und in dem Wasserbecken des Springbrunnens schwammen goldne und silberne Fischlein. Ich dachte anfangs, sie seien wirklich von Metall gemacht. Aber da lachten mich Esma und die Mädchen aus und patschten vor lauter Freude über meine Torheit in die kleinen braunen Hände.« – »Also braun! Auch die Gesichter?« Und Katharina schlug ein Kreuz. »Die heilige Jungfrau bewahre jedes fromme Mädchen vor solcher Mißfarbe!« – »Nun, nun. Es ist nicht so übel, man gewöhnt es. Daß mir das Weiße lieber ist«, beschwichtigte er rasch, »das . . .« – »Geht daraus hervor«, fiel der Böppele ein, »daß er jetzt da sitzt und nicht ein Heidenprinz geworden ist.« – »Nun kurz: Die Herrin faßte recht warme Freundschaft zu mir.« – »Bloß aufs Pfeifen hin?« meinte die Kleine. »Reden konntet ihr ja nicht miteinander!« – »O doch! Man spricht da drüben das Frankenlatein: Das ist halb welsch, halb französisch, jeder faßt es leicht – schon auf der langen Seefahrt lernt' ich es –, und Esma hatte es gelernt von einer Tochter des Fürsten Boömund von Antiochien, welche die Heiden auf der Pilgerfahrt nach Jerusalem gefangen und über ein Jahr auf dem Bergschloß festgehalten hatten, bis ihr Vater sie löste mit schwerem Gelde. Also, wir verstanden uns schon! Und von meinem Siechtum war ich geheilt, war ich doch nun nicht mehr gott- und weltverlassen, einsam unter den Heiden! Gar freundlich und gütig sorgte die Jungfrau für mich, gab mir schöne Kleider, redete mir zu und tröstete mich anfangs auch der Hoffnung auf Heimkehr. Und eine Zeitlang mußte ich ihr nur immer vorpfeifen und vorsingen.« – »Wie einen Papagei hat dich das Kind gehalten!« lachte der Böppele. »Allein obwohl ich in den ersten Wochen stolze Freude an meiner Kunst hatte, die nun einmal zu vollen Ehren kam, allmählich ward es mir doch langweilig, so immerfort das gleiche. Aber Esma konnte nicht genug davon kriegen. Sie sah mich dabei so selig an mit ihren schwimmenden großen Augen! Freilich, manchmal merkte sie es gar nicht, wenn ich nicht mehr blies – weil mir der Schnaufer ausgegangen war – und ich mir das Schwegelrohr nur hin und her schob an den Lippen. Sie sah mich immer gleich ergriffen an. So ging es viele, viele Tage. Damals nun war es, daß dieser wackere Weinschenk und Herbergsvater gefangen eingebracht ward von ein paar Reitern.« – »Aber, Böppele!« fragte der Bauer. »Zwar, ein Floh und ein Schwab kommen überall hinein, sagt ein Sprichwort.« – »Ein Wahrwort!« bekräftigte der von Boblingen mit Stolz. »Aber wie, in Sankt Johannis Namen, bist du denn in jenes Felsennest im tiefsten Morgenland geraten?« – »Ach, Vater«, bat Katharina, »das soll er uns nachher erzählen. Jetzt müssen wir doch wissen, wie's mit der Heidin weiterging.« – »Gleich, Kleine«, lachte Hezilo. »Nur das will ich vom Böppele hier schon rühmen, daß er sich ganz unverschreckt gehalte hat, als ihm der Tod ziemlich nahe war. Er sagte nichts und machte ein ganz stolz Gesicht.« – »Das ist mir schwer genug geworden!« meinte der Gepriesene. »Ich lebe recht gern, ich tu eigentlich gar nichts lieber als eben – leben! Aber diese lederfarbigen Heidenteufel sollten nicht singen und sagen, daß sich ein Boblinger Bürger, ein freier Schwab, vor ihnen gefürchtet habe.« – »Aber warum wollten sie gerade dem ans Leben und dir nicht?« warf der Alte dazwischen. »Weil sie ihn, nachdem sie ihn griffen, sogleich als Ordenspriester erkannten. Die Mönche hassen sie aber mehr als die Wehrmänner der Franken, weil jene viel als Späher dienen und oft recht falsch und tückisch sind. Da mir aber der Gefangene beteuerte, er sei gar kein Mönch – als welchen er sich früher freilich ausgegeben! –, vielmehr ein Weinmischer, und weil ich mich bei der Herrin hierfür verbürgte, gelang es mir, ihr sein Leben und bald auch seine Freigebung abzubetteln. Sie schlug mir nicht leicht was ab, die Kleine! Nur als ich einmal meine eigene Freilassung verlangte, von der sie doch früher selbst zuerst gesprochen hatte, da sprang sie auf von ihrem Pardelfellenlager und stopfte mir den Mund.«

»Mit was?« fragte die Hörerin blitzschnell.

»Mit einem süßen Gebäck, das sehr stark nach Rosen roch;

so echt heidnisch! Aber schmecken tat es gut. Und die Obersklavin ließ mir durch den Constantino sagen, die Herrin verbiete mir, je wieder von meiner Freiheit mit ihr zu sprechen. ›Was geht ihm hier denn ab?‹ habe die Herrin gefragt. Und dazu geseufzt: ›Ach, er ist freier denn ich.‹ Dabei machte ihr ein Ding viel Vergnügen, mir aber – anfangs – manche Schwierigkeit des Verstehens. Sie bestand darauf, mich bald ›Arslan‹, bald ›mein Assad‹ zu rufen. Ich wußte lange nicht, wen sie damit meinte.« – »Arslan? Und gar mein Assad!« fragte das Trinelein etwas mißtrauisch. »Warum? Was heißt das?«

»Beides heißt Löwe«, erwiderte der Heimgekehrte ganz verschämt. »Nun«, lachte der Schwabe, »wie ein Löwentier siehst du nicht her! Habe zwar nur einmal eines gesehen, und das lag glücklicherweise hinter starken Eisenstäben auf dem Deck des Schiffes. Der Emir von Damaskus schickte es dem Kaiser zum Geschenk für dessen großen Tiergarten zu Palermo. Wär ich der Kaiser gewesen, ich hätte mir was Liebres gewußt als so ein Untier, das täglich ein paar Pfund Fleisch kostet. Und mußt noch froh sein auch, wenn's recht viel frißt, denn dann ist's gesund! Nein, einem Leuen siehst du nicht ähnlich, Bub.« – »Mag wohl sein. Aber das ist dort zu Land ein Schmeichelwort, wie wenn ich hier zu Land das Trinelein mein Täubchen nenne. Und dann machte sie einen Spruch auf mich, auf arabisch – oft, gar oft hat sie ihn mir vorgesagt. Leider verstand ich ihn nicht, bis der Welsche mir ihn deutete. Da hieß es: Mein Liebling hat das Herz des Leuen und hat des Leuen Mähnenhaar, aber hell, wie ein weißes Roß.« – »Was? Wie ein Schimmel?« zürnte die Kleine. »Nun, das sollte ein feines Lob sein. Und endlich, endlich kam's zutage – nach Monaten. Der Renegat teilte mir's mit im Namen des Burgherrn, was ihr ja wohl schon merkt! Nämlich eines Tages ward ich nicht mehr herauf befohlen in den Gang mit den hufeisenförmigen Bogen; man ließ mich wieder ruhig Pfeile schäften in meinem Verschlag. Esma sei erkrankt, schwer erkrankt, sagte mir der dicke Constantino. Und ihr Vater sei benachrichtigt worden, und der habe nach einem großen, fast wie ein Prophet verehrten Arzt in der nächsten Heidenstadt gesendet. Und alsbald brachte der es heraus: Die Kleine sei krank aus lauter Liebe zu mir. Und der Arzt tat den Ausspruch: Man müsse ihr entweder die Phantasia durch Lachen austreiben oder, falls dies mißlinge, sie mit mir vermählen. Sonst werde sie nicht wiedergesunden. Und sie machten ihr nun allerlei Kurzweil vor, ließen einen drolligen Zwerg kommen und Gaukler, auch Affentiere, alles an meiner Statt! Aber die Jungfrau, statt zu lachen, weinte und wandte das Antlitz von den Affen ab und gegen die Wand. Da sprach der Arzt: ›Nun hilft nur noch die andere Arzenei.‹ Und der Burgherr, der sein Töchterlein über alles liebte, sagte ja und ließ mir durch den Welschen künden, ich möge mich nur bereit halten, nächstens sei die Hochzeit: Das Christentum brauche ich nicht abzuschwören. Danach fragt man dort zu Lande wenig. Es heiraten ja auch viele Franken Heidinnen, ohne diese zu taufen. Da waren sie nun sehr erstaunt, der Dicke und die Sklavinnen und die anderen, als ich rundweg nein sagte. Die Prinzessin bestand darauf, das von mir selbst zu hören. Gar schämig errötete sie, als ich an ihr Lager geführt ward, und sie zog den Schleier wieder vor, den sie lange nicht mehr getragen in meiner Gegenwart. Ich aber sprach: ›O Esma! Ihr seid gar gütig und mild gegen mich armen Gefangenen gewesen, und Ihr seid auch sehr schön und hold – denn das war die reine Wahrheit, Kleine, und nicht geschmeichelt! –, aber ich kann Euch nicht heiraten: Denn ich liebe schon eine andere und bin ihr anverlobt für Leben und Tod.‹ Da hob sie den Schleier ein ganz klein wenig und sprach mit trauriger Stimme: ›Edler Franke, mein Löwe, das sagst du nur aus Schonung für mich, die Verschmähung minder hart zu machen.‹

Ich aber rief: ›Nein, o nein, Esma! Und hier das Wahrzeichen, daß ich nicht lüge! Hier, seht diese blonde Flechte‹ – und ich holte sie mit dem viel geküßten und von vielen Tränen beträufelten blauen Bande hervor aus meinem Brustlatz – ›das ist das Haar meiner lieben Braut.‹ Da nahm sie mir das Haar aus der Hand, hielt es in den Sonnenschein, daß es golden leuchtete, blickte es lange schweigend an und seufzte: ›Selig das Haar und selig das Haupt, zu dem es gehört. Es ist wunderschön: Es gleicht dem deinen. Sprich, ist auch ihr Antlitz schön wie deines?‹ – ›O nein‹, rief ich. ›Viel tausendmal schöner, denn ich bin ja gar nicht hübsch. Sie aber ist . . .‹ Da gab sie mir die Flechte, winkte mir mit der Hand, zu gehen, und sank auf die Polster zurück, das Antlitz ganz in den Schleier hüllend. Ich glaube, sie weinte. Aber Trinele, was hast du? Du weinst ja?«

Zwei große Tränen glitten langsam über die Wangen des Mädchens, das sich nun wieder vorgebeugt und mit atemloser Spannung gelauscht hatte. »Arme Prinzessin! Arme, gute Heidin!« sagte sie schluchzend, während ihr Hezilo die Zähren wegküßte. »Aber du sahst sie wieder?« – »Nur einmal noch: als sie mir zur Rettung verhalf.

Der Kampf war wieder heiß entbrannt. Ich merkte das schon daran, daß starke Scharen zu Fuß und zu Pferd nun fast täglich in der Burg eintrafen, auch Kamele und allerlei Kriegsgerät. Nach kurzer Rast, ausgerüstet, gewaffnet, auch mit den Pfeilen, die ich geschäftet hatte, zogen sie weiter. Und die alte Besatzung der Burg, die Krieger, die mich nie unfreundlich behandelt, warfen mir jetzt wilde Blicke zu. Auch ein Wurfmesser fuhr einmal dicht an meinem Kopfe vorbei in die Tür meines Verschlages . . .« – »O Jesus!« schrie das Mädchen auf. »Und bald nachdem ich die Herrin verlassen, teilte mir der Welsche mit, was ihr schon wißt, daß wegen eines frevlen Treuebruchs der Templer vom Heidenkaiser Befehl ergangen sei, alle gefangenen Christen hinzurichten. Der Burgherr wollte nun das seinem Töchterlein gern ersparen. Aber er sagte, er müsse seinen Treueeid halten: Seinen Eidam freilich brauche er nicht zu töten. Da sah ich wohl, daß mein letztes Stündlein bald herankam.«

»Aber, Bub, hast du denn wirklich sterben wollen? Mir das antun? Um meinetwillen sterben! O Hezilo, wie böse von dir! Hast mich denn gar so lieb?« rief sie, laut weinend, aber dazwischen doch selig lachend, sprang auf, warf beide Arme um seinen Hals und küßte ihn auf die Augen. »Ha«, lachte der und machte sich leise los. »Daß du jetzt so fragen kannst! Und wär's dir denn lieber gewesen, wenn ich die Heidin . . .?« – »Ja«, fiel der Alte nachdrucksam ein. »Ja! So hat sie gewählt, bevor sie wußte, daß du gleichwohl gerettet warst.« – »Ja, das ist wahr! Jetzt wär' es freilich keine Kunst, so reden«, meinte der Böppele, fein lächelnd. »Aber ich hab es selbst heimlich mit angehört. Bevor sie wußte, wie es dir ergangen, hat sie gesagt: ›Lieber tausend Heidinnen soll er heiraten und mich vergessen, als daß er stirbt, der gute Bub.‹ 's ist wacker von der Dirn. Obzwar Frau Zahme eine wundergute Wandlung des Gemütes in sich erfahren hat – Dank dem heiligen Sebastian! –, das täte sie doch auch jetzt vielleicht dem Trinelein nicht nach.«

»Das täte jede, die liebt«, meinte die Kleine. Und setzte sich mit glühenden Wangen wieder von dem Geliebten weit hinweg. Jetzt kam an den die Reihe, die Wimpern zu wischen. Aber er tat's mit rascher Bewegung und fuhr gleich wieder fort zu erzählen.

Fünftes Kapitel

»So saß ich denn nachts in meinem Verschlag auf den dürren Palmenblättern, die man mir als Lager aufgeschüttet hatte. Schlaf kam nicht über meine Augen. Ich stützte den Kopf auf beide Hände und dachte, daß ich nun wohl nur noch zwei Nächte zu leben hätte. Und holte meine treue Schwegelpfeife hervor und blies, mir selber zu Trost und Herzensausschüttung, gar kläglich meine Weise – ohne zu singen, ich konnte nicht singen vor lauter Weh.« – »Mein armer, treuer Bub!« – »Da auf einmal hörte ich ein mißtönig gellend Geschrei: ein Gebrüll, wie ich's auf Erden nie vernommen. Ich erschrak bis ins tiefste Herz hinein. Ich leugne es nicht! Ich glaubte, der Höllenkönig gelle so, denn es war nichts Geheures!«

Vater und Tochter öffneten weit die Augen voll Grauen. Aber der Böppele lachte vor sich hin. »O Bub, wie war's denn?« forschte die Kleine. Es graute ihr gar arg, aber sie wollte doch noch mehr von diesem Gruseln kosten. »Ja, ich kann dir's auch nicht weiter schildern. Stelle dir vor, du hörest ein Schwein grunzen. Aber nicht ein gewöhnliches, sondern ein Schwein, zehn-, zwanzigmal so groß und stark wie ein Etscheber ist – und demgemäß das Geschrei. Mir verging das Blasen: Da hörte das Gebrüll gleich auf. Nun dachte ich mir: Oft hab ich sagen gehört, daß die bösen Geister die edle Tonkunst nicht vertragen können: wie vor Davids Harfenspiel der Unhold wich aus König Saul. Und da kam mir der Mut wieder. Ein gut Gewissen hatte ich, weder Christum noch das Trinele abzuschwören oder zu verleugnen hatte ich je auch nur den scheuesten Gedanken gehabt, Neugier oder eine Art Trotz kam dazu – kurz, ich blies nochmal. Aber da fuhr ich auf mit Entsetzen. Denn nicht nur ergellte das zornige Wehegeschrei des Ungetüms aufs neue, schrecklicher als zuvor, auch schwere, schwere Tritte dröhnten auf dem Steinpflaster des Hofes! Näher, immer näher kam es meinem Verschlag: trott, trott . . .« – »Hezilo, ich bitt dich mit aufgehobenen Händen, mach's kurz: Ich halt's nicht mehr aus!« – »Aber, Kleine, da sitzt er ja – du siehst es: Der Teufel hat ihn damals noch nicht geholt!« – »Plötzlich packte von oben her eine furchtbare Gewalt, wie mit einer Riesenzange, das Brett, das meinem Verschlag als Dach diente, riß es mit einem Ruck aus Nägeln und Fugen, daß es nur so krachte, schleuderte es zur Erde – und im hellen Mondlicht erschien über mir das Haupt einer turmhohen Gestalt. Zwei kleine Äuglein blinzelten auf mich nieder; zwei armlange weiße Hauer, wie von Ebern, aber viel, viel länger, blitzten im Mondenscheine. Zwischen diesen schwankte und baumelte etwas wie ein gewaltiger Arm, und das schien nach mir zu greifen.«

»Gott beschütze uns in Gnaden«, sprach der Alte; die Kleine konnte nicht mehr sprechen, sie stöhnte leise. »Ja, Vater, auch mir vergingen die Sinne. Ich wollte um Hilfe schreien – die Stimme versagte mir. Da, um die Wächter herbeizurufen, setzte ich in Verzweiflung die Pfeife an den Mund und pfiff und blies aus Leibeskräften, wie ich noch nie geblasen im Leben. Jetzt schrie das Ungeheuer laut auf, seltsam, wie in bitterer Qual. Auf tat sich unter dem, was ich für einen Arm gehalten, ein furchtbar großer, weitklaffender Schlund.« – »Hat es dich gebissen?« schrie das Mädchen. »Wo?« – »Nein! Der Arm faßte die Pfeife wie mit einem Finger, riß sie mir mit Riesenkraft vom Munde und schleuderte sie in den klaffenden Rachen. Sofort, wie beschwichtigt, wandte sich nun das Scheusal, drehte mir seinen berghohen Rücken zu, von dem ein ziemlich kurzes Schweiflein herabschwänzelte, und trabte, wie vergnügt, wie nunmehr so recht befriedigt, brummend davon im Mondlicht.« – »Und hat dir nichts zuleid getan?« – »Gar nichts. Nur die Pfeife . . .« – »Wahrlich«, sprach der fromme Bauer, »du darfst dem starken Himmelsherrn danken, der dir den Fürst der Hölle selbst hat abgewehrt.« Aber Hezilo lachte. Und der Böppele lachte noch mehr. »Ach was, Höllenfürst! Ein Tier war es: heißt Holifant oder auch Elephas, hat einen langen Rüssel und ist so hoch wie ein junger Weinberg.« Jedoch das Mädchen sah ungläubig den Erretteten an und sprach: »Ist nicht wahr, gelt, Hezilo? Der Ungläubige spottet unser. Es war wohl – der Garböse. Wie käme so ein Tier in jene Burg?« – »Es wird von den Heiden im Kriege verwendet«, antwortete Hezilo. »Und war am Abend mit den Kamelen ohne mein Wissen hereingekommen. Ich hatte nie im Leben eines gesehen. Und so komme ich doch nicht gar zu feig und dumm dabei heraus. Übrigens gilt der Elephas als das weiseste der Tiere.«

»Ja«, bekräftigte der Boblinger. »Insonderheit liebt und versteht es die edle Musica. Es tanzt danach, man lockt es und zähmt es mit Cymbelklang. Es lernt selber gar meisterlich die Flöte blasen – bläst niemals falsch! – und leidet bitter, viel bitterer als ein Menschengemüt, gleich manchem Jagdhund, unter falschen Tönen. Und das hat sich in diesem Fall erwahrt – denn, deine edle Heidenprinzessin in allen Ehren! Aber das Holifantentier hat einen feineren Sinn für Musica gezeigt als sie.« Hezilo hob lachend die Faust: »So sprach – aus gutgemeinter List –! auch ein gar weiser Heide, wie ihr vernehmen werdet. Aber höre, Böppele: Ich habe nie was dafür verlangt, daß ich dir die Freiheit verschafft habe. Doch jetzt bitt ich mir eine Gegengabe von dir dafür aus.« – »Alles, mein Bub, was du willst. Denn Frau Zahme wirst du mir doch kaum abfordern.!«

»Nein! Aber ein Gelöbnis: Schwöre mir hier vor diesen beiden Zeugen, die Geschichte von dem Elephas einem Menschen nie zu erzählen.« – »Ich schwöre. Wem?« – »Allen meinetwegen:

nur nicht Herrn Walther von der Vogelweide. Aber höret weiter. Wie mich meine Sing- und Pfeifenkunst das erste Mal aus meiner hinsiechenden Trübsal erlöst und in die Gunst der feinen Jungfrau erhoben hat, so gedieh mir mein Blasespiel – sogar noch im Bauche des Tieres Elephas! – zur Befreiung. Esma hatte von der Gefahr, die mich bedrohte, wohl vernommen, aber umsonst sich bemüht, mich zu retten. Die Wächter am Tor hatten strengen Befehl, mich nicht entrinnen zu lassen. Auch ihr Versuch, sie durch Gold zu gewinnen, schlug Esma fehl. Da erfuhr der Arzt, der zu ihrer Pflege in der Burg geblieben, den seltsamen Vorfall mit der Pfeife. Und der hatte längst gesagt, wenn er die Herrin nur einmal zum Lachen bringen könne, dann hoffe er sie aus ihrer Liebeskrankheit – denn so was war es wohl – ins gesunde Leben wieder hinüberzuretten. Und da der Weise die Geschichte erfuhr von dem Welschen, dem ich sie erzählt, da lächelte er: ›Vielleicht hilft das.‹ Und ging zu der Kranken und sprach: ›Der Segen des Propheten sei mit dir! Siehe, was dich zuerst berückte, das hat nun der Elephas gefressen. Vielleicht ist damit der Zauber gelöst. Und zürne nicht, o Herrin. Aber‹ – und so redete er nicht etwa aus Überzeugung, sondern, wie ein kluger Heilrat manchmal tut, in Verstellung seiner wahren Meinung – ›das kluge Tier hat mehr Urteil über die klingende Kunst, denn du, o Gebieterin des Scharfsinns. Denn wahrlich, wahrlich, ich sage dir: Greulich war, was dein Liebling da vor sich hin blies.‹ Und er schilderte ihr, wahrscheinlich mit wenig Schonung meiner, meinen Schrecken und wie ich das dicke Tier für ein Luftgespenst gehalten. Da lachte die Kleine hell auf.«

Und da alle seine Hörer jetzt auch lachten, lachte der Erzähler gutmütig mit. »Sie patschte in die zierlichen Hände und rief – natürlich auf arabisch: ›Aus ist's! Aus ist's mit der Torheit: 's war, will mir dünken, doch nur ein Wahn, so eine Phantasia. Und wenn der hübsche Rohrpfeifer einmal nicht mein werden will – ei, so mag er's lassen! Aber sterben soll er nicht, wenn Esma das wenden mag! Heim soll er kehren zu seinem sonnenhaarigen Lieb in Frankistan, und mir soll er die Rettung danken.‹ Und nun steckte sie, auf einen Schlag genesen, mit dem weisen Arzt das kluge Köpflein zusammen zu langer Beratung. Und das Ende davon war, daß der Befehlshaber der Torwachen – er war just nicht mein Freund, und das Messer, das neben meinem Ohr vorbeigeflogen, paßte verdächtig gut in seine seitdem leere Dolchscheide – vor mich hintrat, den Arzt an der Seite, und sprach: ›Die Herrin hat unstillbares Sehnen nach deinem Gepfeife. Der weise Malik sagt, die Herrin müsse sterben, hört sie es nicht mehr. Also pfeife.‹ – ›Ich kann nicht‹, sprach ich. ›Denn meine Pfeife fraß das dumme Tier.‹ – ›Das Tier‹, erwiderte der zornig, ›ist viel klüger, als du bist, du Sohn eines Hundes und Enkel eines Schweines. Du aber mache dir ein anderes Pfeifgerät. Hier liegen ja allerlei Halme im Hof.‹

Ich zuckte die Achseln und sprach: ›Auf eurem einfältigen Palmenstroh kann man nicht blasen. Schilf muß es sein.‹ Da sprach Malik, der weise Arzt: ›In dem Teiche nahe vor der Burg wächst hohes Schilf. Laß ihn, in sicherstem Geleit, hinreiten und sich schneiden, was ihm taugsam ist zu seinem scheußlichen Blasen. Nur er kann das auswählen. Wir Frommen wissen nichts von solchem Mundwerkzeug. Die Herrin reitet mit. Sie hat's befohlen.‹ Und so geschah's.

Und wunderte mich, daß die Herrin nicht, wie sie sonst getan, wann sie zuweilen ausrittt, ihren kleinen Zelter zu satteln befahl, sondern das feurigste, raschester Tier der ganzen Burg: einen unvergleichlichen arabischen Rapphengst, den sonst nur ihr Vater bestieg.

Mich aber machten sie recht schwach beritten. Der Führer der Torwächter wollte mich zuerst gar nicht aus der Burg lassen – er selbst durfte sie nicht verlassen – und schob mir endlich mit Hohn einen alten Maulesel vor, der auf einem Vorder- und einem Hinterfuß lahmte und nur gebraucht wurde, Wasser aus der Zisterne in die Hochburg zu tragen; und er sprach: ›Flieht der Frankenpfeifer auf diesem Tier, will ich's mit Bart und Kopf bezahlen.‹ Und mit der Herrin, zehn Reitern und vielen Sklavinnen ritten wir aus der schmalen Pforte zur Felsenburg.

Mir war, ich kehrte aus der Gruft ins Leben zurück, da ich nicht mehr die verhaßten Mauern des engen Burghofs um mich sah.

An Rettung aber dachte ich nicht. Da hielt die Herrin, die weit den andern vorausgesprengt war, bis ich ihre Sattelseite erreichen konnte, und sprach zu mir: ›Siehst du, Franke, da oben die Wolke, die im Dreieck zieht? Schwarzreiher sind's. Gen Westen ziehn sie. Im Westen steht die nächste Schar der Franken.‹ Dann schnalzte sie nur ein klein wenig mit dem Zünglein, und vorwärts flog wieder das edle Roß, unerreichbar für mich und für alle andern. Bald kamen wir in die Nähe des Teiches. Schilf, brauchbar für die Pfeife, wuchs da in Menge. Der Teich war tief, nur schmal, aber sehr, sehr lang. Die Herrin befahl, etwa drei Bogenschüsse weit von dem Teich, allen andern, zu halten, und mir allein, ihr an des Teiches Rand zu folgen. ›Ich will sehen‹, sagte sie dann dem Führer der Bedeckung, ›welche Art von Röhren er braucht, damit ich sie selbst mir schneiden und mir selber was vorblasen kann – nach seinem Tode.‹ – ›Es hat nicht Gefahr!‹ meinte dieser. ›Auf seinem Eselkrüppel holt ihn die Schildkröte ein.‹

Wir ritten nun selbzweit an den Rand des schilfigen Teiches. Auf einem Sandhügel blieben die berittenen Pfeilschützen und die Sklavinnen zurück und stiegen ab. Angelangt sprang ich, dann glitt Esma herab. Sie ließ sich nicht von mir berühren oder irgend helfen. Mein Jammeresel legte sich müd in den Sand. Mich wunderte, daß sie den Hengst am Zügel mit sich führte. ›Schneide!‹ gebot sie mit gebieterischer Bewegung und reichte mir, es plötzlich aus ihren Satteltüchern herausziehend, ein trefflich Schwert. Aber mir war's nicht ums Pfeifenschneiden. Ich hatte keine Aussicht, lange mehr zu pfeifen; und ihre Andeutung, daß sie nach meiner Hinrichtung selber munter weiterblasen wolle – ich gesteh es –, verdroß mich ein wenig. ›Ich mag nicht‹, sagte ich. Da hob sie – die Bogenschützen von dem Sandhügel blickten scharf auf uns – die mit Gold und Edelsteinen bedeckte Reitgerte von Krokodilhaut und schlug mich über den Rücken.«

»Die Abscheuliche«, zürnte Katharina.

»Lautes Lachen schallte vom fernen Hügel her. ›Schneide, sag ich‹, wiederholte sie, ›wate in den Teich! So wahr du deine – die mit den blonden Flechten – wiedersehen willst.‹ Nun ahnte ich was; zwar noch nicht alles. Aber während ich langsam hineinwatete und mit dem scharfen, krummen Säbel Schilfhalme schnitt, erzählte sie mir, wie Malek sie geheilt. ›Mein Pfeiferlein‹, schloß sie, ›gedenket beide Esmas in Frankistan. Siehst du die Reiher? Ihnen folge quer durch den Teich – und sei frei.‹ – ›Ach, Herrin, nicht schwimmen noch laufen kann dies elende Maultier.‹ – ›Nein, aber dieser Edelhengst! Schwinge dich drauf, schwimme, flieh – und sei glücklich. Du warst Esmas Torheit: Mit dir flieht auch ihr Wahn. Drum, Wahn – lieber Wahn! – fliehe rasch.‹ – ›Aber, du, o Herrin?‹ fragte ich, ›was wird dein Los? Was wirst du tun?‹ – ›Heiraten werd ich, bevor der Mond sich neut. Der weise Malik hat es in den Sternen gelesen, daß des Sultans Neffe, mein Vetter, mein Schicksal ist. Und mein Schicksal hat auch schon um mich geworben. Er ist viel bräunlicher und gewaltiger als du. Und hat einen wunderschönen schwarzwallenden Bart – bis hierher, bis an den Gurt. Mach, daß du in den Sattel kommst! Warst du auch nur eine Laune, eine Krankheit Esmas, du warst mir lieb und sollst nicht sterben, kann ich's hindern. Du raubst mir das Roß mit Gewalt, hörst du? Rasch! Wirf mich in den Sand.‹ Das vermocht ich nicht. Ich sprang nur auf das ungeduldig scharrende Tier. Aber sie selbst, da sie mich sicher im Sattel sah, warf sich nun, laut um Hilfe schreiend, nieder. Schon schlug das schmutzige salzige Wasser mir hoch über das Haupt. Erst da sah ich um, rief: ›Grazia!‹ – das heißt ›Dank‹ –, sie winkte mit dem weißen Schleier. Und weiter trieb ich den schnaubenden Hengst zur Eile.

Wohl hatten die Bogenschützen, als sie die Herrin fallen sahen und schreien hörten, sich rasch auf ihre Gäule geworfen, und schon jagten sie vom Sandhügel herab mir nach mit wildem, gellendem Schrei – vergebens! Keiner holte das Prachtroß ein! Die Schwimmenden blieben weit zurück, die den langgestreckten Teich umreiten wollten, kamen viel zu spät. Von den auf den Pferden Schwimmenden zielte einer scharf, mitten im Wasser: Sein langer Pfeil – ich hatte ihn wohl selbst geschäftet – flog mir durch den weiten Ärmel meines erhobenen, das Roß treibenden Armes. Aber sowie das Tier den schmalen Teich durchschwommen hatte, war ich gerettet. Windschnell, sausend trug es mich davon. Ein Blick auf die Reiherwolke gab mir die Richtung, ich trieb und hetzte den herrlichen Renner den Reihern nach, und bevor die Nacht herniedersank, erreichte ich die Vorhut der Franken. Deutsche Herren waren's, nördlich von Joppe, bei Darum. Danach schlief ich lang und schwer, anderthalb Tage lang. Den kostbaren Hengst, der mich gerettet, Esmas letztes Gunstgeschenk, verkaufte ich zu Gaza an die Templer. Der Erlös war so hoch, daß er nicht nur die Küstenfahrt von Joppe nach Akkon und von dort nach Amalfi bestritt, sondern noch so viel Überschuß gewährte, daß ich ohne Not über Perugia und Mailand und das Wormser Joch bis hierher gelangen konnte. Und hier ist das Messer, das der Torwart nach mir geworfen hat« – er zog es aus dem Wams und legte es auf den Herdsims; schaudernd befühlte die Kleine die haarscharfe Spitze – »und in meinem Rucksack steckt, sorgfältig verhüllt, der krumme Säbel, dessen Griff und vergoldete Scheide reich besetzt sind mit gar manchem bunten Stein.« – »Die schenken wir der heiligen Jungfrau, der heiligen Katharina und der heiligen Gertrud«, sprach das Mädchen mit gefalteten Händen. »Ja, jeder einen!« nickte der Schwabe. »Aber die andern schenken wir der anderen Katharina; die ist zwar nicht so heilig wie die im Himmel, aber sie kann's besser brauchen – als Schmuck zuerst, als Notpfennig auch vielleicht einmal.« – »So warst du nicht in Jerusalem und nicht in Rom?« fragte Iffo. Hezilo schüttelte den Kopf: »Nach Jerusalem war noch der Weg nicht frei. Der große Kaiser stand gerade in Verhandlungen mit dem Sultan, friedlichen Besuch der heiligen Stätten den Pilgern zu erwirken. Nach Rom aber? Jawohl! Weit ausweichen mußte ich, um des Papstes Gebiet zu meiden. Der Heilige Vater führt ja scharfen Krieg mit dem Kaiser, sengt und brennt in dessen welschen Landen, und seine Legaten haben gedroht, jeden Deutschen, den sie greifen, wenn er nicht dem gebannten Kaiser absagt und dem Papste Gehorsam schwört, als Feind gefangenzusetzen. Und es zog mich zu euch, nach Hause, nach meinem ›Außenhof‹ und mehr noch nach dem ›Innern‹. Und ich habe dem Herrn Bischof nicht gelobt, Christi Grab zu Jerusalem zu besuchen oder den Papst in Rom, sondern nur, ein Jahr im heiligen

Land zu leben. Das hab ich erfüllt, sogar zweimal gerechnet.« – »Könntest zwei Trinelein heiraten«, meinte der Schwabe. »Es gibt aber nur die eine«, jubelte der Frohe, »und die wird nun bald Bäuerin im Außenhof.« Da stand Katharina auf, faßte des Geliebten Hand und sprach: »Gern, so gern! Aber nun ein Wort, das mir recht aus tiefster Seele kommt. Nicht kann ich zwar verstehen, wie ein Mädchen sein Herz umstülpen mag gleich einem Ärmel und heute den Blondkopf lieben bis zum Krankwerden, morgen aber den Schwarzbart heiraten. Allein das mag wohl im Heidenblut anders sein als an der Etsch und bei Christen. Geht mich auch nichts an . . .«

»Sei doch froh, Mädel«, fiel der Böppele ein. »Sonst hätte sie ihn am Ende dir doch nicht gegönnt und lieber ihn sterben lassen!« – »Nein! So schlimm ist kein Weib, auch eine Heidin nicht. Und die schon gar nicht! Und ich wollte vielmehr sagen: Keinen Abend will ich einschlafen, ohne die gute Heidin in mein Nachtgebet einzuschließen. Möge es ihr gut ergehen mit ihrem Sultanssohn, und möge sie nicht allzulang im Fegefeuer büßen. Amen!« – »Leider bete ich nicht alle Abende«, meinte Hezilo. »Aber auch ich gedenke ihrer oft dabei! So dankbar, wie ich Herrn Friedmuths gedenke; sei's, daß er noch lebe, sei's, daß er schon seiner gestrengen Frau Wulfheid nachgefolgt ist in das Jenseits . . .«

»Wie, was?« riefen da die anderen wie aus einem Munde. »Frau Wulfheid? Die lebt frisch und gesund drüben auf der Fragsburg.«

Sechstes Kapitel

»Aber nein doch! Der alte Oswald sah sie ja gestorben und aufgebahrt. Der log noch nie.« – »Auch diesmal nicht«, sprach der Bauer. »Sie war aufgebahrt, sie lag so gar manche Stunde – und ist doch wieder lebendig geworden.« Hezilo schlug ein Kreuz. »Ein Wunder Gottes?« – »Ja und nein, wie du's nehmen willst!« – »Und davon sagt ihr mir erst jetzt? Wußtest du's denn nicht, Böppele?« – »Ha, dummer Bub«, meinte der, »hättest du mich gefragt. Du hast mich aber soviel nach den Leuten vom Innerhof gefragt, daß ich das ganze Maul nur dazu brauchen konnte, immer zu wiederholen, daß beide leben und wohlauf sind und daß das Trinele einstweilen noch schöner worden ist.« – »Wie sollt ich denken, daß die Toten auferstehen! So redet doch!« – »Ja, das war so«, begann Iffo. »Aufgebahrt lag die strenge Frau auf schwarzem Gerüst. Gar feierlich war's in der düster verhangenen Gruftkapelle, wo ihr Vater, Herr Wulfgang, und alle die alten Fragsburger nebeneinander unter dem Marmorestrich ruhen, Schild und Helm eines jeden an der Wand aufgekreuzt. Und der süße, starke Weihrauchduft, der wie eine Wolke durchs Gewölbe zog, und die tiefe, tiefe Stille, obwohl so viele Menschen um die Bahre standen – nur der junge Mönch murmelte halblaut die Fürbitte für die Fegeseelen –, und die vielen Wachslichter! Wir Vögtlinge alle, die wir davon erfahren hatten, waren hinübergeeilt.«

»Jawohl«, nickte Hezilo, »auch der Außenhof schuldet dann sechs Pfund Wachs zu Kerzen in die Burgkapelle und zwei Krüge roten Weines zu dem Leichenschmaus. Ist doch geleistet worden?« fragte er eifrig. »Ich hab's selbst hinübergetragen«, beteuerte das Mädchen. »Nun, das laßt ihr euch aber herauszahlen«, meinte der Böppele. »Es war ja kein wahrer Sterbefall! Oder einfacher, ihr zieht's ihr ab, wann sie das nächste Mal wirklich stirbt. Ist auch klüger so – und leichter. Denn die gibt, solang sie lebt, nichts wieder her, was sie einmal erhielt, ›die üble Vögtin‹, so heißt sie doch, nicht?« – »Schweig, frecher Schwab!« lachte der Bauer. »Sie ist schon recht, die schlimme Vögtin, wie sie freilich heißt im ganzen Gau. Gerade gegen so lockre Landfahrer wie du«, drohte er mit dem Finger, »ist sie recht.« – »Und«, fiel das Mädchen ein, »wenn sie im Leben zwar gewiß nicht garstig ist – behüte, eher hübsch, nur nicht gerade so, daß man sonderlich darauf achtet –, damals, im Todesschlaf, sah sie fast schön aus; so stolz, so geruhig, zwar immer noch arg streng – zum Fürchten fast! –, aber doch so vornehm wie im Leben nie. Und so kniete auch ich an der Bahre und weinte recht bitterlich. Nicht grad um sie, denn sie hat mir nie ein gutes Wort, nicht einmal einen guten Blick gegönnt. Und als ich ihr einmal den ersten Speik in einem schönen, großen Strauß brachte, ich hatte lang daran gebrockt, in der heißen Sonne oben auf den Steinen herumkletternd – ich traf sie im Kuhstall, nach dem Melken der Kühe sehend –, da hat sie gar unwirsch gezankt: ›Vergeudete Zeit! Schaff was! Ist gescheiter für so ein bettelarm Ding!‹ Und hat meinen schönen Blütenstrauß der dicksten Melkkuh in die Raufe geworfen. Ja, und den Vater hat sie gar einmal, wie der Vogt fort war, in den Block sperren lassen wollen, weil unter den fünf Schock, die der Innerhof zum Eierweihtag schuldet, zwei Stück nicht ganz frisch waren. Aber doch hat's mich so erbarmt, ihr Los. So jung noch, kaum an die dreißig Jahre, so reich, so machtgewaltig, so gescheit – und schon sterben! Und ich dachte, wie arg es Herrn Friedmuth treffen würde im fernen Land oder wenn er heimkomme und sie nicht mehr finde. Und wie ich dachte, daß auch Hezilo kommen könne und mich etwa nicht mehr finden . . .« – »Da kamen dir erst die Tränen, gelt, Kleine?« meinte der Jüngling und küßte sie. »Nun«, fragte der Bauer, »du weißt doch, wie vorher alles gegangen war?« – »Jawohl«, sagte Hezilo. »Alles! Bis der junge Mönch Alderich bei ihrer Bahre betete und Oswald das Pferd bestieg und davonritt.« – »Die Männer«, fuhr nun der Innerhofer fort, »welche die Fallende dann vom Rosse gehoben und auf die Burg getragen, hatten gar nichts an der Leiche bemerkt. Nachdem aber nun die Vögtin viele Stunden aufgebahrt gelegen und wir schon daran dachten, den Deckel des Sarges zu schließen und sie in das Grabgewölbe hinabzusenken, an die Seite ihres Vaters, Herrn Wulfgang, da kam, von Burg Tirol, wo er des Grafen Sohn geheilt, entlassen, der alte Markulf, seinen jungen Genossen abzurufen. Er ließ sich an die Bahre führen und alles genau erzählen von Oswin, Oswalds Sohn, der, nach seinem Vater, der nächste gewesen war hinter dem Rosse der Herrin, wie sie den Wurfspeer schwang und plötzlich starb. Markulf schüttelte das graue Haupt, betrachtete genau die Ruhende, befragte auch Jutta, ihre alte Amme, welche die Herrin ganz entkleidet, gewaschen und für die Bahre geschmückt hatte. Die sagte ihm nun, sie habe gar nichts, gar keine Wunde an ihr gefunden. Nur unter dem Nagel des dritten Fingers der rechten Hand einen eingetriebenen Splitter. Sie habe ihn herausziehen wollen, da sei er abgebrochen; und das darin verbliebene Stück habe sie nicht zu fassen vermocht. Sie habe es nicht weiter beachtet, es habe ja gar nicht geblutet. Eilig besah der kundige Mann den Finger, ließ sich den Jagdspeer bringen und zeigte uns, wie an dem Schaft – es war Hartriegelholz – ein Splitter abgesplissen war. Als die Vögtin nun ausholte und mit aller Kraft den Speer schleuderte, stieß sie sich den Splitter tief unter den Nagel. ›Und das‹, sprach er, ›ward wohl ihr Tod. Denn ein solcher Splitter kann den Menschen töten, falls er den Lebensnerv trifft, der von dem Hirn durchs Herz zieht, dann in den Armen gabelt und in den Fingerspitzen ausläuft. Deshalb habe der gütige Herr des Lebens über die zehn Finger die zehn Nägel als Schilde gelegt. Aber, sagte er, manchmal ist der zähe Nerv nicht zum Tode getroffen: Dann liegt der Mensch nur starr, ganz wie tot. Und nun, mahnte er, werft euch alle auf die Knie und betet zu den Heiligen und gebt mir eine kleine Schere, wie sie die Frauen führen zu feinster Arbeit. Ich will versuchen, den Splitter zu fassen und herauszuziehen, wenn Gott mir beisteht. Vielleicht, daß sie wieder auflebt.‹ Und so geschah's. Heraus zog er den langen, langen Splitter und sog an dem kleinen Löchlein. Da floß Blut – nur ein karges Tröpflein –, und die Vögtin schlug die Wimpern halb in die Höhe und seufzte tief.

Und bald darauf richtete sie sich auf, sah sich rings im Gewölb um und begriff alles. Nur einmal erschauerte sie vor Grauen, denn sie sah, fast wäre sie lebendig eingesargt worden. Dann versuchte sie zu sprechen. ›Geht an die Arbeit‹, brachte sie mit Mühe hervor; es war ihr erstes Wort! ›Ich brauche keine Hilfe. Herr Friedmuth ist noch nicht heimgekehrt?‹ fragte sie noch. Da fiel sie aber wieder zurück, und erst nachdem ihr Markulf die Schläfe mit Würzwein gerieben, erholte sie sich so weit, daß sie hinausgetragen werden konnte auf ihr Lager.« – »Das ist wie Lazarus, den der Herr erweckt hat von den Toten«, sprach Hezilo mit frommer Scheu. »Aber wie ging es nun weiter auf der Vogtburg?« – »Kaum war die Frau erwacht und von großer Schwächung und Ohnmacht des Leibes ein wenig erholt, als sie sehr bald scharfe Kriegsarbeit zu tun bekam. Ihre beiden Vettern, Herr Griffo von Greifenstein und Herr Rapoto von Naturns« . . . »Ah ja, sind liebe Gesippen! Dreimal schon hat Herr Friedmuth sie gezwungen, Friede zu machen!« – »Der Greifensteiner, der ja nur ein paar Stunden etschabwärts haust, war flugs, sowie er vom Tod seiner Niftel erfuhr, herbeigeeilt, Besitz von der guten alten Burg zu nehmen. Wenig erfreut war er von der Herrin Auferstehung, hätte wohl dem weisen Mönch am liebsten das Genick gebrochen. Zum Glück hatte er nur drei Knappen mitgebracht, und in der Burg waren noch mehr als ein Dutzend Vögtlinge und Hintersassen versammelt, Herrn Friedmuth treu ergebene Männer, die zu der Totenfeier gekommen und noch nicht alle wieder fortgezogen waren. So mußte er wohl nachgeben und die Burg wieder räumen, so trotzig und zögernd er's tat. Hatte er doch, gleich nachdem er eingeritten war, sein Greifenbanner schon auf dem Hauptturm aufgesteckt und die Fahne der Fragsburger in der Gruft aufhängen lassen, zu Helm und Schild Herrn Wulfgangs. Er wollt's gar nicht glauben, daß nun doch Frau Wulfheid wieder für ihren fernen Gemahl Herrin sei in dem alten Hause. Er weigerte sich, sein Banner wieder abzunehmen. Er drang in die Vögtin, da Herr Friedmuth zweifellos gestorben oder doch verschollen sei, endlich seinem Werben nachzugeben und ihm zum Traualtar zu folgen.« – »Der Kecke«, zürnte Hezilo. – »Er wirbt schon lang um sie! Bevor sie den Vogt heiratete, wollte Griffo – er mag sie wohl wirklich lieben! – das kluge Mädchen und ihr Erbgut dazu gewinnen. Aber nun nahm, statt einer Antwort, die tapf're Frau die Wolfsfahne ihres Vaters wieder von der Wand, stieg auf den Rundturm, riß das Greifenbanner aus der Öse, warf es in den Burggarten und mit Herrn Friedmuths Schwert in der Hand wies sie dem Freier die Burgtür. Knirschend ging er. Aber bald kam er wieder, mit dem andern, ›dem Stier von Naturns‹; und sie bedrängten die Fragsburg mit harter Fehde wochenlang, bis Frau Wulfheid nachts einen Ausfall tat und ihre Lagerhütten verbrannte. Sie selbst warf den ersten Kienbrand in das vorderste

Zelt. Hei, loderte das trock'ne Schilf der Etsch empor! Zwei Knechte wurden ihnen erschlagen, fünf gefangen und mehrere verwundet. Da zogen sie ab für jenes Mal. Jedoch nach einem halben Jahr forderten sie wieder die Übergabe der Burg – mit oder ohne Heirat, wie sie wähle – und schickten ihr einen ›Todeszeugen‹, wie sie's nannten. Das war ein Krämer aus Trient. Der war im Heiligen Land gewesen und war bereit zu beschwören, er sei dabeigestanden, als Herr Walther von der Vogelweide, sehr traurig und herzbetrübt, im Lager zu Joppe vor vielen Fürsten und Rittern dem Kaiser Bericht erstattet habe, daß Herrn Friedmuths Leute den ›Falken‹ mit gebrochenem Genick, dabei das Schwert und den Speer Herrn Friedmuths und daneben eine arg große Blutlache gefunden hätten. Und niemand im Kreuzheer zweifle, der Fragsburger sei gefallen; und habe das der Kaiser selbst gesagt.

Frau Wulfheid ließ ihn ruhig ausreden. Nur ein wenig erbleichte sie – ich sah's mit an, denn es traf mich gerade die Reihe des Wachtfrons in dem Vogthaus – und biß die Lippe, wie sie pflegt, wenn sie verbergen will, was in ihr tobt. Nachdem er zu Ende war, fragte sie, wieviel ihm die Vettern für die Lüge bezahlt, gab ihm zwei harte Streiche auf die Ohren, ließ ihn gar unsänftlich aus der Burg werfen und durch Oswin im ganzen Gau verkünden, wer sich unterfange, von Herrn Friedmuth auszusagen, er sei tot oder verschollen, der werde von der Vögtin zu Fragsburg, wo immer sie ihn greifen könne, gegriffen, gegeißelt in das Burgverlies im Mauerturm geworfen und dort so lange gefangengehalten, bis Herr Friedmuth selbst ihn wieder herausführe.« »Ja, ja«, nickte der Böppele. »Das hört ich den Oswin laut ausschreien – er hatte einen Heroldsrock mit dem Brustwappen angetan – auf der Heerstraße, die Terlan durchzieht. Kaufte da gerade ein Fäßlein Weißen; dort wächst nämlich was Feines!« Er schnalzte mit der Zunge. »Und seither hütete ich mich wohl, auf Fragen nach Herrn Friedmuth Bescheid zu geben oder gar ungefragt von ihm zu reden, zwischen Passer, Etsch und Inn. Oh, der wack're Herr! Der säße jetzt herrlich und in Freuden, hätte er nach meinem wiederholten Rate gehandelt.«

»So, so?« meinte der alte Bauer. »Ja, wenn Ihr ihm so gut geraten habt: Geht hin zur Vögtin und teilt ihr das mit. Sie wird's Euch lohnen.« – »Huio, will lieber nicht«, schmunzelte der Schwabe.

»Und nachdem der Bischof von Brixen, Herr Heinrich«, fuhr nun Iffo fort – »ist der Ohm der Vögtin, der Rat von Meran und der Graf von Tirol oder ›Burggraf‹, muß man nun, seit ein paar Wochen, sagen! – selbdritt sich ins Mittel gelegt, denn das ganze Etschtal leidet unter der Fehde, so wüst führen sie die Vettern! – haben diese damals noch eine Frist von sechs Monaten gewährt. Wann diese abgelaufen, ohne daß der Vogt zurückgekehrt oder glaubhafte Nachricht von seinem Leben eingegangen, dann wollten sie die Vögtin aufs neue befehden und davon nicht ablassen – sie sollen's einander geeidet haben auf den Heiligen in der Kirche zu Bozen –, bis die Frau ihnen das Haus räume. Wolle sie Herrn Griffo – Herr Rapoto, der Stier, ist der Ältere, der Wildere! – zum Manne nehmen, so solle sie die Hälfte von allem Gut als Wittum zugesichert erhalten. Am nächsten Freitag, dem Tag von Sankt Peter und Paul, läuft diese Frist zu Ende. Frau Wulfheid hat alle ihre Knechte und die Hintersassen aus dem Passeier, aus dem Ultental und wo sonst die Zubehörden und Pflegen der Fragsburg verstreut liegen schon auf vier Tage vorher zusammenladen lassen. Dann sollen diese, bevor sie die Burg verteidigen, in dem Markt beim Abt der Zisterzienser beichten und sich zum heiligen Martinus mit Mantel und Speer von Untermais verloben – der besonders gut anzurufen ist für kampfgewärtige Männer. Denn diesmal wird es scharf, so meint Frau Wulfheid selbst. Und wohl wisset ihr: Die kennt keine Furcht.« – »Nein, wahrlich nicht«, rief Hezilo. »Dann wollen wir mit den drei Knechten von meinem Hof und mit den beiden vom Innerhof zu rechter Zeit uns in der guten alten Feste einfinden. Die Kleine aber bergen wir am sichersten in dem Markt hinter dem Wall bei dem Gevatter, dem Torwart.«

Siebentes Kapitel

»Da mach ich mich davon, gute Zeit bevor der Tanz losgeht«, meinte der Weinschenk. »Am Hauen und Stechen – zumal am Gestochenwerden! – hab ich nie viel Freud' gehabt.« – »Und doch«, meinte der Bauer, »hast du dich so weit von Boblingen hinweg ins wilde Heidenland gewagt?« – »Ja, Heiden und sonderlich Mohren stech und hau ich halt doch für mein Leben gern!« verbesserte der Kreuzfahrer. »Und recht tief hinein«, ergänzte Hezilo, »immer weiter und weiter bist du in die Heiden gedrungen.« – »Ja«, er rieb sich das Kinn, »das war nicht ganz freiwillig . . .« – »Wie das?« – »Nun, das waren wundersam ineinandergreifende Fügungen Gottes. Die darf ich gar nicht alle enthüllen.« – »Aber so sage wenigstens, wie du, ein recht weltlicher Weinschwelg, in den heiligen Orden der Franziskaner gekommen bist?« forschte der Bauer. »Nein, der Zisterzienser, hat er mir gesagt!« rief Hezilo. »In welchem warst du?« fragte das Mädchen ehrfurchtsvoll. »In . . . in allen beiden, Kleine.« – »Das gibt es nicht«, lachte Hezilo. – »Doch, du Gelbschnabel! So, wie ich ihnen angehörte, gibt es das wohl. Hätte noch mehreren zugetan sein können. Nämlich bloß mit meinem äußeren Menschen – den Kleidern nach. Ich ward gar nicht Mönch!« – »Da sieht man's, daß die Kappe nicht den Mönch macht«, meinte Hezilo.

»Hätte ja gar nicht gekonnt. War ja – und bin – glücklich verheiratet. Ohne Zustimmung der Ehefrau darf niemand Gelübde tun. Und Frau Zahme und auf ihre ehelichen Rechte verzichten! Die nicht! Nun also paßt auf: Was für euch zu wissen frommt, das mögt ihr hören und daraus lernen, daß der milde Himmelsherr gar nicht so gestreng dareinfährt, wie die Pfaffen uns fürchten machen wollen, wenn einer nur im Grund ein guter Kerl ist. Also! Aus einem Dörflein bei Genua, wo ich auf der Fahrt nach dem Gelobten Lande, die ich für einen anderen, für dessen Seelenheil, auf mich genommen hatte . . .« – »Wie gut von Euch!« sagte Katharina gerührt. »Nun, nun, Kind, du mußt auch nichts übertreiben! Ich . . . ich hatt auch eigene Gründe, die Heimat zu meiden. Und ganz ohne Vergelt konnt ich's doch auch nicht tun – schon wegen der Kinder . . .« – »Wie viele habt Ihr?« fragte der Bauer.

»Bisher nicht viele. Eigentlich noch gar keines. Aber: konnten doch noch nachkommen! Also: Zuerst kam ich nur bis Genua und weilte dort längere Zeit.« – »Ja, ja«, meinte Hezilo, nachdenklich. »Davon, glaub ich, hört ich einmal Herrn Walther erzählen, als ich Wein zutrug in des Vogtes Zelt in der Wüste. Ich meine immer . . .« – »Gib dir keine Mühe, dir das zurückzurufen.« – »Nun, sehr weit seid Ihr da auf den ersten Anlauf gerade nicht gekommen auf Eurer Kreuzfahrt«, sprach Iffo. »Was?« zürnte der Entrüstete. »Doch immer noch zehnmal so weit als sogar ein frommer Bischof, Herr Megingauz von Eichstädt. Wenn ich nur damals schon, als mir Herr Walther und noch ein anderer – eben der, für den ich unter die Heiden fuhr – so hart redeten über jenes kurze Verweilen, diese Geschichte gewußt hätte! Aber ich habe sie erst später erfahren, von Herrn Sigismund dem Riezeläre, dem Buchwart zu Eschingen an der Donau. Jener Bischof hatte auch das Kreuz genommen – aber nur für sich, das kann ein jeder! Jedoch der kam nie über den Brennerberg – vor lauter Fluchen.« – »Wie das?« staunte das Mädchen. »Ei nun, der wack're Mann hatte nur das eine Seelengebrechen, daß er in einem fort gotteslästerlich fluchte. Fluchte, daß die lieben Engelein die Füße hinaufzogen, wenn er anhob. Nun war ihm von seinem Beichtvater, der ihm oft deshalb die Absolution hatte weigern müssen – und ein nicht Absolvierter soll nicht die Kreuzreise wagen, sonst reiset er sich selber zum Gericht, sagt die Bibel im sechsten Buche Mosis. Nicht? Nun, das ist gleich: Dann sagt sie es woanders. Also sein Beichtiger, in Erwägung seiner fluchenden Natur, gab ihm im voraus Absolution für eine Zahl von Flüchen, die der Bischof bis nach Rom verbrauchen würde. Dort solle er sich die Freisprechung für weitere Flüche wieder frisch vorschuhen lassen. Und es war nicht schlecht gemessen. Allein, o weh! Nach wenigen Tagen kam Herr Megingauz ganz betrübt nach Eichstädt zurück. Er wollte über Schwäbisch Wörth an der Donau und über Füßen allmählich den Brennerberg gewinnen. Allein, bis er an der Fähre am Donau-Wörth angelangt war, hatte er den ganzen Reisevorrat, der bis zu dem heiligen Vater hätte reichen sollen, schon aufgezehrt, aufgebraucht, aufgeflucht. Und mußte umkehren! Und war durch kein Zureden zu der Hoffnung zu verlocken, daß es ein andermal besser gehen werde. Denn, meinte er, er habe schon diesmal gar so hart gespart. Da hatte denn der Heilige Vater ein Einsehen und nahm die Kreuzfahrt für gefahren, weil keine Katze das Mausen läßt, sagte der Apostel Paulus auf der Hochzeit zu Kanaan. Nicht? Nun das ist gleich. Er hätt's sagen können, weil's wahr ist. Und vielleicht hat er's auch gesagt. Denn sie haben wohl damals nicht alles aufgeschrieben.

Also nach längerer Rast bei Genua brach ich auf. Hatte mir dort ein kleines Sümmchen verdient – erspart wollt ich sagen –, so konnt ich einem Reeder jenes Hafens das Schiffsgeld zahlen bis Neapolis. Von da wollte ich zu Lande nach Brindisium, wo, wie ich erfuhr, mehrere Schiffe, vom Kaiser ausgerüstet, bereitlagen, arme Pilger um Gottes Lohn nach der Insel Zypern und von da nach Akkon zu führen. Aber ach, mein sauer erspartes Geld verlor ich bald nach der Ankunft in Neapolis. Denn in dieser sehr schön gelegenen Stadt leben sehr böse Menschen. In der Herberge ›Zum heiligen Crispinus‹, wo ich nächtigte, stahlen mir drei Gauner mein Geld – ich sah's mit Augen und konnte es nicht wehren.« – »Wie das?« zweifelte der Bauer. »Ja, es waren drei Schächer mit zusammen vierundzwanzig Augen. Sie haben keine Füße und tanzen, keine Hände und plündern alle Taschen aus. Würfel nennt man sie. Zwei andere fromme Pilger – beide trugen gleich mir das rote Kreuz –, die den gespickten Geldgurt unter meinem Wams entdeckt hatten – sie umarmten mich so zärtlich, wie ich eintrat in das Weihtum zum heiligen Crispinus, und tasteten dabei an meinem Leibe so beängstigend herum! –, beredeten mich am Abend, den Wein auszuwürfeln. Ich gewann zuerst, und wir Boblinger lassen uns nicht lumpen. Nun kurz: Alsbald verlor ich, verlor sehr viel, alles, und da ich nicht mehr spielen wollte – es war Mitternacht geworden –, da machten sie's einfach, schlugen mich nieder, nahmen mir den Rest der Schillinge – sechs andere fromme Pilger standen lachend dabei – und warfen mich auf die Gasse. Der Bettelvogt ließ mich aufgreifen, und auf meine

Klage erwiderte er, ein Kreuzfahrer dürfe nicht Würfel spielen, das sei die Strafe Sankt Crispins. Und für seine Mühwaltung pfändete er mir den Mantel vom Leib und aus dem Ränzlein das bessere Wams: ich glaube, er war auch ein Gauner, dieser edle Neapolitaner! Am andern Tage ging ich sehr betrübt zur Porta Nuceriana hinaus, die Halbinsel zu Fuße zu durchwandern und zu durchbetteln. Doch muß ich sie loben, die Welschen. Sie sind mitleidig – das heißt, gegen die Menschen, die Tiere schinden sie elend – und gabenmild und spenden gern dem frommen armen Pilger. Auch wachsen in dem wunderreichen Land – es ist wie ein Garten – an Bäumen und Sträuchern gar mancherlei Früchte, an denen ich mich labte, denn es war Spätsommer. Hinter einer Stadt, heißt Potenza, stieß ich auf zwei Mönche, einen Franziskaner und einen Zisterzienser. Der letztere war ein Franzose aus der Picardie, der andere ein Halbwelscher aus Bergamo. Wir wanderten nun selbdritt fürbaß. Die beiden armen Geschor'nen litten, da ich sie traf, schon schwer am Sumpffieber. Der Bergamaske sagte gleich – sein Welsch verstand ich ganz gut –, er heiße Sebastian. Ich erwiderte ganz vergnügt, dann hätten wir denselben Schutzpatron, denn da es einen heiligen Boppo nicht gibt . . .« – »Bis jetzt wenigstens noch nicht«, unterbrach Hezilo. »Vielleicht gibt es aber einen: Hunder Jahr' nach deinem Tode . . .« – »So hab ich mir von Jugend an den heiligen Sebastian zum Schutzherrn gekoren, der in der Pfarrkirche zu Boblingen, gar schön aus Holz geschnitten, steht, mit Pfeilen so reich gespickt, wie ein Hase in des Abtes Küche zu Maulbronn mit Speck. Und ich fragte ihn, wie denn der nackte Knabe zu so vielen Pfeilen gekommen sei? Denn der Pfaff von Boblingen wußt' es selber nicht. Da erzählte er mir denn die Lebensgeschichte des Heiligen. Eigentlich war's eine Predigt über sein grausam Martyrium. Und wo wir auf Leute stießen, in Dörfern oder im Staub der Heerstraßen, auf Krieger oder auf Kreuzfahrer, Pilger oder Kaufleute, da predigten die Mönche, der Bergamaske auf welsch. Auch oft der Picarde auf französisch, denn sehr viele Normannen, aber auch andere Franzosen, nehmen das Kreuz. Und während der eine predigte, gingen der andere und ich herum und bettelten die Predigtheller ein. Es warf nicht viel ab, das fromme Gewerk. Denn mancher hörte erst voller Andacht die Predigt, gab uns aber dann statt des Hellers einen Puff und sagte, es sei nur schwach gepredigt gewesen.

Da trafen wir einmal auf Deutsche. Das Geld war uns gerade wieder ganz ausgegangen. Diese Deutschen verlangten durchaus eine Predigt; waren gar fromme Leut', vom Westfalenland, und hatten lange keinen Gottesdienst mehr gehört. Aber sie verstanden den Franzosen nicht und auch nicht den Bergamasken. Und wurden gar grob in ihrer starken Frömmigkeit und schrien: ›Eine Predigt, oder es geht euch schlecht‹, und drehten ihre Speere um und hoben sie. Da rief ich – auf deutsch: ›Halt! Haut uns nicht, ihr Gotteseifrigen aus Münsterland! Ich werd euch was predigen, zum Beispiel vom heiligen Sebastian. Wollt ihr von dem was hören?‹ Ich hatte nämlich den Bergamasken schon siebzehnmal von diesem armen Jüngling predigen hören; ich glaube, recht viel anderes wußte er selbst nicht. Zum größten Glück sagten sie ja, auf diesen hielten sie ein gut Stück; und ich predigte ihnen vom heiligen Sebastian. Ich muß wohl sehr schön gepredigt haben, denn sie gaben mir jeder einen Hälbling; waren aber ihrer gegen dreißig.«

Achtes Kapitel

»Jedoch am Tage darauf legte sich der Franzose, der Franziskaner, nein, das war ja der Zisterzienser! Sie kommen mir immer durcheinander, weil ich später beider . . . – nun, ihr werdet's schon noch hören. Also der legte sich auf die heiße, staubweiße, welsche Heerstraße nieder und sagte, er könne nicht mehr weiter, denn er müsse jetzt sterben. Und richtig, er hielt sein Wort: Gleich darauf war er tot. Wir beide konnten ihn – mit den bloßen Händen – nicht begraben. So bestreuten wir ihn mit Staub, Sand und Erde, beteten ein Vaterunser neben ihm, und da mein Gewand ganz zerschlissen, nahm ich des Toten grauen Kappenmantel. Der war mir aber viel zu kurz, denn der Picarde war gar zierlich klein gewesen. Und zwei Tage darauf – wir stiegen eben im wüsten Gebirg –, da fiel der Zisterzienser, nein, der Franziskaner, um und rührte sich nicht mehr. Ich blieb lange bei ihm und rieb ihm die Hände, aber er lag steif und unbeweglich. Da zog ich ihm das braune Untergewand ab – ich brauchte es dringend, des Anstands wegen, wann ich durch Dörfer kam, um der Weiber willen, und er, er brauchte es ja nicht mehr. Auch noch seinen Pilgerstab nahm ich, den der Bischof von Mailand selbst geweiht hatte, sein Skapulier und seinen Dachsfellranzen. Und griff hinein und fand ein paar Briefe, die den Bruder Sebastian aus Bergamo an ein paar andere Franziskanerklöster in Welschland empfahlen. Und wie ich nun so einsam weiterzog, fiel mir ein, daß alle Leute, die wir getroffen, Eingeborne und Pilger und Reisende, die beiden Mönche viel ehrerbietiger angesehen und besser behandelt hatten als mich, den Laien. Und da sagte ich zu dem Böppele, ich könnte recht wohl auch ein Mönch sein! Gepredigt hatte ich ja schon! Die drei Gelübde, Armut, Keuschheit und Gehorsam, hatt ich alle dieser Tage zu erfüllen nur allzuviel Gelegenheit gehabt. Also! Warum soll der Böppele nicht ein Mönch sein? In dem Ranzen stak auch eine Haarschere, mit der der arme Sebastian seine Tonsur instand zu halten gepflegt hatte. An einem klaren Bache, der mir als Spiegel diente, schnitt ich mir eine recht zierliche Tonsur und wirklich, viel leichter als bisher, zumal mit besserer Verköstigung durch die Weiblein, fuhr ich nun durch den Rest von Welschland und kam glücklich nach Brindisium. Von dort aus, meinte ich, sei nun alles gewonnen.

Denn nicht nur die Kreuzpfaffen, die ungestüm tobenden Bettelmönche, die zu der heiligen Reise im Namen des Heiligen Vaters treiben – sie selber aber bleiben klüglich im Abendlande, diese Elenden, und fressen des Bauers Käse, ›Käseritter‹ nennt man sie deshalb oder ›Käsefahrer‹ –, auch der Kardinal Konrad, von den Uracher Grafen entstammt, ja, ich meine alleweil in des Kaisers Namen, auch der Herr Hochmeister Hermann, kurz, die alle hatten uns frommen Wallern kaiserliche Überfahrt und kaiserliche Verpflegung von Brindisium aus verheißen. O du blutiger

Sebastian! Die Überfahrt war freilich ›kaiserlich‹. ›Abundantia‹, zu deutsch Überfluß, hieß das schwere, mächtige Meerschiff. Aber nur der Name daran war ›abundant‹; freilich reiner Überfluß, denn die Leibeszehrung war gar nicht ›kaiserlich‹. Möchte dem schönen, hohen Herrn Kaiser – ich lasse mich totschlagen für ihn, wenn's gerade ganz notwendig so sein muß! –, möcht ihm nicht wünschen, daß er nur einen halben Tag so ›kaiserlich‹ leben müßte wie wir Befreier Christi viele Wochen lang. Wir, die der Herr Kaiser selbst zu seiner Tafel geladen. Die Welschen – Savoyarden waren es, arge Hungerleider – zehrten den ganzen Tag von zwei steinhart getrockneten Fischlein und einer fingernageldicken Rinde Ziegenkäse – und meinten, das müsse für einen ›Suabo‹ auch reichen, diese Toren! Wir waren zusammengepfercht auf dieser ›Usseria‹, so heißt eine solche Arche Noah, wohl fünfhundert Stück, lauter künftige Heilige, so eng wie die Räucherfische im Fäßlein von Buchhorn am Bodensee. Und Getränk! Die Deutschen und die Engelländer wurden so durstig, daß meine Frommheit darunter litt. Denn wenn sie mitten im Psallieren – es ward recht viel psallieret auf der ›Usseria‹ – fluchend oder betend sagten: ›Jetzt gäb ich alle meine Reisepfennige um einen Trunk schlechtesten Weins‹, dann mußte ich immer zwischen dem Singen und Beten durch rechnen, wie viele Krüge ›schlechtesten Weins‹ in meinem Vorderkeller zu Boblingen lagen, in dem schimmligen Faß vorn links, und wieviel mir das hier auf Deck eintragen würde.

Endlich fand auch diese fromme Kasteiung ihren Schluß. Wir landeten bei Akkon und zogen in das Lager des Kaisers vor Joppe. Da hätten mir nun aber die Mönchsgewande bald – zum erstenmal! – geschadet. Wie ich an die Vorstadt des Lagers komme, wo die Handwerker und Händler in Buden und Baracken lagerten und ihre Wagen zusammengeschoben hatten, und an die Wachen der äußersten Contubernien – es waren des Kaisers Sarazenen, aber auch Deutsche darunter –, schreit sofort einer: ›Was? Ein Mönch? Ein Pfaff? Verprügelt ihn!‹ Und wie geschrien, so getan. Ich hatte ein paar Püffe und Hiebe, ehe ich nur fragen konnte: warum? ›Warum?‹ fragte ich nun aber doch, nachträglich. ›Wie? Du fragst noch?‹ hieß es da. ›Bist nicht ein Mönch? Trägst gewiß auch des Papstes Bannfluch gegen unsern Herrn in dem Ranzen und willst in seinem eigenen Lager gegen den Herrn Kaiser predigen?‹ Über das Predigen konnte ich sie nun beruhigen. Und da ich ihnen sagte, daß der Kaiser gebannt sei, das sei mir sowohl unbekannt als gleichgültig, und den Heiligen Vater möge meinetwegen der üble Höllenwirt holen, und mein Herr Kaiser kenne mich und ich meinen lieben Herrn Kaiser, und da ich schrie: ›Heilo unserm verfluchten Kaiser!‹, da wurden sie gar freundlich. Die Deutschen gaben mir gleich was zu trinken. Und später auch zu essen und drängten sich, mir zu beichten, einer nach dem andern. Was ich da alles für Geschichten zu hören bekam, das ist gar nicht zu glauben! Damals hab ich von Sünden und Lastern erfahren, von denen man im Reich und sogar im Welschland nichts weiß. Ich war aber nicht hartherzig, denn wie heißt es in den Sprüchen Salomonis? ›Du sollst leben und leben lassen!‹« – »Den Text hab ich aber nie in der Kirche gehört«, sprach das Trinelein ernsthaft. »Nicht? Nun dann heißt es daselbst: Allzu scharf macht schartig. Auch nicht? Nun, dann ist es auch gleich. Kurz, ich absolvierte sie alle miteinander.« – »Ihr seid ja aber gar nicht zum Priester geweiht gewesen!« wandte der Bauer ein. »Ei, ich hatte aber die beiden geweihten Priester beerbt. Und mit ihren Röcken auch wohl ihre Weihe übernommen. Und die Deutschen führten mich vor den Kaiser in dessen großen runden Pavillon, von weitem kannte ich es, an dem Adler, der vorn auf die Zelthaube gemalt war, und sagten, es sei doch recht gut, wieder einmal einen Priester im Lager zu haben – denn meine Amtsbrüder, die echten Pfaffen, hatten alle die Zelte verlassen, seit der Bann des Papstes ruchbar geworden –, der da vor der Schlacht predigen, die Toten bestatten und auch Trauungen schließen könne. Denn gar viele Weiber waren im frommen Heer, die manchmal plötzlich darauf bestanden, daß einer sie heirate. Der Herr Kaiser nun – Frau Sonne segne sein schönes Haupt! –, der lachte ein wenig, da er mich sah, drohte mit dem Finger und sprach: ›Ei, ei, Böppele‹ – denkt euch, meinen Namen hatte er behalten seit Genua, wo er einmal bei mir, mit mir, in einer Kapelle zusammentraf –, ›bist du geistlich worden?‹ – ›Sehet selbst‹, gab ich unverzagt zur Antwort, ›und saget, ob das nicht eine Tonsur ist, weiser Herr Kaiser‹, und wies ihm mein Haupt. ›Nun‹, fuhr er fort, ›von dem besten Jahrgang Geistlicher bist du wohl nicht . . . aber . . .‹ – ›Aber‹, fiel ich ein, ›wann der Teufel hungert, frißt er Sandflöh', und ein gebannter Kaiser muß seine Lagerpfaffen nehmen, wie er sie findet.‹ Da lachte der liebe Herr und sprach: ›Der Heilige Vater muß auch das verantworten. Mir aber macht es Scherz. Geh hin und weide deine Lämmer.‹ – ›Jawohl, Lämmer! Sind rechte Böcke‹, erwiderte ich, ›Eure frommen Streiter. Die geistliche Zucht meiner Vorgänger hat ihnen nicht viel gefrommt. Ist eine rechte Heidenwirtschaft in Eurem Heer!‹ und hüpfte rasch zur Zelttür hinaus.«

Neuntes Kapitel

»Und einige Zeit lang ging alles sehr glatt und lieblich.

Ich absolvierte, begrub, traute, daß es nur so eine Lust war. Auch schickte mich der Kaiser manchmal als Boten aus, zu Herrn Friedmuth auch! Und eine gar vielschöne Frau hätt ich geistlich beraten sollen. Aber zuweilen lachte die mich aus, und meist schüttelte sie das herrliche Haupt und hieß mich schweigen und gehen. Und ich meinte es doch wirklich so gut mit ihr! Aber das war die schwerste Arbeit. Lieber eine Herde Heuschrecken über die Finstermünz treiben, als einer so edlen, so reinen und dabei so schönen Frau Seelsorger sein. Nun so weit, so gut. Aber eines Tages«, er räusperte sich, schenkte sich den Holzbecher voll und fuhr fort, »eines Tages mußte ich wieder predigen. Zufällig war der Gegenstand der heilige Sebastian. Nicht lachen! Er reichte aus! Er hielt vor! Denn die Krieger und Pilger im Lager wechselten gar oft, und mehr als einmal alle paar Wochen hatte keiner das Bedürfnis, mich predigen zu hören. Manche haben freilich dieselbe Predigt zweimal gehört. Aber das waren sie meist schon von ihren Pfarrern im Abendlande gewöhnt. Und ich machte es doch immer wieder ein wenig anders, erfand ein paar neue Wundertaten des Heiligen, wär mir selbst sonst zu öd geworden!

Denn freilich«, schmunzelte er, wohlgefällig seinen rundlichen Bauch streichend, »ein Geistlicher muß gar viele Eigenschaften haben, deren ihr Laien nicht benötigt seid. Zumal mir so argem, verwildertem Volk, wie meine Gemeinde war – Männlein und Weiblein. Nämlich, es sind nicht gerade immer die Frömmsten, die das rote Kreuz tragen! Der liebe Herrgott läßt sein Grab zum Teil von rechtem Gesindel erobern! Und sie wollten mir nicht immer glauben, was ich ihnen aus der Bibel an Sprüchen anführte. Sie schüttelten mißtrauisch die Köpfe – oft gerade bei den kräftigsten Sprüchen! –, und die Unverschämtesten, das heißt, die, welche ein wenig lesen konnten, verlangten ein paarmal, ich solle ihnen diese Worte geschrieben weisen. Glücklicherweise war in dem ganzen gebannten Lager keine Bibel aufzutreiben.

Da war einer, ein dicker Bayer aus der Holledau – die aus der Landschaft sind sogar den andern Bayern zu grob! –, ein guter Kerl, der hatte sich aber so oft betrunken und raufte dann so wild und stach mit einem spitzen Messer um sich, daß ich ihm die Absolution nur erteilte gegen das Versprechen, zu keinem Zechgelag im Lager mehr zu gehn! Tags darauf war wieder einmal eine Hochzeit in den Zelten, das heißt, eine üppige und dabei zornmütige Provenzalin aus Grasse verlangte von einem ihrer vielen Freunde – er war aus dem Lande der Gascognen –, daß er sie ganz geschwind heirate, sonst, drohte sie, werde sie dem Lagervogt alles sagen, was sie von ihm wisse. Das muß nun wohl allerlei Unliebes gewesen sein. Denn der Gascogne – es hatte ihm früher mit dem Ehesegen gar nicht geeilt! – trieb mich nun mit fliegender Geißel zur Trauung.«

»Aber Ihr waret ja doch gar kein Priester?« fragte Katharina ganz entsetzt. »Richtig, mein Kind! Das hat sein weiser Vater schon vor dir ausgefunden! Aber für die Art Menschen und für die Art Ehe, die sie vorhatten – dauerte selten länger als fünf Monate –, war ich immer noch gut genug. Übrigens, hätte ich es so recht heiß gewollt, ich wäre längst geweiht. Kaum war ich ein paar Tage im Lager, und kaum hatte man gesehen, daß der

Kaiser mich gar oft um sich hatte als geistlichen Rat oder auch . . .« – »Als lustigen Rat, ob auch ohne Schellengugel«, meinte Hezilo. »Oder auch, wann er mit seinen vertrauten Räten tafelte oder zur Jagd ritt, als ein Tempelritter mir ein Goldstück schenkte – ich bettelte aber gar nicht! – und meinte, ich sei wohl nur sehr unvollkommen geweiht? Er aber wolle mir ein ›Dimissoriale‹ erwirken, wonach man, unerachtet alle kanonischen Erfordernisse fehlen, geweiht werden mag. Die Päpste haben den Tempelrittern, ihren tugendsamen Lieblingen, auch dies Vorrecht geschenkt. Er verlange von mir dafür nur, ich solle horchen, was der Kaiser und Herr Hermann von Salza reden, und ihm das berichten. Ich ließ ihn stehen und blieb Laie und redlich – wenigstens ziemlich! Und gegen meinen freundlichen Herrn Kaiser ganz redlich. Also blieb ich so eine Art Wildpfaff oder Winkelmönch und traute den Gascogner Pierre und die hitzige Provenzalin Flammelette. Ein mächtiges Schmausen und Trinken folgte. Denn der Gascogner hatte immer bares Geld, nur wollten es vorsichtige Handelsleute nicht gern nehmen. Und siehe da, mein Holledauer ist mitten darunter. ›Hab ich dir's nicht verboten?‹ schrie ich ihn geistlich an. ›Aber eine Hochzeit!‹ sagte der ganz unverzagt. ›Ich ahme nur das Beispiel unseres Herrn nach; das habt Ihr uns oft genug vorgehalten. Der Herr war auch auf einer Hochzeit, also darf ich es auch.‹

›Ja, ja‹, schrien alle durcheinander. ›Recht hat der Bayer. Schäm dich, Pfaff, du bist geschlagen und mußt schweigen.‹ Das durfte nun aber nicht sein! Ein Pfaff, der schweigt auf eines Laien Einwand, das wäre ein sehr unwahrscheinlicher Pfaff. Es galt mein Ansehen, ja vielleicht noch mehr! Nun? Was hättet ihr da getan oder gesagt? Ihr schweigt? Nichts hättet ihr getan und gesagt! Denn es wäre euch dort und damals, in der Angst, noch weniger was eingefallen als hier und jetzt, in aller Ruhe, bei meinem Wein. Zumal, wenn euch die glückliche Braut vor Übermut und Spott ihren zerfetzten Gürtel in das Gesicht geworfen hätte. Ich aber steckte den Gürtel ein, denn es waren bunte Steine daran. Natürlich waren sie falsch, denn der Bräutigam hatte ihr das Geschmeide geschenkt. Aber ich wußte das ja noch nicht! Ich erhob warnend meinen Zeigefinger und laut rufend meine Hirtenstimme und sprach: ›Haltet das – Schweigen! Wenn ihr den Herrn nachahmen wollt, in Gottes Namen! Werdet's nicht lang aushalten! Aber dann fangt mit seinen schweren Tugenden an und nicht mit seinen leichten. Erst laßt euch einmal kreuzigen und dann geht auf Hochzeiten.‹

Diese Gegenwart des Geistes erschreckte sie alle merklich. Sie schwiegen, und ich hatte das Ansehen der Kirche und geistlicher Überlegenheit gar gewaltig aufgerichtet. Sie hatten von da ab eine Meinung von mir gewonnen, die ich selber kaum teilte.

Aber leider sollte es mit meinem geistlichen Amt nicht mehr lange währen. Leider, sag ich! Denn ich wurde dabei selber ein besserer Kerl. Man kann nicht alle Tage andere zur Tugend mahnen und selbst alle Schelmenstreiche treiben. Das heißt: andere können's vielleicht. Aber der Böppele kann es nicht; und so war, in Vermahnung der andern, ich selbst auf dem Wege, ganz brav und ernst zu werden. Jedoch der heilige Sebastian hat es nicht weiter gedeihen lassen: vielleicht aus Eifersucht auf meine beginnende Heiligkeit.«

Zehntes Kapitel

»Nämlich eines Morgens war wieder ein ganzer Schwarm von Kriegern und anderen Pilgern ausgeschifft worden in Joppe; und nachdem sie sich von der Seefahrt erholt, verlangten sie eine Predigt. Waren viele Deutsche darunter. Da mußte eben der Böppele wieder dran! Und zwischen der Stadt und dem Lager stand ein Palmbaum, unter den hatten sie mir ein hoch Faß Wein geschoben – leider war es so leer und dürr und durstig wie die Wüste! – und ein altes Steuerruder quer drübergelegt. Und war das schon oft meine Kanzel gewesen. Diesmal hatte ich eine besonders fromme Hörerschaft: denn Würzburger waren's und Rothenburger von der Tauber. Und auch viele Weiber waren darunter, aber meistens recht reife. Denn die jungen sind minder fromm: an Main und Tauber wie anderwärts. Und sehr bald nachdem ich angefangen, zu lehren und zu mahnen und nur ein weniges über die Schlechtigkeit der Welt gescholten hatte – gar nicht arg: nur wie's sich halt gut macht, von der Kanzel her –, da fing ein altes Weiblein aus dem Dorfe Hedingsfeld bei Würzburg, das dicht vor mir saß, zu weinen an. Das hatte ich bisher nie erzielt! Gar nie noch! Es gefiel mir. Nein: Es rührte mich selber. Und nun fing ich an, die Farben greller zu mischen und dicker aufzutragen als sonst – so wie etwa auf den Kreuzwegen an den Bildstöcken die Höllenflammen aufgemalt sind: bald weinte die zweite, dritte! Es freute mich, es machte mich stolz! Ich ward immer eifriger. Da sah ich auch einen alten Mann, einen Pilger, mit weißen Haaren, der sich die Augen wischte. Und scharf schaute ich nun dessen Nachbar an. Das war ein junger Bursch, ein Pfeilschütz', mit langem Bogen und Köcher; der wollte noch durchaus nicht weinen, sah vielmehr ganz munter drein. Da ärgerte ich mich. Und nun schilderte ich das unschuldige Leiden und Sterben des edlen Jünglings Sebastianus so ergreifend – und wie er auch so schlank und soviel schön gewesen: da weinten auch die jüngeren Frauen! – und wie ihn die grausamen Heiden mit ihren Pfeilen langsam zu Tode schossen, bald auf die Schulter, bald auf die Rippen, bald auf die Beine zielend – noch nie hatt ich's so arg schön gemacht! Da auf einmal weinte und schluchzte und heulte die ganze Versammlung. Auch der hartnäckige Pfeilschütz', auf den ich es besonders abgesehen, wischte sich die Augen und faßte seinen Bogen fester, und eine Frau warf sich an der andern Brust, und den Männern liefen die Zähren langsam, langsam über die bärtigen Wangen. So was hatte ich nie, nie erlebt!

Nun bin ich aber eine gute Seele und kann die Menschen nicht weinen sehen noch hören, absonderlich nicht die Weiber. Und sie jammerten mich, die weichen Herzen, die wackern Kerle und braven Frauen, und ich erschrak über all den Erfolg, den ich da angerichtet. Und heiß fiel mir ein, daß ich, da ich doch nicht geweiht war, gar nicht das Recht hatte, sie überhaupt weinen zu machen! Und endlich, ich wußte ja die ganze Geschichte nur vom

Hörensagen! Der Bergamaske hatte mir das halt so erzählt! Und wie's der alten würdigen Frau vor mir fast das Herz abstoßen will vor Schluchzen, da halt ich's nicht mehr aus und rufe laut: ›Amen! Aber weint doch nicht so, Leuteln. Wer weiß, ob's wahr ist.‹

Da entstand zunächst ein großes Schweigen!

Das Weinen hörte auf, wie mit einem Schlage. Die Leute dachten offenbar über diese Warnung nach. Aber nicht lang! Denn auf einmal ging es durch die Reihen wie ein brausendes Gemurre. Und die Alte aus Hedingsfeld, die am wüstesten geweint hatte, sprang auf, ballte eine Hand voll Sand, schrie: ›Was? Du willst uns hier weinen machen und ist vielleicht gar nicht wahr?‹ Und warf den Sand wider meinen Mund. Und viele lärmten wider mich. Aber doch hätte ich's wohl noch wieder gewendet, denn des Kaisers Sarazenen, die kein Wort Deutsch verstanden, aber aus Faulheit dalagen und sich sonnten und wußten, daß hier mich der Kaiser gern leiden mochte, die hätten mich geschützt. Aber, aber! Da trat aus der schreienden Menge einer vor – ich hatte ihn früher nicht bemerkt –, und wie ich den sah, da erbleichte ich.

Denn es war der Bergamaske, der Sebastian.

Aber nicht tot, sondern ganz lebendig war er, und der schwang sich neben mich auf das breite Ruderbrett und sprach zuerst zu mir: ›Daß du mich für tot verlassen – ich bin aber gar nicht gestorben –, verzeihe ich dir. Daß du dich für einen Priester des Herrn ausgibst, das geht den Herrn an – nicht mich. Daß du meine Predigt hältst, meine beste, fast meine einzige, verzieh ich dir auch, denn der Mensch ist schwach. Daß du aber von meiner Predigt sagst, sie sei vielleicht nicht wahr, siehst du, Schwab, das verzeih ich dir nicht! Denn das ist zu stark! Leute‹, schrie er nun, ›der ist gar kein Pfaff. Alle, die er begraben, getraut und absolviert, sind nicht begraben und nicht absolviert und nicht getraut!‹ Arg ertobten da viele Weiber. ›Denn er ist gar kein Mönch und kein Priester: Er ist ja der Weinschenk von Boblingen!‹

Da war es aus! Ganz aus! Ich hüpfte über einiges hinüber, was mir nun widerfuhr.

Ich schrieb noch ein paar Briefe – einen ließ ich durch einen Sarazenen des Kaisers bestellen, den meine Beredsamkeit dem

Heidentum entrissen und dem rechten Glauben zugeführt hatte – und schied rasch, recht rasch!«

»Aber wo wolltet Ihr Euch hinwenden?« forschte der Bauer. »Nun«, fuhr der Schwabe nach einigem Zögern fort, »bei den Christen war meines Bleibens nicht mehr! Ich wollt es nun einmal mit den Heiden versuchen.« – »Aber Böppele!« rief Katharina und rückte weiter von ihm ab. »Versteht mich recht! Nachdem ich einen bekehrt, konnt ich ja vielleicht noch mehr Heiden bekehren.

Und dann hatte ich erfahren, daß es bei den Heiden allerlei gute, gemächliche Posten gebe, die ihren Mann nähren, ohne ihn allzu vielen Gefahren auszusetzen. So ritt ich auf meinem Boteneselein – es gehörte freilich dem Kaiser, aber der hatte mehr als das eine! – in die Wüste, den Heiden entgegen, gar nicht böse, falls sie mich griffen. Und sehr bald griffen sie mich! Wohl trug ich weltliche Kleider – der gute Bayer aus der Holledau hatte mir sein altes Wams geschenkt für die letzte Absolution. Er hatte, übrigens aus reinem Versehen, in ganz kleinem Geräufe, einen Tuchhändler aus Arras erschlagen und nachdem der Arme doch einmal tot war, dessen fein brabantisch Wams aus- und sich angezogen, bevor der unnütz damit begraben würde.

Im Rucksack hatte ich freilich – für alle Fälle, wenn ich nämlich wieder zu den Christen umkehren müßte – des Franziskaners und des Zisterziensers Gewand. Aber die hätten mich nicht verraten: Ich schwor bei Mohammed und bei Christus, daß beide mir gar nicht gehörten, die reine Wahrheit, ich sie nur einmal auf der Straße aufgelesen hätte! Aber die Tonsur! Die verfluchte heilige Scherung – die gab Zeugnis gegen mich ab, falsches Zeugnis obendrein! O wie verfluchte ich des Bergamasken Schere und jenen Spiegelbach!

Denn eilfertig rissen sie mir, sobald sie mich gefaßt hatten, den Pilgerhut vom Kopf, sahen die Tonsur, schlugen mich derb darauf, erklärten, ich sei ein Priester, und schleppten mich in die Felsenburg, wo mir aber der heilige Sebastian diesen tugendsamen Jüngling zum Retter vorbestimmt hatte.

Als ich nun – nach recht mühsam verborgener Angst! – auf seine Fürbitte des Lebens gesichert war, sagte ich dem dicken

Wälschen Constantino, ich sei ganz gern bereit zu bleiben. Denn abgesehen von dem Pfählen und dem Lebendig-den-Geiern-Geben, von dem sie immer zu mir gesprochen, hatte mir, nachdem ich begnadigt war, alles – zumal auch die Verköstigung – sehr wohl gefallen. Ich sagte ihm also, ich sei eigentlich mit Vorbedacht unter die Heiden gefallen, indem daß ich Aufseher und Wächter des Frauengemachs der Burg werden wolle. Denn dies war mir stets als ein nahrhafter und wenig kämpfereicher Posten geschildert worden. Auch waren zwei Haremswächter, die ich gesehen bei Gesandtschaften, ganz auffallend feist gewesen.

Aber da erfuhr ich, daß der Eintritt in dies Vertrauensamt gar nicht ohne weiteres jedermann freistehe, sondern . . . Kurz, sofort brach ich die Verhandlung ab und ritt sehr rasch aus der Burg. Denn der Renegat meinte lachend, am Ende könnten mich die Heiden beim Wort nehmen und mich zum Wächter machen, ohne mich viel zu fragen, ob mir die Zeremonien dabei gefielen oder nicht. Ich eilte.

Sie führten mich, auf der Herrin Befehl, zu der Vorhut der Christen. Es waren Ritter vom deutschen Hause; und bei ihnen traf ich auch den milden, sangesfrohen Mann: Herrn Walther von der Vogelweide.«

»Den segne Gott, wie ihn die Vöglein segnen«, rief das Trinelein.

Elftes Kapitel

»Und mußte ihm all' meine Abenteuer erzählen. Und lachte der so hell . . .« – »Ja, es ist eine Freude, den lieben Herrn lachen zu hören: Das Herz im Leibe muß einem dabei hüpfen«, bekräftigte der Bauer. »Manche Jagd hab ich mit dem Vogt und ihm begangen.« – »Und schenkte mir vor lauter Lust an meinen Geschichten, zwar unter scharfer Anspornung zur Besserung des Wandels, Fahrtgeld und Zehrgeld bis nach Schwabenland. Aber ich kehrte nicht heim, ohne eine Waffentat wider die Heiden mitgestritten zu haben.« – »Hoho! Davon erzähle!« mahnte Hezilo. »Als Helden möcht ich den Böppele sehen.« – »Vielleicht nachher. Nun höret erst das andere! Zu Sestris bei Genua – ich wollte doch nachsehen! – saß richtig Frau Zahme, meine liebe Frau, und wartete auf mich, die Wirtschaft dort in einer Schenke führend, in der ich mich auch einmal kürzere Zeit zufällig aufgehalten hatte. Ein gemeinschaftlicher Freund von uns, der Herr vom Hohenbühl, hatte ihr mit eigenem Mund – wie er es mir versprochen: fast noch, bevor ich ihn darum gebeten, der treue Mann! – ausgerichtet, dort werde sie mich am sichersten erreichen. Und sie erreichte mich.« – »Nun, Böppele«, forschte Iffo, »ihr seid aber beide nicht in Welschland geblieben? Ihr wirtschaftet schon lange wieder daheim. Und wie hauset ihr denn nun zusammen? Eure Weinknechte, die früher hier Most aufkauften, erzählten ehedem oft, sie sei ein wenig scharf, die Frau Zanke.« Da aber schlug der Schwabe mit der Faust dröhnend auf den Tisch, daß die Becher hüpften, und sprach: »Frau Zanke ist tot und begraben! Und wer meine sanfte Hausehre anders nennt als Frau Zahme, wie sie ahnungsvoll getauft ward, der hat's mit mir zu tun. Denn denkt euch, das ist des heiligen Sebastians Fügung, des Lob ich so häufig gepredigt, keines andern öfter, sie ist wirklich eine gute, gehorsame Frau geworden, weil sie gesehen hat, daß ich wahrhaftig ins Gelobte Land gegangen war. Das hatte sie nämlich eine Zeitlang – mit Unrecht! – bezweifelt. Und Sehnsucht und Angst hatte sie ausgestanden um mich. Und das Gewissen sagte ihr doch, daß ich auch ein wenig deshalb, um leichter mit ihr in Frieden leben zu können, von Boblingen bis Genua und dann bis in die Wüste gewandert sei. Und kurz: Jetzt ist sie sanft und lieblich wie ein Regenwurm. Und auf Mariä Lichtmeß lad ich euch all' zur Taufe. Wir hoffen jetzt auf einen Erben. Herr Walther von der Vogelweide, den ich in Brixen traf, hat schon zugesagt, mir einen Gevatterschilling zu schicken.« – »Herr Walther!« meinte Hezilo. »Wenn der doch herzurufen wäre, zu der neu entbrennenden Fehde. Er und die Vögtin tauschten zwar nie viel Liebe. Aber ich zweifle nicht: Seinem toten Freund zu Ehren würde er die Fragsburg schirmen helfen. Und er ist zwar am beten hinter der Harfe, aber auch hinter dem Schild ein gar tüchtiger Mann.« – »Gewiß«, beteuerte der Schwabe. »Ich hab's gesehn mit Augen. Aber ich meine, er wird schon aufgebrochen sein, nach seiner neuen Heimat.« – »Wie? Verläßt der liebe Herr nun für immer die Vogelweide dort an der Waidbruck?« fragte Katharina. »Jawohl! Er zieht in sein Lehen, das ihm der Kaiser gab. Es ist ihm so recht von Herzen zu gönnen. Denn das kleine Gütlein dort im Tannenwald reichte zwar, die Vögelein zu weiden, aber nicht einen ausgewachsenen Mann. Ihr wißt, es war früher Allod. Doch von den paar Hufen hätte niemand leben könne. So hatten es schon seine Ahnen dem Herrn von Gufidaun aufgelassen gegen eine schmale Jahresrente und es als Precarie zurückempfangen mit der Belastung, sechs Falken jährlich abrichten zu lassen durch einen Falkenier für den Gufidauner.« – »Jawohl, drei Wanderfalken und drei isländische. Ich half manchmal dabei«, bestätigte Hezilo, »seit ich Herrn Friedmuths Falkner geworden.« – »Aber auch die Vögelein im Walde hatte er davon zu ›weiden‹. Das will sagen: Futterplätze im Winter für sie zu bestellen. Auch mußte er einen großen, korbgeflochtenen Käfig stets gefüllt halten mit Galander, Lerche, Blutfink, Distelfink, Hänfling und Zeisig, all das zur Verfügung von des Gufidauners Lehnsherrn, des Bischofs von Brixen. Der verschenkt sie viel an Priester und an Nonnen, die ja nicht freien dürfen, die armen Narren, und dann sich in der Einsamkeit und Ödheit der liebeleeren Zelle gern so ein hüpfend, klingend Leben halten.« – »Und nun hat er gar vom Kaiser ein Reichslehn empfangen?« fragte Hezilo.

»Ja! Und was mich fast am meisten freut an dieser ganzen Aventiure, das ist, daß Herr Walther das Lehen, um das er schon so lange singt, nun endlich verdankt – wem? Seinem Lied? Nein! Seinem Schwert? Auch nicht! Sondern seiner Liebe zu den Vögelein, mit der ihn die Fürsten und die Ritter oft neckten und hänselten, und zumal neidische Sänger! Denn ach! ›Wenig Neidlose gibt es unter diesen!‹ sagte Herr Walther.« – »Freilich! Das sind nur die wenigen, die selber was können: Die haben Neides nicht Ursach'«, meinte Hezilo. »Ich trug Herrn Walther niemals

Neid.« – »Der Kaiser freilich nahm sich immer seiner an«, fuhr der Böppele fort. »Weil er selber die Vöglein liebt«, sprach Hezilo. »Aber die Spötter nannten Herrn Walther wohl das arme Galanderlein, den mauserigen Zeisig, die Moosschnepf von der Waidbrücken oder gar den einsamen Spatz vom Eisack. Nun, Herr Walther blieb ihnen die Widerrede nicht schuldig. Aber leise wurmte es ihn doch. Weil er nämlich das eine an dem Spott leider als wahr verspürte, daß er so arm war wie ein Zaunkönig im Winter. Da ward, bald nachdem ich bei der Vorhut der Christen wieder eingetroffen war, die nun der Freyberger befehligte und wo ich die Ritter vom deutschen Hause und Herrn Walther gefunden, der Kaiser bei uns angesagt zu einer großen Jagd.« – »Was für Jagd?« fragte Hezilo. »Falkenjagd! Denn der gewaltige Herr liebt das edle Federspiel und versteht es viel besser als sein eigener Großfalkenier. Und hat ein Buch darüber geschrieben, aus dem graubärtige Jäger lernen. Am Eingang der Wüste, hart unter dem heidnischen Felsennest ›Jung-Areymeh‹, wie's die Franken nannten, weil's einem alten, vielgehaßten Areymeh ähnlich sah, liegt ein mooriger See, der zahllos Sumpfvögel birgt, auch Purpurreiher. Und es war abermals Waffenstillstand geschlossen. Und die Fürsten tauschten wieder fürstliche Geschenke. Der Herr Kaiser sandte dem Emir von Damaskus Rosse, gegossenes Erzgerät und Kleiderstoffe aus Lüttich, Friesland und der Lombardie, ferner Falken seiner eigenen Zucht aus der prachtvollen Vogelweide zu Palermo, aber auch isländische und Sperber aus dem Samland.« – »Von jener Eisinsel weiß ich; aber Samland? Wo liegt das?« forschte Hezilo. »Ja, ich weiß auch nicht recht. Da, ganz weit hinten, gen Mitternacht und gen Aufgang! Im Land der wilden Pruzzen, wo die Welt aufhört, wo das Lebensmeer stockt, das halb Eis, halb Sumpf, halb Wasser sein soll.« – »Im Pruzzenland?« sprach der Bauer, langsam, nachsinnend. »Da sind Heiden. Und Wölfe. Und sonst gar nichts. Als Wind und Sumpf und Schnee. Ein getaufter Häuptling, der von seinem Bischof nach Rom gesendet ward, hat's mir drüben auf der Fragsburg einmal erzählt. Dort ist alles aus.«

»Ja, aber kostbare Falken und Sperber gibt's in jenen ureinsamen Waldsümpfen. Die erhandeln Polaven und Wenden und verkaufen sie an die deutschen Handelsschiffe. Dafür erhielt der Herr Kaiser Spezereien aus India, Räucherwerk aus Arabia, Waffen aus Persia, weiter siebzehn Affen, einen Elefanten – ich sah ihn selbst! Vielleicht war es der deine, Hezilo? Dann hatte ihm deine Pfeife im Magen weniger Harm getan als in den Ohren. Er war ganz frisch, als ob du ihm niemals was vorgeblasen hättest. Nun, der Herr der Burg, ein mächtiger Scheich, hatte den Kaiser mit den ersten fränkischen Fürsten eingeladen, die heidnischen Habichte zu erproben: Die seien viel klüger und schärfer als Kaiser Friedrichs selbsterzogene samländische Sperber. Diese Berühmung konnte unser Herr nicht vertragen – das wußte jeder, der ihn kannte! –, und eifrig sagte er zu. Am Tage vor seinem Eintreffen wandelten wir, Herr Walther und ich, aus unseren Zelten, den Wandervögeln nachzuspüren, ganz fremdartigen, die in dichten Scharen, mannigfaltig gemischt, rasteten, wohl von der Meerfahrt müde, zwischen der Küste und unserm Lager. Das war so geschehen. Er sah mich müßig im Schatten meiner ehemaligen Kanzel liegen, rief mich an und sagte: ›Böppele, geh mit! Du hast auch Freud' an den Vögelein, die des reichen Herrgotts Lieblingstierlein sind. Denen nur hat er verstattet, näher als anderes Getier an seinen Himmelsthron empor zu schweben.‹ Sein Wohlgefallen fürs Leben hab ich einmal dadurch, glaub ich, gewonnen, daß ich ihm erzählte, wie ich, solang ich in Welschland bei Genua weilte, den verfluchten Vogelstellern überall die armen gefangenen Vögelein – die Meisen, Drosseln, Grasmücken und die Rotkehlchen, diese hält Herr Walther wert vor allen! – aus Schling' und Netz nahm zu vielen Hunderten und fliegen ließ in Freiheit und Fröhlichkeit. Denn wenn man die Welschen loben mag in vielen Stücken: Das schreit zum Himmel gegen sie, daß sie die lieben Singvögel, wann sie hungrig über die hohen Jöcher geflogen sind und nun, wandermüde, niederfallen in das reiche Land, zu vielen Tausenden und Zehntausenden jährlich fangen und nicht pflegen – sondern fressen, obwohl sie nur ein Schluck und ein Druck im Munde sind. Wir essen doch nur die größeren, aber die! Nicht Zaunkönig noch Goldhähnchen verschonen sie.

Mich wundert lang, daß sie nicht auch die Bienen braten! Nie hab ich Herrn Walther so wild gesehen als wie, da wir von dieser bestialitas redeten.« – »Was heißt das?« fragte Katharina. »Nun, ist schwer verdeutschen: etwa Viechheit. Also, er will mir wohl, der frohe Herr, und so sagte er zu mir: ›Geh mit, Böppele, trag mir Bogen und Köcher und erzähle mir von deinen Schwänken.‹ Denn er hört sie gern; und weil er eben ein Mann ist, dem auch allerlei einfällt, frägt er nicht alle sieben Worte lang, ob es auch alles wahr ist oder so in der Schrift steht? Wir gingen also selbander, gegen die große Sammelherberge der Wandervögel zu. Auf einmal hören wir einen Geier kreischen, hoch über uns – sind gar große häßliche Tiere, dort zu Lande, mit nacktem Hals. Wir schauen auf und sehen, wie der sausend einem mittelgroßen Vogel nachjagt, der freilich blitzschnell flüchtet, aber doch nicht entkommen kann. »Eine Taube ist's!« rief Herr Walther. »Wart, ich helf dir, Ruckurulein!« Riß mir den Bogen aus der Hand und legte den Pfeil auf. Es war die höchste Zeit: Eben hatte der Stößer im Flug die Arme erhascht und wollte mit ihr auf und davon. Da schwirrte die Sehne, und der Geier stürzte. Aber die Beute hatte er nicht losgelassen aus den Fängen. Wir sprangen zu und lösten die blutende Taube aus des Verendenden Gewaffen. ›Ei sieh‹, sprach da Herr Walther, der sie sorgfältig besah, um sie, wo's tunlich war, zu heilen.« – »Und ist doch auch wirklich geheilt worden?« fragte das Trinelein ängstlich. »Sag's ganz geschwind, ehe du weitererzählst.« – »Ja, du gutes Mädele! Dem Täubelein ist's dann noch gar gut ergangen! Der Kaiser hat befohlen, das geheilte in seinen großen Vogelgarten nach Palermo zu senden. Dort soll's das kaiserliche Gnadenbrot essen. Denn das war keine Taube wie andere Tauben sind. Herr Walther rief, wie er sie befreit hatte: ›Schau, die Arme trug, unter dem Flügel festgebunden, einen ganz klein zusammengefalteten Pergamentstreifen! Sieh, er ist beschrieben.‹ – ›Jaja‹, sagte ich, ›die Heiden pflegen solcher Taubenpost. Was wohl darauf geschrieben steht? Ist wohl Arabisch?‹ Aber Herr Walther fuhr zusammen und erbleichte: ›Lateinisch ist's! Und höllischer Verrat! O heilige Jungfrau! Unser Herr! Rasch zurück ins Lager!‹ Er eilte, ich folgte. Er verdeutschte mir: ›Der Kaiserlöwe geht richtig in die Falle. Ich sende sein Haupt, sowie der Vertraute das bedungene Gold bringt, nach Jung-Areymeh.‹ Herr Walther sprengte dem Kaiser entgegen und gab ihm das Blatt. Der verfärbte sich, nicht aus Furcht, aus Schmerz: ›So verderben mir diese Pfaffen sogar die Heiden‹, rief er, kehrte spornstreichs um in sein Lager und ließ – mit sicherem, wahrhaft löwenhaftem Griff – sofort verhaften Herrn Josselin Bras de Fer Roland de la Rolande. Das war nämlich der Vertreter der Templerherren bei unserem Heer. Sein Zelt durchsuchte man und fand Briefe, freilich in Geheimschrift. Aber der Kaiser selbst und Herr Hermann von Salza fanden den Schlüssel zu den Zeichen. Und da ergab sich dann: Der Patriarch Gerold von Jerusalem, der Erzbischof von Cäsarea, ferner die beiden Stellvertreter, die der Heilige Vater an des abgesetzten Kaisers Statt zu Anführern der syrischen und der kyprischen Ritter ernannt hatte, Herr Richard Filangieri und Herr Otto von Montbeillard, vor allem aber die Templer, hatten den Burgherrn von Areymeh gewonnen, den großen Ketzer und Gebannten. Das heißt, den gerechten Richter, der die Frevel der über alle Christengedanken hinaus verwilderten Herren vom Tempel aufdeckte und bestrafte, in seine Burg zu locken und dort zu ermorden. Wir zogen nun mit starker Heeresmacht vor Areymeh. Die Krieger, denen der Kaiser selbst in zornigen Worten den Mordplan verkündet hatte, stürmten wie die Wütigen. Das Nest ward erstiegen, der Kaiser war der erste auf dem Wall. Zwei Wurflanzen zugleich flogen ihm entgegen. Die eine schlug er selbst zur Seite, die andere fing, just vor seinem Antlitz, mit treuem Schild Herr Julius von Freyberg, der ihm auf dem Fuß gefolgt war. Unser Herr war sehr wild, zumal deshalb, weil er immer die Treue der Heiden der Tücke der Christen entgegenzuhalten liebte. ›Und jetzt‹, so schalt er, ›könnte einem die Wahl wehe tun zwischen Heiden, Pfaffen und Templern.‹ Herr Hermann von Salza war der dritte, Herr Walther der vierte auf der Mauer. Ich kam etwas später.« Hezilo lachte. »Da ist gar nichts zu lachen. Denn damals geschah es«, fuhr der Schwabe fort, etwas langsamer, »daß auch ich meinen Heiden fing. Noch dazu einen Mohren . . .« – »Wo hast du ihn?«

fragte Hezilo ungläubig. »Zeig ihn her!« – »Ich wollte ihn Frau Zahme mitbringen, der ich ein Andenken an das gelobte Land versprochen hatte. Aber er starb mir leider, bevor er ganz bis nach Boblingen kam.« – »Wo? Wie starb er?« forschte der Zweifelmütige. »Wie weit brachtest du ihn denn mit dir?«

»Nun, nicht recht weit. Die Wahrheit ist: Er hatte meine Hände so fest gepackt, daß ich ihn nicht gleich binden konnte. Auch kam er mir – durch Hinterlist! – zuvor. Denn als ich eben auf den Mauerkranz gelange – ich sag euch, auf so einer Sturmleiter ist's ein unbehaglicheres Steigen als im Brachmond in den Schwarzkirschen! –, springt auf einmal hinter einer Turmecke etwas Schwarzes hervor und packt mich: so bestimmt und so ganz ohne Bedenken, als ob es all' diese Jahre nur auf den Boppo von Boblingen gewartet hätte! Ich leugne nicht: Ich erschrak anfangs, denn das Aufspringende war ganz schwarz im Gesicht und fletschte die weißesten Zähne, die ich je gesehen, als ob es mich anbeißen wollte. Wir rangen nun und fielen beide und, Brust an Brust, ich meistens oder doch recht oft oben, rollten wir auf der breiten Mauerzinne hin und her; das sah ein Ritter aus Frankenland, ›der rasche Roßbach‹ hieß er im Lager, und der erstach mir, zuspringend, mit dem Speere leider meinen Mohren, bevor ich ihn hatte so recht eigentlich anbinden können.

Nun: Der Scheich ward gefangen, die Briefe der Anstifter wurden gefunden, und Burg und Scheich und Briefe und der mitgeführte Templer, Herr Roland de la Rolande, gingen in einem Brand in Flammen auf. Der Kaiser aber sprach vor versammelten Fürsten und Rittern: ›Herrn Walther dank ich's Leben! Er hat, milden Sinnes, ein Täublein retten wollen und hat seinen Kaiser gerettet. Niemand spotte mehr des Vogelfreundes! Es ist ein Lehen frei geworden, wie gewöhnlich durch Felonie: Der Felon ist, wie gewöhnlich, ein Pfaff: der Abt des Schottenklosters zu Würzburg am Main. Er hatte ein Reichslehen im Mittag vor der Stadt. Da wächst gar edler Wein; der Hügel ist sanft geschwungen, einer Harfe gleich. Der soll – ich kenn ihn gut – fortan ›Die Harfe‹ heißen, und Herrn Walthers Harfe soll dort gar lieblich tönen, wann zur Sonnwendzeit der Duft der Rebenblust im schönen Tal von Würzburg wonnig durch die Nachtluft zieht: Die Harfe zu Würzburg, sie sei Herrn Walthers Lehen.‹

Da riefen alle Fürsten und Ritter lauten Beifall. Herr Walther aber neigte sich vor dem Herrn und sang in hellem Ton:

›Ich hab mein Lehn erhalten! All' die Welt!
Ich hab mein Lehen!
Nun brauch ich nicht mehr fürchten den Eisfrost
an den Zehen,
Und nicht um kleine Gabe bei geiz'gen Fürsten flehen.
Der edle König milde, er lieh mir reiche Gabe:
Nun will ich froher singen, als ich je gesungen habe!‹

So ungefähr – auf einen halben Bauernschuh kommt's mir in der Dichtung nicht an! –, nur noch viel schöner war es! Und Herr Walther erzählte dem Kaiser alle meine Leiden, Abenteuer und Gefahren, die ich bestanden, als ich damals sein Lager verlassen, so rasch, daß ich gar nicht mehr hatte Urlaub als Lagerpfaff erbitten können. Und der Kaiser lachte und verzieh mir, was er mir etwa zu verzeihen haben mochte. War nicht viel, ich hatte ihn nicht belogen, nur ihm meinen Kopf gewiesen, und der war wirklich geschoren! Und er schenkte mir so viel Geld, weil ich doch auch dabei gewesen, als wir das Täubele mit dem Briefe fingen und weil ich auf dem Walle den wilden Mohren bezwungen, daß ich im Lager so eine kleine hübsche Weinwirtschaft aufrichten konnte. Und gar viele, die ich früher in der Seelsorge gehabt, wurden jetzt meine besten Kunden, zumal der dicke Bayer aus der Holledau – da ich ihm jetzt das Trinken nicht mehr wehrte – hatte ja kein Recht mehr dazu! –, vielmehr ihm dazu noch weidlich zusprach, liebte er mich weit mehr denn ehedem. Und der Bergamaske hat mir auch vergeben; und der hat mit einem Slawenen (der war sehr dumm!) getraut – nun ratet einmal, wen? – keine andere als die Provencalin. Diese war fröhliche Witwe. Denn den Gascogner hatte der Herr Kaiser inzwischen leider hängen lassen müssen, weil er gar zuviel Geld ausgab, das er sich alles mit unablassendem Fleiße ganz selber und allein gefertigt hatte. So! Nun weiß ich aber wirklich nichts mehr zu erzählen.«

Zwölftes Kapitel

»Ja, von dir und deinen Fahrten! Aber«, forschte der Bauer, »was ist denn nun bei all der Müh' des Kaisers und seines Heeres herausgekommen für die Christenheit? Kam neulich ein Bettelmönch durch den Markt Meran, bettelte und predigte dabei und verfluchte den Kaiser: Denn der habe Freundschaft mit dem Heidensultan geschlossen.« – »Das ist wahr.« – »Er sei sogar – ganz im geheimen – selbst zu dem Abgott Mohammed übergetreten.« – »Das ist gelogen«, riefen Hezilo und Böppele zusammen. »Wenn's im geheimen war, woher weiß es denn der Pfaff?« fragte der Schwabe pfiffig. »Und«, fuhr der Bauer fort, »die Franziskaner haben nicht nur auf den Kanzeln, sie haben auf der Landstraße, in den Herbergen, wo irgend nur ihnen die Gaffer zuhören mochten, den Herrn Kaiser so arg verlästert, als sei er schlimmer als mein böser Fuchshengst. Ich hab es nicht viel geachtet. Aber ist es denn wirklich wahr, daß der Kaiser alles Recht der Christen im Heiligen Lande schimpflich aufgegeben hat?«

»Das ist aber einmal so arg gelogen«, rief Böppele giftig, »daß ich mich schäme, je Pfaffenkleid getragen zu haben.« – »Hat dir nicht viel geschadet noch genützt«, meinte Hezilo. »Vielmehr ist unsere Kreuzfahrt mit Ruhm also zu Ende gegangen. Bald nachdem ich dem Kaiser die Heidenburg hatte stürmen helfen, kam der lang verhandelte Friede mit dem Sultan Kamil von Ägypten zustande. Und dieser Friede ist eine wahre Victoria für die ganze Christenheit! So sagten mir Herr Hermann von Salza und Herr Walther und der Herr von Freyberg. Oder vielmehr: Sie redeten darüber miteinander, während ich ihnen Wein zutrug; denn sie waren oft bei mir zu Gast im Lager. Nie vorher hat eine Kreuzfahrt mit den mächtigen Heeren so viel erreicht wie unser kluger Kaiser durch seines Geistes Kraft allein, denn wir zählten nicht elftausend Helme in allem! Und diese zehntausendachthundert hatten ihm bis auf wenige den Gehorsam versagt, nachdem des Papstes Verbot verkündet war. Eine Zeitlang sah's aus, als verließen ihn alle, außer den Deutschen. Da aber hielt er eines Abends eine lange Zwiesprache mit Herrn Hermann, der ihm einen großen Brief geschrieben hatte. Und am Morgen darauf verkündeten die Lagerherolde, der Herr Kaiser habe, dem Gebot des Heiligen Vaters folgend, den Heerbefehl gehorsam abgegeben, aber nicht an die vom Papst ernannten zwei Stellvertreter, sondern an unsern Herrgott droben im Himmel. Der sei doch noch mehr als der Papst und alle Stellvertreter des Papstes. Und richtig, von da ab erließ er alle Befehle nicht mehr im eigenen Namen, sondern im Namen Gottes und der Christenheit. Und nun gehorchten wieder alle, die Templer scheinbar auch. Der Sultan aber erschrak, als der Kaiser nun gegen ihn aufzubrechen drohte, schloß Frieden und überließ dem Kaiser Jerusalem, Bethlehem, Nazareth, Rama und alles Land zwischen Jerusalem, Sidon, Tyrus und Akkon, das ganze alte Reich Jerusalem, wie es einst bestanden hatte, aber längst an die Heiden verloren war. Und nun zog der Kaiser alsbald feierlich ein in Jerusalem.

Da er immer noch gebannt war, wohnte er dem Gottesdienst nicht bei. Herr Hermann von Salza war's, der ihn mit weiser Rede hiervon abbrachte. Aber tags darauf nahm der Herr Kaiser die Krone des Königreiches Jerusalem, das er erst wieder geschaffen hatte, mit eigener Hand vom Altar und setzte sie sich feierlich aufs Haupt. Und der Hochmeister verlas vor allem Volk eine gar herrliche Verteidigung des Herrn Kaisers wider alle Angriffe des Papstes. Aber siehe da! Am folgenden Morgen erschien der Herr Erzbischof von Cäsarea und belegte gar lieblich im Namen des Patriarchen Gerold von Jerusalem . . .« – »Ja, hat man denn diese beiden Mordverräter nicht gestraft?« fragte Hezilo ganz zornig. »O nein! Denn sie gestanden, was sie nicht leugnen konnten: Sie hätten den Kaiser auf jener Burg gefangennehmen, nicht jedoch ihn morden lassen wollen. Ihn gefangenzunehmen – wenn sie nämlich konnten! – seien sie aber sogar verpflichtet, da er mit dem Heiligen Vater in offenem Kriegszustand lebe. Nun also, der von Cäsarea belegte das Heilige Grab und alle heiligen Orte und die ganze Stadt mit der Interdikt, verwarf den Frieden mit dem Sultan im Namen des Papstes und erklärte, besser verbleibe das Gelobte Land den Heiden als diesem Hohenstaufen. Sofort weigerten abermals die Templer den Gehorsam: Ja, sie schrieben dem Sultan von Ägypten, der Kaiser werde demnächst zur Taufstätte Christi an den Jordan wallfahren mit ganz geringer Schar, dort könne man ihn greifen oder töten. Der Sultan – er und der Kaiser halten fest am Vertrag – schickte das Schreiben dem Kaiser, auf daß er sich vor falschen Freunden hüte. Da gebot unser Herr, daß fortab kein Templer ohne kaiserliche Erlaubnis die Heilige Stadt betreten oder verlassen dürfe, baute die Mauern von Jerusalem wieder auf, bestellte der Feste einen tapfern Marschalk und schiffte sich schleunig ein. Denn die Schlüsselhelden des Papstes richteten ihm einstweilen sein ganz apulisch Reich zu Schanden. Und ich war einer der allerersten an Bord, denn ich hatte genug an dem Heiligen Land und übergenug. Und trug große Sehnsucht nach Frau Zahme und nach dem Lindenbaum im Hausgarten bei meiner Weinschank zu Boblingen.«

»Heilige Jungfrau«, seufzte das Mädchen, »wie schwer ist es doch für alle Christen, wenn Papst und Kaiser wider einander toben! Weißt du, wie ich mir helfe, Hezilo? Ich bete für alle beide.« – »Daran tust du recht«, sagte dieser. »Aber bete ein Vaterunser mehr für den Papst.« – »Warum? Hältst du's nicht eher mit dem Kaiser?« – »Eben deswegen! Bete, daß der Herr den Papst erleuchte und zum Frieden neige sein hartes Herz.«

»Ja, und was ein schlicht Gewissen ganz beruhigt«, sprach der Bauer, »alle Bischöfe und Äbte hier im ganzen Bergland geben dem Herrn Kaiser recht und dem Herrn Papst unrecht. Zumal auch unser Oberhirt, Herr Heinrich von Taufers. Seit der zu Brixen waltet – 's ist noch nicht lang –, wehrt er den Bettelmönchen streng, die wider den Herrn Kaiser predigen wollen. Er sperrt sie ein oder überweist sie dem Grafen Albert von Tirol oder den Andechsern zu Eppan, die sind scharf kaiserlich.« – »Ja, die Bettelmönche!« zürnte der Schwabe. »Wie viele, viele Tausende haben die doch in den Heiligen Krieg gehetzt, die meist besser zu Hause geblieben wären. Aber jetzt will's ihnen nicht mehr stark gelingen. Der rechte Hitzeifer für die Fahrt ins Morgenland, auch für die Gaben fürs Heilige Grab ist den Leuten vergangen, zumal sie oft merken, in welch' unheilige Hände ihre Spenden gelangen.

Einer – ein deutscher Ritter aus Frankenland, ein Herr von Aufseß – ist umgekehrt, just in Rom. Seine fromme Frau Mutter hatte das kostbarste Erbstück des Geschlechtes, einen goldenen Becher, dem Dominikaner gegeben, der gar so kläglich bettelte, zum Einschmelzen. Ungern sah's der heranreifende Sohn. Als er wehrfähig geworden, ruhte die Mutter nicht, bis er das Kreuz nahm. Der junge Ritter kommt nach Rom. Da hört er in einem Rebgarten vor dem Tore, der dem Kardinal Castus von Albano gehört, Becherklang, Lautenspiel und kicherndes Lachen übermütiger Weiber. Neugierig guckt der junge Herr über die Steinwand. Da sieht er den Kardinal in einer Rosenlaube sitzen, inmitten von drei Hübschinnen. Eine hockt auf des Hochwürd'gen Schoß und trinkt ihm zu aus goldenem Becher. Mit einem Satz war der Deutsche über der Mauer, riß der Kreischenden den Erbbecher seiner Ahnen aus der Hand, stieß ihn dem Pfaffen in das rote Gesicht und sprach: »Ich bin der Kurt von Aufseß! Und ich zieh hinweg mit diesem Becher. Aber nicht nach Jerusalem, sondern heim, nach Frankenland. Dort mag der Heilige Vater mich und den Becher holen, wenn er will.«

»Ich halte mich an meinen Bischof«, sprach der Bauer ernsthaft. »Und ich mich an Herrn Walther«, rief der Böppele, »der hat ein Lied gemacht, das . . .«

»Jawohl«, fiel Hezilo ein, »ich hab's auf den heißen Straßen im Morgenland und in Welschland gar oft von den deutschen Rittern und Reisigen singen hören. Von Joppe, wo ich die ersten, bis Mailand, wo ich die letzten Verse hörte.« – »Wie lautet's wohl?« fragte das Trinelein. »Ich höre gar gern alles, was Herr Walther singt – wenn ich's auch manchmal nicht verstehe, es klingt immer so fein.« – »Wurde bald viel gesungen und abgeschrieben von den guten Pfaffen, von denen, die zum Kaiser stehen, und heißt also.« Und der Böppele hob an:

»Herr Herzog, nein! Nie werd ich eigen!
Was Fürstendienst und Hofesruhm!
Frei muß ich singen oder schweigen,
Das Lied kennt nicht Vasallentum.

In meinem Herzen mahnt ein Klingen:
Freund Walther, bleib dir selber gleich:
Laß andre Preis den Fürsten singen,
Du sing den Kaiser und das Reich!«

Und Hezilo fiel ein:

»Spart, Kardinal, die fromme Rede:
Die Treu' ist mir die frömmre Pflicht!
Des Staufers Fehd' ist meine Fehde,
Ich fürchte Papst und Hölle nicht.

Wer zagt, daß er des Himmels fehle,
Der beuge sich des Bannes Streich,
Mir ist nicht bang um meine Seele,
Steh ich zum Kaiser und zum Reich.«

»Das gefällt mir«, sagte der Alte bedächtig.

»Das will ich hoffen«, rief der Schwabe. »Jedoch – die ganze Zeit überleg ich's, ich meine alleweil, ich sollte, ich denke, ich könnte doch auch das Meinige tun, Herrn Friedmuths Burg zu schützen. Er war zwar ziemlich unsanft gegen mich: Er gab mir, da ich ihn zuletzt aufsuchte, gar raschen Abschied. Aber um Herrn Walthers, seines Freundes willen . . .« – »Willst du vielleicht an unserer Seite fechten und wieder einen Heiden fangen?« lachte Hezilo. »Die bösen Vettern haben keine Mohren.« – »Nein, aber ich will doch sehen, ob ich nicht . . . doch still, ich muß mir's überlegen! Jetzt aber bin ich müde, sehr müde. Der Wein ist auch ausgetrunken – so weise mir irgendwo eine Lagerstatt aus gutem Stroh, Hezilo! Ich geh mit dir in deinen Außenhof hinüber. Heb dich! Nimm Abschied von der Kleinen!« Und er rückte das kniekurze Wams zurecht, schnallte den Gürtel, den er gelockert hatte, fester und griff nach dem spitzen Filzhut mit der breiten Krempe, den er auf den Boden geworfen hatte.

»So gehen wir«, rief Hezilo aufspringend. »Zum erstenmal seit Jahren schlaf ich wieder unter dem eigenen Dach! Gute Nacht, du viel Liebe! Gute Nacht, Vater.« Und er umarmte die Braut, drückte dem Bauer die Hand und führte den Gast in seinen Hof.

DRITTES BUCH

FRIEDMUTH

Erstes Kapitel

Noch war der Tag nach Peter und Paul, für den der Wiederanfang der Fehde angesagt war, nicht gekommen, und doch erfüllte schon wilder Kampflärm das linke Etschufer und tobte auf dem steilen und hohen Berghang, den die Fragsburg krönt.

Das war so ergangen:

Vier Tage vor Peter und Paul bereits hatte vorsorglich der Bauer vom Innerhofe zu Goyen sein Kind bei dem Torwart hinter den sicheren Mauern von Meran geborgen und war mit seinen beiden Knechten und den Kühen und Ziegen, wie Hezilo mit drei Grundzinsleuten und seinen etwas zahlreicheren Herdentieren, in die Burg des Vogtes eingezogen, sie verteidigen zu helfen und das Vieh wie die wertvollste Habe, bestehend in ein paar Schmuck- und Gewand- und sehr wenigen Geldstücken, dort zu bergen. Am Tage darauf waren die sämtlichen von der Vögtin aufgebotenen wehrfähigen Hintersassen und Dienstpflichtigen aus allen Zubehördehufen der Fragsburg eingetroffen: Anhängliche Dankbarkeit gegen Friedmuth und Furcht vor Frau Wulfheids strenger Handhabung des Hofrechts hatte sie alle herangezogen. Und am Abend des folgenden Tages, also zwei Tage vor Peter und Paul, hatte dieselben Oswin, der Sohn des alten Oswald, der nun an Stelle seines Vaters des Burgwarts Amt versah, in den Markt Meran geführt, wo sie in der Sankt-Martins-Kapelle gebetet, die Messe gehört und – die es vermochten – Gelübde an Wachs oder Linnen für die Kirche geleistet hatten. Es waren etwa zwanzig Männer. Die Leute aus den beiden Höfen von Goyen waren nicht darunter, die hatten schon vorher, als sie Katharina in die Stadt gebracht, dort ihre Andacht verrichtet und waren nun auf der Fragsburg geblieben. Nur unbewaffnet hatten die Männer den Markt und die Kirche – zu geistlichem Zweck – betreten dürfen.

Spät am Abend kehrten sie aus Meran nach der Burg zurück. Es dunkelte bereits, und fern im Westen zog ein Wetter auf, schon grollte leise der Donner. Der Weg zog sich auch damals nahe der Etsch entlang. In kleinen Gruppen von drei, vier Mann schlenderten sie einher. Da brachen plötzlich, ohne jeden kämpflichen Anruf, von rechts aus dem Schilfgebüsch der Flußsümpfe, von links aus dem dichten Buschwald, der den ganzen Berg bedeckte, Gewaffnete auf sie ein, wohl über dreißig. An Widerstand der Wehrlosen war nicht zu denken. Nur ein paar Leute entkamen aus dem Getümmel nach hinten und in die Tore des Marktes. Alle übrigen wurden gefangen, mit Stricken gebunden und in eine große Scheune gesperrt, die am Fuße des Berges erbaut war, das Schilf und das Heu der Fragsburgerin darin zu bergen. Während vier Gewaffnete vor der von außen fest versperrten Scheune die Gefangenen bewachten, eilten die übrigen so leise wie möglich den Berghang hinauf, auf welchem die Burg ragte. Wohlweislich war der Ort des Überfalls so gewählt worden, daß von der Burg aus auch bei hellem Tage nichts davon wäre zu sehen gewesen: Eine Einbuchtung des Weges zwischen zwei bewaldeten Vorsprüngen entzog die Stelle völlig dem Blick des Türmers. Einiger Lärm war freilich nicht zu vermeiden gewesen: Die Überfallenen hatten zuerst laut vor Schrecken, dann um Hilfe geschrien; aber es war hoch hinauf bis zur Fragsburg droben.

Einstweilen war auf den Flügeln des Westwinds, vom Vintschgau her, das rasche, auch nur raschlebige Gewitter herangeflogen. Die Wetterwolken verfinsterten plötzlich den Nachglanz der gesunkenen Sonne, der Wind sauste heulend durch die Buchen und Edelkastanien des Fragsburger Bühls und schlug klatschend deren Äste zusammen; heftige Donnerschläge in schneller Folge übertönten gewaltig die Menschenstimmen. So günstig das Wettergetöse für den Überfall war, sofern es der Burg wohl fast unmöglich machte, wahrzunehmen, was nahe dem Flusse geschah, den Knechten der Angreifer gefiel es doch übel, daß ganz gleichzeitig mit ihrem Vorbrechen auch der Zorn des Himmels losbrach. Zwar sie selbst hatten nichts gelobt oder geschworen, aber sie wußten wohl – wenigstens manche von ihnen –, daß ihre beiden Führer diesen Handstreich taten gegen eidlich gefestigten Vertrag. Wäre der Überfall mißglückt, sie hätten zuversichtlich das gleichzeitige Grollen des Donners als die Sprache des zürnenden Himmels verstanden. Da jedoch alles über Erwarten günstig ablief, beschwichtigten sich die aufgestörten Gewissen zunächst wieder. Und daß nicht etwa einer der Entsprungenen den Berg hinan sich retten und die Burg warnen könne, dafür war trefflich gesorgt: Alle irgend gangbaren Stege waren von Wachen besetzt, und diese griffen alsbald Oswin, der es versuchte, auf halsbrechendem Felsengezack emporzuklettern. So stiegen denn auf zwei Wegen die Angreifer schweigend, jedes Waffenklirren und andere Geräusch meidend, den damals noch ganz von Wald bedeckten Berg hinan. Ungefähr dreihundert Schritte vor der Burg begann die Waldblöße, die zum Zwecke der Verteidigung angelegt worden war, dem Feinde gedeckte Annäherung innerhalb des Schutzes der Bäume unmöglich zu machen. Hier trafen die beiden Haufen, jeder von etwa fünfzehn Mann, zusammen.

Es war jetzt ganz dunkel, obwohl das geschwinde Gewitter schon rasch das Etschtal abwärts gezogen war; nur zerrissen Gewölk sprühte hier und da noch Regen nieder, während im Westen der Himmel, schon wieder wolkenlos, einzelne Sterne zeigte. Der Aufstieg hatte geraume Zeit gedauert, denn die Reisigen schleppten schwer an Sturmleitern, Rammpfählen und allerlei Schanzzeug. Die beiden Wege waren schmal und steil und während des regenschützenden Gewitters in Gießbäche verwandelt. »Nun, Griffo, wie steht es?« flüsterte der Führer der einen Schar. »Gleich drauf und dran!« – »Noch ein wenig verschnaufen.« – »Gut, zwei Vaterunser lang. Fang an, bet – und dann los. Die Burgleute haben nichts gemerkt. Wir überrumpeln sie!«

Aber kaum hatte er ausgeredet, als auf der ihnen zugekerten Seite der äußeren Umwallung eine Fackel sichtbar ward und gleich darauf ein lauter Hornstoß erscholl. »Waffenâ! Waffenâ! Burgleute! Hierher alle zuhauf!« rief eine starke, tiefe und doch offenbar weibliche Stimme. »Der üble Waland soll sie verschlagen, Griffo! Es ist die Base selbst! Deine spröde Braut! Überall hat sie die spitze Nase.« So raunte der ältere der beiden Führer, eine kraftgedrungene, stämmige Gestalt: Er mochte etwa fünfzig Jahre zählen, die er aber so leicht trug wie die schwere Ringrüstung. Man nannte ihn den Stier von Naturns, wohl nicht bloß um des stoßenden Stieres willen, den er im Wappen trug.

»Vielleicht gelingt es doch – mit List«, erwiderte der andere, der Schlanke, Geschmeidige. Ganz in einen Mantel gehüllt, dessen Kapuze die Sturmhaube und zum Teil sein gelbbräunlich Antlitz, der welschen Mutter Erbteil, bedeckte, trat er etwas aus dem Walde hervor und sprach mit verstellter Stimme: »Aber, Frau Vögtin, ich bin's ja, der Hukbert vom Lenkhof! Kennt Ihr mich nicht? Laßt doch öffnen. Gleich hinter mir kommen die anderen aus dem Markt zurück.« – »Du bist der Greifensteiner und ein ehrbrüchiger Schelm! Allzu lange blieben mir meine Kirchgänger aus. Ich horchte vom Turm herab: Mir war, ich hörte durch Donner und Sturm fernes Hilfeschreien. Wo sind meine Knechte?« – »Gut aufgehoben, Frau Base, wie die Mäuslein in der Falle«, erwiderte nun Herr Rapoto, trotzig vortretend.

»Da Ihr uns nun doch erkannt habt«, sprach Herr Griffo, den Mantel zurückschlagend, den Schild zum Zeichen friedlicher Zwiesprache gesenkt an den Fuß setzend und sich darauf lehnend, »laßt uns als nächste Vettern gütlich ein.« – »Ich schäme mich der Vetterschaft! So haltet ihr vertragenes Wort? Ihr habt geschworen!« – »Was haben wir geschworen?« fragte der Naturner. »Die Herrin der Fragsburg nicht zu befehden vor Peter und Paul. Wohlan, seid Ihr die Herrin der Fragsburg? Beim Strahle, nein! Die Fragsburg hat keine Herrin: Herr Friedmuth ist tot. Euer Recht ist mit ihm gestorben. Die Lehensfolger sind wir beide, und wir sind unbeweibt. Eine Herrin hat die Fragsburg erst wieder, wann Ihr mit Herrn Griffo Hochzeit macht.« – »So haben wir nicht die Fragsburgerin befehdet, wenn wir Euch befehden«, fiel Herr Griffo ein, »und unser Eidwort nicht gebrochen.« – »Macht's kurz, Frau Base. Eure Leute, welche die Burg verteidigen sollten, sind gefangen. Wir stehen hier mit mehr als dreißig Lanzen: Ihr habt keine zwanzig hinter Euch und könnt die Burg nicht halten.« Unter diesen Reden waren die beiden Ritter allmählich immer näher gegen die Mauer vorgegangen, auf der jetzt bei dem Schein von Fackeln einige Männer neben einer Frauengestalt sichtbar wurden.

»Zurück!« rief diese drohend und hob den Arm.

»Vor einem Weiberrock?« lachte Rapoto, »beim Hammer,

nein!« Und sprang, den Ovalschild zu Halse nehmend, vor, aber klirrend stürzte er rücklings um: Mit solcher Wucht hatte ihn von der Mauer herab, durch Schildgestell und Waffenrock hindurch, an die Brust ein Wurfspeer getroffen, erst an der starken Ringkettenbrünne abprallend. Besorgt rannten ein paar Knechte hinzu und hoben ihn auf.

»Heia!« rief die Frauenstimme von der Mauer herab. »Das traf! So stärkte Gott den Arm des Weibes. Jetzt sollt ihr's erleben, wie Wulfheid von Fragsburg streitet für ihr Recht und für ihren Eheherrn!« Mit einem wilden Fluch hatte sich Herr Rapoto wieder fest auf die Füße gestellt. »Der Höllfürst fresse meine Seele«, rief er, »zahl ich's dem Weib nicht heim. Diesmal nehm ich das Nest oder falle vor dem Tor. Drauf, Vetter Griffo! Beim Hammer und beim Strahl! Du über die Mauer, ich durch das Tor.« Und jetzt hob er denn grimmig an, der Rennsturm auf die Burg.

Zweites Kapitel

Wohl seit alter Zeit war die Krone dieses Berghanges befestigt gewesen. Bot die Lage auch nicht gerade das Günstigste für Burgenbau – einen nur von einer Seite ersteigbaren Kegel –, so war doch der Aufstieg von der Etsch her, von Westen – denn die Etsch fließt hier beinahe gerade von Nord nach Süd – unmöglich: Senkrecht fiel dort der Fels zu Tal, und in den Felskern selbst war der Unterbau der Burg gehauen. Auch von Süden war die Schlucht nicht zu ersteigen, die der damals noch ganz ungebändigte Absturz des Sinachbachs in den Stein gegraben hatte. Freilich, im Nordosten vor der Burg lag ein geräumiger Platz, aber der steile Zugang zu diesem, der nur von Norden, von Meran, herführte, war leicht zu verteidigen. Steinkugeln schleudernde Geschütze, Sturmdächer und Sturmböcke konnte man den schmalen Burgsteig nicht heraufschaffen, wenn die Abwehrer oben ihre Schuldigkeit taten. Denn dieser Weg, »die Burgstraße«, war so schmal, daß nur je ein Reiter Raum fand; an der Stelle, wo er, vom Tal aufsteigend, die Krone des Berges erreichte, sperrte ihn ein hölzern Querverhack – ein »hâmît« –, und auf der rechten, der schildlosen Seite, war er durch eine »Letze«, das heißt durch spitze, hohe Palisaden, seitwärts beherrscht. Der Burgbrunnen innerhalb des Hofes gewährte gutes Wasser, das die Belagerer nicht abzugraben vermochten in dem Felsengrund des Baues. Aber die Lage des Ortes war unbedeutend: zu hoch oberhalb der Etsch und des Landweges längs des linken Ufers derselben, um die Wasser- oder die Wagenstraße sperren zu können. So erreichte die Befestigung niemals die Ausdehnung auch nur einer »Mittelburg«. Sie war immer nur ein Kleinbau gewesen, obzwar nicht von den geringfügigsten dieser Gattung. Es fehlten daher alle Verteidigungsmittel, welche die damalige Baukunst, nun schon bald anderthalb Jahrhunderte – seit dem ersten Kreuzzug auch durch die weit überlegene des Orients geschult – für wichtige Burgen, für Festungsstädte anzuwenden gelernt hatte.

Eines »Bergfrieds« oder »Donjons« Stelle ersetzte hier nur sehr ungenügend der viereckige Turm, der sich in der Mitte des Hauptgebäudes gerade über dem »Burgtor« zwei Stockwerke hoch erhob und dessen im Inneren des Hauses aufsteigende Holztreppe, war die Besatzung darüber hinaufgeflüchtet, von oben leicht aus zwei eisernen Haften gelöst und herabgeworfen werden konnte. Ein Graben vor der Mauer fehlte: Er würde, in Ermangelung von Wasser, ihn zu füllen, nicht viel genützt haben.

Die Mauerkrone oben, die »Plateforme«, sprang, erheblich breiter als die Mauer, vor. Mehrere schmale Freitreppen von Holz führten von der Innenseite des Hofes hinauf.

Die Front- oder Quermauer im Osten, von Nord nach Süd, parallel dem Hauptgebäude der Burg im Westen, enthielt in ihrer Mitte den einzigen Zugang zu dem gesamten Bau – das starke »Mauertor«. Gerade über diesem waren die zackigen breiten Zinnen nach außen weit überragend, auf vorstehenden Kragsteinen oder Konsolen – Monch-Arabi – gebaut, so daß die Verteidiger, hinter diesen Vorzinnen gedeckt, auch denjenigen Angreifer, der schon ans Tor gelangt war, mit senkrechtem Wurf treffen oder aus Gießlöchern, »Pechnasen«, mit siedendem Wasser und Pech beschütten konnten.

Die beiden Längsmauern, die, von West nach Ost laufend, im rechten Winkel auf das Hauptgebäude im Westen und auf die Quermauer im Osten stießen, waren an den beiden Ecken, wo sie die letztgenannte, die Quermauer mit dem Mauertor, erreichten, je durch einen kleinen zweistöckigen Mauerturm abgeschlossen. Diese Türme, je einen halben Pfeilschuß von dem Mauertor, verstärkten die Verteidigung der Quermauer und je einer Langmauer. In beide Türme führte, wie von dem Burghof, so auch von der Plattform der Mauer aus, je eine Pforte. Von diesen Türmen aus konnte man die gegen die Querfront Stürmenden von beiden Seiten bestreichen. Und war auch die Quermauer oder eine der Langmauern erstiegen, ja sogar der Hof von den Belagerern gewonnen, so konnten die Belagerten, in die beiden Türme geflüchtet, immer noch die Eingedrungenen auf der Mauer, ja im Hofe vom Rücken beschießen, wenn diese das vom Mauertor gerade gegenüberliegende »Burgtor«, das heißt den Eingang des Hauptgebäudes, und dessen Verteidiger angriffen.

Allerdings war die kleine Fragsburg mit all diesen Einrichtungen doch recht weit hinter den Fortschritten der Wehrkunst zurückgeblieben.

In die beiden Mauertürme, die nur ein, nicht zwei Stockwerke, das heißt Reihen von Schießscharten, zählten, hätten Fallbrükken führen müssen, und die in den Hof steigenden Treppen hätten nicht frei von der Mauer hinabgehen sollen, sondern innerhalb je eines Turmes, »des Mic-hufes«, Kampfhaufes, angebracht sein müssen, so daß der Feind, ohne waglichen Sprung von der Mauer, erst dann in den Hof gelangen konnte, nachdem er mindestens einen der Türme erobert.

Doch waren die Steildächer beider Türme mit Bleiplatten gegen die sehr gefürchteten Brandpfeile gedeckt. Und das Erdgeschoß der Türme, das vor die Mauer ragte, war halbrund vorspringend angelegt und aus den mächtigsten Porphyrquadern geschichtet.

Das Hauptgebäude, mit der Rückseite der Etsch zugewendet,

mit der Stirnseite gegen Osten blickend, bestand in Wahrheit aus mehreren, im Laufe der Geschlechter allmählich aneinander geklebten und – da der schmale Raum wenig Ausbreitung verstattete – übereinander getürmten Gebäuden.

Drittes Kapitel

Herr Rapoto hatte recht: Die Burg war immerhin so ausgedehnt, daß sie mit den wenigen Verteidigern gegen mehr als dreifache Überzahl nicht zu halten war. Denn außer den sieben Männern aus den Goyenerhöfen waren, neben einigen Mägden, nur noch drei Reisige in dem Schloß geblieben. Die anderen waren mit den Kirchgängern gefangen. Die Nacht, die Dunkelheit begünstigte daher die Verteidigung, indem sie den Stürmenden die winzige Zahl der Helme auf den Zinnen verbarg.

»Ha sieh«, hatte gleich bei Beginn des Angriffes der Greifensteiner seinen Genossen gefragt, »was geschieht da oberhalb des Tores, zwischen den Vorzinnen?« – »Einen Schild hängt man heraus.« – »Und noch einen, schau, der Fackelschein fällt rot darauf: Herrn Friedmuths drei Sterne sind's – von Schänna her – und der rennende Wolf der Taufers von Fragsburg.« – »Eia, das Weib entbietet uns zum Schildkampf! Wann Turm und Tor genommen, noch hinter dem letzten Schild will sie sich wehren! Nun, wir wollen ihr die Schilde schon abreißen, haben wir nur erst das Tor. Entwischen kann sie nicht: Das Haus hat keine andere als diese Tür.« – »Doch! Es soll ein Hehltürlein in einen geheimen Erdgang führen. Aber es liegt nicht in Frau Wulfheids Art, den Kampf zu fliehen.«

Und wahrlich, so schien es.

Die Burgfrau hatte sich selbst den Wehrbefehl vorbehalten. Nach ihren Weisungen gebot Hezilo den Männern und den Mägden, die ebenfalls mithelfen mußten, Kessel voll siedenden Wassers und Körbe mit Steinen auf die Mauerkrone tragen, auch wohl das dampfende Wasser aus den Kücheneimern auf die Angreifer herabschütten sollten. Die beiden Ritter hatten die Zahl der Verteidiger von Anfang überschätzt, und der heftige, erfolgreiche Widerstand, den sie fanden, bekräftigte sie in dem Irrtum, daß wohl über zwanzig Männer da oben kämpften. Diese Annahme hielt denn auch die Reisigen ab, so dreist ans Werk zu gehen, wie sie's bei richtiger Schätzung der Burgbesatzung getan haben würden. In manchem regte sich nun auch wieder, bei stockendem Erfolge, das Gewissen: Der Angriff, gegen die bei den Heiligen geschwornen Eide gewagt, schien von den Heiligen nicht begünstigt. So zog sich der Kampf von der späten Abendstunde, in der er begonnen, bis über die Mitternacht hinaus – der Mond drang nicht völlig durch das ziehende Gewölk –, ja, bis fern im Ost das fahlgraue Dämmerlicht der Frühe, der ersten Morgenstunde heraufstieg.

Vergeblich hatten sich die beiden Führer stundenlang bemüht. Alle Sturmleitern, die Griffo im Osten und im Norden hatte anlegen lassen, waren immer wieder umgestürzt worden von der Mauer her. Oder die Hinaufkletternden waren durch heißes Wasser, durch schwere Steine, durch Speerwürfe und durch Schwert- und Beilhiebe abgewehrt worden. Zwei Leute waren an Gesicht und Hals verbrüht. Einer lang mit verstauchtem Fuß unter zertrümmerter Leiter. Herr Griffo, der einmal schon den Fuß auf die Mauerkrone gesetzt, war von Hezilo durch einen wuchtigen Schlag mit dem Morgenstern auf den zerspringenden Topfhelm von Mauer und Leiter hinabgeschlagen worden. Nur die geschuppte Sturmhaube unter dem Helm hatte den Schädel gerettet. Ebensowenig hatte der grimme Rapoto dem festgefügten, durch Eisenstangen vor und hinter dem dicken Eichenholz geschützten Burgtor anzuhaben vermocht. Einem seiner Reisigen ward mit der alten fürchterlichen Bauernwaffe, dem »Flegelkolben«, dem mit Eisenstacheln gespickten Dreschflegel, von der Torzinne herunter Holzschild und Schulter zerschlagen, schwer wund ward er zurückgetragen. Herrn Rapoto selbst hatten vor einem gleichen Schlage der sausenden Stachelwalze des Innerhofers nur die starken Schulterflügel, dicke Eisenplatten, die auf dem Schuppenpanzer lagen, geschützt.

Es ward nun hell: Über sechs Stunden hatten sich die Angreifer ohne Erfolg gemüht. Die Verteidiger schienen allgegenwärtig: Wo immer das Erklettern der Mauer versucht ward, da rief die mächtige Stimme der Burgfrau die Männer herbei. Von selbst, ohne Gebot oder Verstattung der beiden Führer, erlahmte nun der Ansturm; müde des fruchtlosen Ringens wichen ihre Leute außer Speerwurfsweite zurück, widerwillig taten die beiden Ritter das gleiche. »Dies Weib hat sieben Unholde im Leibe«, grollte der Naturner, sich auf den Schaft des langen Schlachtbeils stützend. »Ich sah sie – beim übeln Feind! – zugleich rechts und links vom Tor meine Leitern umwerfen«, meinte der Greifensteiner, warf die Schuppenhaube in den Nacken und strich sich das schwarze seidenweiche Haar hinter das Ohr. »Viermal hab ich Feuer an das Tor gelegt, und viermal hat sie selber mit heißen, dampfenden Wassergüssen gelöscht, mit eigener Hand die Eimer herabschüttend: Ich erkannte sie im Glutschein der Flamme.« – »Wissen möcht ich nur, woher sie diese Menge von Knechten aufgetrieben hat? Zwanzig haben wir ihr abgefangen – und ich schätze, viel mehr habe sie nicht auf allen ihren Hufen. Nun sind wohl nochmal zwanzig auf den Wällen! Sollte die Sparsame Söldner geworben haben?« – »Gleichviel! Wir müssen hinein. Gib acht! Nun wird es hell! Man kann die Leute schärfer sehen. Jetzt sollen uns Bogen und Pfeil die Zinnen säubern. Zwölf Mann, die besten Bogenschützen, stellen sich nah, nur außer Speerwurfsweite, von der Mauer: Sie haben keine Bogenschützen, scheint es. Ich merkte nichts von Pfeilen!« – »Ich auch nicht.« – »Seltsam genug, wenn wirklich so viele Helme da drinnen sind. Diese zwölf schießen unablässig auf die Verteidiger, indes wir stürmen. Siehst du! Die Sonne steigt! Schon leuchtet's hell her übers Vöraner Joch. Nun werden wir sie bald zwingen.«

Und wirklich ward's nun bitterer Ernst.

Mit lautem Staunensruf zählten Führer und Reisige, während die Sonne ihre ersten rotgoldigen Strahlen auf die Burg warf, die geringe Zahl der Leute auf der Mauerkrone, die so lange dem Angriff getrotzt hatten. »Sie brauchen jeden Arm! Stehen doch vier Mägde neben der Vögtin! Jetzt zielt scharf, ihr Schützen!« –

»Aber nicht auf die Frau«, mahnte Griffo. »Bah«, gebot der Naturner, »man sieht's jetzt deutlich: Sie trägt, wie ein Mann, Brünne, Helm und Schild, sie wirft Speere wie ein Mann. Sie mag sich nicht beklagen, nimmt Eibenbogen und Lindenpfeil sie für das, als was sie sich gibt. Nun drauf!« Und abermals eilten die beiden Ritter gegen die Mauer mit dem Rest der Leute, während die Schützen die Langbogen spannten. Es waren nur zwei Armbrustbogen darunter, die waren aus dem Gelobten Lande von Kreuzfahrern mitgebracht. Der Greifensteiner kletterte wieder als der erste eine Sturmleiter links vom Tor hinan. Hezilo erwartete ihn mit hocherhobenem Arm, den Morgenstern zum Streich gezückt, nun schien die geschuppte Sturmhaube des Empordringenden erreichbar. Hezilo holte aus, aber mit lautem Schrei ließ er die Waffe fallen: Ein Pfeil hatte seinen Schwertarm hart neben dem Schulterloch des ringgegitterten Brust- und Armgeflechts getroffen. Im Nu war der Ritter oben und rannte den Jüngling mit dem Schildstachel über den Haufen. Der Innerhofer zog ihn nach rechts – von der Burg aus –, gegen den südlichen Mauerturm hin, aus dem Gefecht.

Im gleichen Augenblick fiel unten der eine Torflügel krachend nach innen, nachgebend den erneuten Stößen des spitzen, eisenbeschlagenen »Sturmpfahls« den der Naturner und zwei Reisige wider die Mitte des Mauertors rannten. Die Verteidiger hatten schon vorher das Holz, bedenklich splitternd, dröhnen gehört. Mit wildem Siegesgeschrei sprangen Herr Rapoto und seine Leute jetzt in die klaffende Lücke des Tores.

Einmal noch wurden sie gehemmt.

»Habt acht!« schrie der Naturner dem ersten Reisigen zu, der den Sturmbalken vorn gefaßt hatte. Denn aufblickend hatte der Ritter gesehen, wie Frau Wulfheid, einen mächtigen Porphyrblock hoch mit beiden Händen über ihr Haupt hebend, zielte. Die Warnung kam zu spät: Der Mann stürzte – keinen Laut gab er mehr – mit zerschmettertem Helmdach und Schädel.

Zornig sprang der Ritter vor und warf den schweren Balken gegen eines Knechtes Schild im Hof. Der fiel nach hinten. Drei, vier – schon waren es fünf – Reisige drangen hinter dem Naturner durch das Tor. Der Greifensteiner mit zwei Knechten eilte bereits die schmale Walltreppe von der Mauer in den Hof herab. »Siego!« rief Herr Rapoto. »Heilo!« antwortete Herr Griffo »Unser ist die Fragsburg!« frohlockten beide.

Viertes Kapitel

»Noch nicht!« schallte es von der linken Seite der Umwallung herab, und emporblickend sahen die beiden gerade noch Frau Wulfheid in der Pforte des Mauerturmes verschwinden, der sich auf der Nordseite der Umwallung, von der Burg aus links vom Tor, erhob. Hezilo war mit seinen drei Knechten und mit dem Innerhofer in den Eckturm zur Rechten der Burg gewichen. Die Burgherrin hatte mit ihren drei Reisigen und zwei Mägden noch in den linken Turm flüchten können. Nur die beiden Knechte des Innerhofes und zwei Mägde waren auf der Mauer oder im Hof eingeholt und von der großen Übermacht gefangen worden, bevor sie sich hatten retten können. Sie wurden gebunden und, in einer Ecke des Hofes zusammengedrängt, von zwei Speerträgern bewacht, während die Ritter, verstärkt durch die zwölf Bogenschützen, die nun zu den Schwertern griffen, sogleich den Kampf fortsetzten. Rapoto begann, vom Hof aus mit Balkenstößen das Tor des Hauptgebäudes in gleicher Weise zu berennen, wie er das Mauertor eingerannt hatte. Da der Mittelturm, zur Verteidigung des Tores bestimmt, nicht besetzt war, konnte er das fast ganz ungefährdet betreiben: Nur von hinten, aus den Scharten von Hezilos Mauerturm, flogen Wurfspeere und Steine. Dieser Turm, dessen schmale, auf die Mauerkrone mündende Pforte von starkem Eisen war, blieb unbestürmt. Bloß zwei Reisige wurden vor demselben aufgestellt, einen etwaigen Ausfall sofort mit dem Waffenruf oder mit dem Hifthorn zu melden. Dagegen donnerte des Greifensteiners Axt gewaltig gegen die Holztüre, die, ebenfalls von der Mauerkrone aus, zu Frau Wulfheids Eckturm zur Linken des Tores führte. Bald flogen Splitter und Späne, und schon griffen zwei, drei der geschweiften Beile durch die eingehauene Spalte, das Holzwerk von innen zu packen und nach außen zu reißen, schon schollen wildes Lachen und Siegesgeschrei von den Knechten.

Da flog mit jähem Stoß die zertrümmerte Schmaltüre nach außen auf, Herrn Griffo, der daran arbeitete, unsanft zurückschleudernd: Und in der Öffnung erschien eine hochragende, hagere Gestalt, so grimmig drohend, daß die Angreifer, wie gebannt durch den Anblick, innehielten und verstummten.

Frau Wulfheid war's. Das lange gelbe, von einem leisen Rot durchfunkelte Haar war losgegangen und flutete aus der Sturmhaube, die Herrn Friedmuths Helmzeichen, drei goldene Sterne auf blauem Grunde, trug, auf ihre breiten, in eine Schuppenbrünne gehüllten Schultern. Der weiße Wollrock war vom Feuer Herrn Rapotos an mehr als einer Stelle des Saumes angesengt. Von ihrer einen Wange sickerte das Blut aus der Wunde, die ihr ein Streifpfeil gerissen. Die linke stützte sich auf Herrn Wulfgangs, ihres Vaters, längstes Schwert, das bis zum Griff in einen ihr bis an die Brust reichenden Haufen von Werg, Flachs und Stroh gestoßen war. Aber drohend hielt die Rechte eine brennende Pechfackel empor. Die Züge, allzu scharf, zu starkknochig und zu derb, um an einem Weibe schön zu sein, waren in diesem Augenblick der Prosa ihres gewöhnlichen Ausdrucks durch eine nicht unedle Leidenschaft entrückt, und das hellgraue Auge, das tief unter buschigen, selbst für einen Mann allzu starken Brauen geborgen, sonst in seiner rechthaberischen Härte des Reizes darbte, warf jetzt, von wildem Mut und von gerechtem Zorne verschönt, leuchtende Blitze auf die staunenden Männer.

»Zurück«, rief sie, »meineidige Räuber! Oder – bei Herrn Friedmuths Treu und Ehre! – ich stoße meine Fackel in dies Werg und Stroh, und einen Brandschutthaufen, nicht eine Burg sollt ihr erobert haben.« – »Um Gott, Frau Base, haltet ein«, rief Griffo erschrocken. »Ihr zuerst würdet verbrennen.« – »Das will ich, so wahr der gerechte Herrgott im Himmel mein Recht beschützt! Nicht einen Stein von meines Eheherrn Gut sollt ihr haben, solang ich atme.« – »Was gibt's da droben?« rief Herr Rapoto, einhaltend mit seiner Stoßarbeit am Tor, sich wendend und hinaufblickend. »Ah, die Base selbst! Greift sie doch, Griffo! Nicht lange verhandelt! Spring hinein! Du zögerst? Warte, so will ich dir's zeigen, wie man trotzige Weiber zwingt.« Und er ließ den Rennbalken fallen, blies in seinen brandroten Bart, riß das Schlachtbeil aus dem Wehrgut und eilte von dem Burgtor hinweg auf die Mauer zu, um die schmale, leiterähnliche Treppe zu ersteigen, die zu deren Plattform führte.

Aber er kam nicht weit.

Die zwei Reisigen, die, vor dem Turme Hezilos aufgestellt, nichts zu tun hatten als weitaus umherzuschauen, sprangen plötzlich mit lautem Schreckensschrei jene Treppe herab in den Hof. »Flieht!« rief der eine. »Flieht! Herr Friedmuth kommt!« – »Die Toten stehen auf«, schrie der zweite, »den Eidbruch zu rächen! Seht: Herrn Friedmuths Geist! Er kommt – mit ihm ein Heer! Und unsere Gefangenen! Erbarmen! Gnade!« Er warf die Lanze weg, fiel in die Knie und streckte beide Hände flehend gegen das eingeschlagene Mauertor aus. Einen Augenblick nur hemmte Herr Rapoto seinen eiligen Schritt: Er blieb stehn und blickte durch das weitklaffende Tor hinaus. »Beim Hammer und Strahl! Herrn Friedmuths Gespenst! So scheint's! Ist er aber kein Geist, so soll er's hurtig werden!« Bei diesen Worten stürmte er mit erhobener Streitaxt aus dem Tor.

Aus dem Walde, ihm entgegen, drangen wohl vierzig Helme, darunter die gefangen gewesenen Leute. Aber allen voran schritt, in voller Waffenrüstung, den Helm mit den drei Sternen auf dem Haupte, das Visier aufgeschlagen, der Schloßherr der Fragsburg. »Treubrüchiger!« rief er, und Rapoto erbleichte bei dem Klang der wohlbekannten Stimme. »Wehrloser Weiber Bedränger! Warte!« Grimm sprangen beide gegeneinander, aber gleich darauf, noch bevor sein Schlachtbeil niedergesaust war, stürzte der Naturner. Herr Friedmuth hatte seinen ganzen Zorn in einem Schwertstreich entladen, der dem Feinde den hohen Kegelhelm, die Schuppenhaube darunter, dann die lederne Hirnhaube und endlich das Haupt bis in die Zähne spaltete.

Fünftes Kapitel

»Vorwärts, Frau Wulfheid zum Entsatz!« rief der Sieger und eilte in den Burghof. Seine Begleiter, darunter ein Ritter mit geschlossenem Helm, Helmzier und Schildzeichen mit der ledernen Mouve verhüllt, folgten ihm nach.

Aber der Kampf war zu Ende.

Denn aus ihrem Turme waren Hezilo und der Innerhofer, den Herrn und seine starke Schar gewahrend, ausgebrochen und hatten die Bedränger des Nordturmes im Rücken gefaßt. Die meisten, alle, die den nahenden Entsatz erschaut hatten, warfen die Waffen weg und gaben sich gefangen. Dem Greifensteiner, der sich tapfer mit der Streitaxt wehrte, fiel Hezilo mit seiner heilen Linken in den Arm: Der Ritter ward von der Überzahl bewältigt und gebunden.

All das war gleichzeitig mit Herrn Rapotos Fall geschehen.

Herr Friedmuth, jetzt im Burghof stehend, sah wie auf der Mauer so auch im Hofe den Kampf beendet, steckte das Schwert ein und gab kurz ein paar Befehle über Verwahrung der Gefangenen. Er gebot, die Schwerverwundeten zu pflegen – es war sein erstes Wort nach dem Sieg – und Herrn Griffo in das Verlies des südlichen Mauerturms zu führen. Die unverwundeten Gefangenen wurden, getrennt von dem Ritter, in dem Kellergewölbe unter der Burg eingesperrt, die Leichtverwundeten, die gehen konnten, mit dem Befehl entlassen, Herrn Rapotos Leiche und den von Frau Wulfheid zerschmetterten Reisigen nach Naturn zu geleiten, zur Bestattung; das waren die beiden einzigen Toten. Die Belagerten hatten nur Verwundete.

Einstweilen war Frau Wulfheid auf die Mauerkrone hervorgetreten; sie hatte die Fackel weggeworfen und das Schwert eingesteckt. »Seht ihr's? Ich hatte recht, wie immer! Er lebt! Ich hab es stets gesagt!« rief sie, erhob beide Arme triumphierend gen Himmel und blickte starr auf Herrn Friedmuth, der nun erst vom Hof aus die Walltreppe hinaufstieg, gar langsam und sehr zögernd, so deuchte ihr. Ein Strahl warmer Freude, ja beinahe der Liebe war in den kalten, herben Augen aufgelodert. Aber nun sofort wandelte sich deren Ausdruck: Ihre Züge versteinten. Sie konnte nun deutlich sein Antlitz sehen: Das war nicht froh der Heimkehr und des Sieges. Eine schwere, schwere Wolke tiefen Wehs, qualvollen Kummers lag auf seiner offenen Stirn. Ihn mit scharfem Blicke messend, zog sie die Hand, die sie ihm schon halb entgegengestreckt hatte, plötzlich argwöhnisch zurück: »Friedmuth!« hatte sie rufen wollen, aber sein Auge suchte sie nicht, es mied sie eher.

»Fragsburger«, sprach sie nun, heiseren Tones, und trat dräuend einen Schritt vor, »was ist mir dir? Was . . .?« Er aber schüttelte ernst das Haupt, er schloß halb die Augen: »Nicht hier. Nicht vor allen Ohren! Geh voraus in die Burghalle! Dort erwarte mich! Ich komme gleich nach. Dort sollst du alles hören.« Dem Ritter im geschlossenen Helm aber, der, vor der Mauerteppe stehend, zu ihm emporblickte, rief er zu: »In der Burghalle! Ihr kommt, wann ich rufe.« Der Ritter ging aus dem Hof und schritt zurück nach dem Wald, unter dessen vordersten Bäumen nun auch mehrere Pferde, Streitrosse und Reiserosse, sichtbar wurden. Friedmuth wandte sich, die Mauertreppe hinuntereilend, Hezilo, dem Innerhofer und den andern, zur Fragsburg gehörigen Leuten zu, die ihn jubelnd umringten und begrüßten. An diesem dichten Ringe vorbei schritt Frau Wulfheid, mit finster drohendem Blick ihres Gatten alle überragende Gestalt messend.

Vor dem Tore des Hauptgebäudes angelangt, griff sie, vom Halse her, in ihr Schuppenhemd und zog daraus den mächtige Torschlüssel hervor. Sie drückte an der Eisenplatte, die das Schlüsselloch bedeckte, steckte den Schlüssel hinein, schloß auf, stieß die Tür nach innen und schritt zögernd über die Schwelle, noch einmal das hocherhobene Haupt wendend und mit herbem Mißtrauen auf Herrn Friedmuth zurückblickend.

Bald darauf schritt der Burgherr, nachdem er die dringendsten Anordungen getroffen und im Erdgeschosse die Schutzwaffen abgelegt hatte, die Haustreppe hinauf und aus dem lichten Pfeilergang in die große Halle, die den größten Teil des ersten Stockwerks ausmachte. Überall, an den Wänden, auf dem Estrich, auf den an den Wänden sich hinziehenden Bänken, auf großen Truhen und langen Tischen, waren Schutz- und Trutzwaffen jeder Art verstreut. Die Vögtin hatte hier die Mannschaften waffnen wollen für die erst in zwei Tagen erwartete Fehde. Als sie nun hier den Gemahl eintreten sah, mit dem gleichen Ausdruck tiefster Schwermut, die Augen auf den Boden gerichtet, furchte sie finster die dunkelbraunen starken Brauen und trat, soweit es der Raum verstattete, von ihm zurück an einen der Waffentische, die geballte Linke darauf stützend, die Rechte in die Hüfte gestemmt. Sie hatte sich nicht Zeit genommen oder nicht Ruhe gefunden, die kriegerische Gewandung abzutun: Nur die Sturmhaube hatte sie klirrend zu den anderen Waffen auf den Eichentisch geworfen. Wirr und wild wogte jetzt das gelbe, ins Rötliche schimmernde Haar in Strähnen, die vom Schweiße des Kampfes, auch vom Blut der Wangenwunde, zusammengeleimt waren, über Gesicht und Schultern. Sie war, bis der ungeduldig und unmutig Erwartete eintrat, unablässig im raschesten Schritt auf und nieder gegangen in der großen leeren Halle, manchmal stehenbleibend, den Kopf schüttelnd, einmal laut auflachend: »Ha, gewiß! Gewiß!«

Aber nun stand sie mit eisiger Ruhe, ganz in sich zusammengefaßt, an dem Waffentisch und heftete die großen, runden graublauen Augen starr auf das tiefbewölkte Antlitz ihres Gatten, der nahe der Schwelle, fern von ihrer Seite das Gemaches, stehenblieb.

Früher als er fand die Frau das Wort. »Vorerst«, fragte sie mit kühlem Ton, ziemlich leise, aber unheimlich verhalten sprechend, während ihre Stimme sonst herrisch laut erklang, »vorerst das nächste. Wie kam es, daß du, daß Ihr . . .« Friedmuth sah rasch auf, senkte aber die Wimpern sofort wieder. »So gerade noch zu rechter Zeit kamt? Wie durch Gottes Engel herbeigetrgen! Oder etwa«, zweifelte sie mißtrauisch, »durch den üblen Waland der Lüfte, wie Herr Heinrich der Löwe durch die Lüfte aus dem Morgenland nach Braunschweig geführt ward? Und woher die vielen Reisigen? Und wie, einem Wunder ähnlich, befreitet Ihr meine gefangenen Leute?« Der Ritter war offenbar froh, von anderem schweigen zu dürfen und zunächst reden zu können von Dingen, die nur die Fragerin und die rechtzeitige Errettung betrafen. »In

Regium gelandet, eilten wir, eilte ich der Länge nach durch ganz Welschland nach Hause. Der große Kaiser, er ist mir sehr huldvoll gesinnt, hat mir, als er zu Anagni, wo ich auf ihn traf, meine Geschicke – das heißt: die im Morgenland! – erfahren, reiche, sehr reiche Gaben gespendet. Wir – ich wollte an deiner Gruft beten: Denn Oswald hatte mir berichtet . . . aber davon gleich! In Trient stieß ich zufällig auf Herrn Walther von der Vogelweide.«

»Ah«, grollte sie, »vor mir hast du den Landfahrer, den Fiedler aufgesucht!« – »Zufällig, sag ich ja, war's. Von ihm erfuhren wir«, er erbleichte, »daß du lebst, daß du vom Tod auferstanden!«

Er schwieg. Ein langer, bohrender Blick ruhte auf ihm.

»Bald darauf«, fuhr er, nun rascher sprechend, fort, »kam ein Mann aus Schwaben, der auch im Heiligen Land gewesen war, des Wegs – bei Bozen war's. Er wollte Herrn Walther aufsuchen, ihn zu deiner Hilfe herbeizurufen. Denn am Tage nach Peter und Paul, meldete er, drohe dir härteste Fehde durch die Vettern. Rasch entschlossen besendete Herr Walther seine nächsten Freunde: den von Säven, den von Gufidaun und den von Rubein, bat sie um ihre Reisigen und Knechte, um Waffen und Rosse. Ich warb mit des Kaisers mir geschenkten, reichem Gold und – mit arabischem Perlenschmuck«, er errötete und fuhr schnell fort, »noch dazu ein Dutzend dienstloser Leute und kaufte Waffen, auch ein paar Rosse mehr. Und wir zogen nun die Etsch herauf, sicher, mehrere Tage vor Wiederbeginn der Fehde hier einzutreffen. Als wir aber heut', nachdem wir in aller Morgenfrühe von Vilpian aufgebrochen, an dem großen Etschweg gegen deine Talscheune heranritten, fiel mir auf, daß ein paar gewaffnete Knechte, die in der Nähe hielten, entsprangen, da sie mein gewahrten. Und als ich nun langsam an der Scheune vorbeiritt, sah ich zwei andere Reisige hinter derselben wegschlüpfen. Zugleich schrie eine Stimme, hoch aus dem Giebelloch des Scheunendaches, flehend, dringend meinen Namen. Ich sah auf und erkannte Oswin, der uns zurief, sie seien, treulos überfallen und gefangen, hier eingesperrt: Wir sollten eilen, sie zu befreien und die Burg wiederzunehmen, die gewiß einstweilen überrumpelt worden sei. Wir brachen ein paar Seitenbretter der Scheune los, befreiten die

Gefangenen, teilten die Waffen mit ihnen, eilten den Berg herauf und – kamen gerade noch zu rechter Zeit.«

Er schwieg. Die lebhafte, fast freudige Bewegung, mit welcher er diese Begebnisse erzählt hatte, wich wieder ganz von ihm, schwermutvoll sah er vor sich nieder.

Frau Wulfheid hatte ihm ein Wort des Dankes sagen wollen für die Rettung aus höchster Not. Aber nun konnte sie es nicht. Finstern, argwöhnischen Blickes maß sie das edelschöne, so tieftraurige Antlitz. »Ihr habt nur Eure Pflicht getan«, brachte sie rauhen Tones hervor, »und für Euch selbst, für Euren Vorteil gesorgt, da Ihr mein Haus zu retten eiltet. Eiltet, sag ich.« Sie lachte. »Spät, recht spät seid Ihr gekommen! Noch ein paar Augenblicke, und Ihr hättet Euer Ehegemahl tot – verbrannt – gefunden. Diesmal wär ich nicht wieder ›auferstanden‹, wie Ihr, wenig erfreut, vorhin das nanntet. Vielleicht, hättet Ihr es geahnt, Ihr hättet unten am Berg noch kurze Frist verweilt.« Herrn Friedmuth schoß das Blut in die Wangen in hellem Zorn, doch er bezwang sich und schwieg. Sie aber trat hastig einen halben Schritt näher und, das Haupt leise senkend und vorstreckend, forschte sie: »Längst ist der Kaiser, längst auch sind alle Ritter der Nachbartäler zurück, die am Leben geblieben. Der Bub von Goyen drüben, der unnütze Liebling Eurer Gunst, kam noch früher wieder als Ihr. Ihr seid der allerletzte! Hezilo erzählte mir, er sah Euch fallen, Ihr seiet wohl lange tot. Ihr gältet im Heer als verschollen. Ich weiß nicht, ob ihm zu glauben ist? Er hielt von jeher gegen mich zu Euch – wie von jeher alle! Warum kamt Ihr so spät zurück zu Eurem Weibe?« – »Weil ich gefangen war.« – »Wie der Goyener? Wart ihr beide«, fragte sie lauernd, »beisammen in der Gefangenschaft?« – »Er wird wohl gesagt haben, daß wir nicht beisammen waren!« – »Ha«, lachte sie bitter, »gesagt hat er's wohl. Aber das konnte . . . das kann ja so beredet sein.« – »Frau Wulfheid!« fuhr der Ritter auf. Aber er beherrschte sich sofort und fuhr in traurigem Tone fort: »Sobald ich frei ward, eilte ich hierher, so rasch es anging.« – »Aus Sehnsucht nach – nach mir?« fragte sie jetzt ängstlich, hastig, mit weicherem Klang, und ihr Auge ward feucht. »Euch glaubt ich ja tot.« – »Also!« lachte sie bitter auf. »Also dem Besitz, dem Sach galt die Eile. Jaja, man sieht es!« fuhr sie herbe fort. »Fünf Jahre fast ist er fern, der Ehegemahl, endlich kommt er zurück – trifft sein Weib im heißesten Kampfe für sein Recht – und . . .« Sie schüttelte sich, lachend vor Zorn: »Noch nicht einen Händedruck, noch nicht . . .« Sie brach schroff ab. »Fragsburger, was soll das bedeuten?«

Sechstes Kapitel

Da schlug er die schönen, offenen blauen Augen mit dem warmen Blick, die er bisher gesenkt gehalten, auf, sah ihr fest ins Antlitz und sprach: »Das bedeutet, daß etwas zwischen uns steht.« – »Was? Wer!« fragte sie und wankte gegen den Wassertisch zurück, sich daran haltend. »Oh, ich wußte es!« knirschte sie, bevor er antworten konnte. »Was? Meine unverschuldete Schuld. Ein Geschöpf, was mich vor grausamsten Qualentod gerettet hat.« – »Ein Mann?« Sie bebte vor Grimm, als sie das höhnisch fragte. »Nein – ein Weib! Meine mir anvermählte Ehefrau. Sobeide!« rief er laut. Da trat aus dem Gang über die Schwelle durch den Vorhang, der den Eingang füllte, jener Ritter mit geschlossenem Helm, an der Hand ein tief verschleiert Weib in halb europäischer, halb morgenländischer Tracht.

»Ein Weib! Dir vermählt? Solang ich noch lebe?« schrie Frau Wulfheid, »Haha!« lachte sie gellend auf, und bevor die beiden Männer, die mehrere Schritte weit von ihr entfernt standen, sie hemmen mochten, hatte sie blitzschnell ein langes, scharf geschliffenes Jagdmesser, das ohne Scheide vor ihr auf dem Tische lag, beim Griffe gefaßt und sausend gegen das verhüllte Frauenhaupt geschleudert. Gerade bevor es das Antlitz erreichte, fing es der fremde Ritter in der mit ehernem Handschuh bewehrten Faust. Er schlug nun das Visier empor: »War scharf gezielt, Frau Wulfheid.« – »Herr Walther!« rief die Wütende. »Ihr! Ja, ich hätt es erraten müssen. Aber nicht atmen soll die Heidendirne länger.« Und sie wollte nach einer anderen Waffe greifen.

Jedoch Herr Friedmuth trat nun rasch zwischen den Waffentisch und die Rasende, die hochaufgerichtet unverwandt nur auf die Verschleierte blickte, ihre Nüstern zuckten, ihre Unterlippe bebte. Sie strich langsam, langsam die langen gelben, blutbefleckten Haarflechten von der linken Wange hinter das Ohr zurück: Da überwältigte die Leidenschaft die Körperkraft der Frau. »Ich hab's vorausgeahnt, all' diese Jahre! Ja, schon am Tag der Hochzeit. Jetzt ist's gekommen, wie ich's stets gewußt.«

Mit diesen Worten, die sie halblaut, mehr zu sich als zu Friedmuth, sprach, ließ sie sich auf eine Truhe gleiten, die hinter ihr an der Wand der Halle vor einem Vorhang stand. Sie hatte nun die Augen von der Verhaßten gelöst und kopfnickend vor sich hin gesehen.

»Hört mich in Güte, Wulfheid«, sprach jener, tief erschüttert, »meine volle Unschuld . . .« Da schnellte sie wieder empor, sie wollte aufspringen, aber die Füße versagten ihr. So blieb sie an die mit wallenden Decken behangene Wand gelehnt; wild das Haupt in den Nacken werfend, schrie sie: »Hör es, heiliger Herrgott da droben! Seine Unschuld! Und da drüben steht, vor meinen Augen, seine Buhle.« Unwillig trat Herr Walther vor und rief: »Freund, laß mich dies Kind fortführen.« – »Sie bleibt«, sprach Friedmuth. »Denn nichts, was unschön ist, mag an ihr haften. Und nun muß alles, unter uns dreien alles, gesagt sein. Unschuldig bin ich«, fuhr er fort, »unschuldig ist Sobeide: Ich schwör's bei allem, Frau Wulfheid, was Christenmenschen heilig. Hört mich an.«

Herr Walther drückte die Tiefverschleierte sanft auf eine der Bänke nieder, welche die Halle umgaben. Hier saß die schlanke, schmale, noch kindliche Gestalt unbeweglich, nur manchmal leis erzitternd, wann Herr Friedmuth von den Gefahren sprach, die ihn bedroht hatten. Neben ihr blieb der Sänger stehen, auf den Griff des langen Schwertes, das er, gelöst aus dem Wehrgehäng, in der Scheide trug, gestützt. Gar wachsam, denn nur um eines Fingers Breite hatte er soeben den sichern Tod abgewehrt von diesem jungen Haupte.

»Daß der alte Oswald Euch aufgebahrt liegen gesehen und Euch für tot verlassen, wißt Ihr selbst. Er brachte mir die Nachricht Eures Todes in die Wüste.« – »Wo ist Oswald?« fragte sie mißtrauisch. »Tot.«

»Das ist bequem«, lachte sie.

»Frau Wulfheid«, fiel Herr Walther ein, »ich hab ihn selbst begraben helfen. Er kam zum Herrn von Salza und zu mir, Friedmuths Verschwinden, seinen Tod wohl, zu melden. Er erkrankte am Fieber und starb in unsern Zelten. Ich habe den Sand der Wüste mit dieser Hand auf seine Grube gestreut.« – »Und keiner der vielen Boten«, grübelte die Argwöhnische weiter, »die ich ihm nachgesandt mit der Nachricht meiner Genesung, hatte ihn eingeholt?«

»Ja, sind sie denn nicht mit der Meldung wieder zurückgekehrt, daß sie ihn nicht gefunden?« – »Bis auf einen. Der kam nicht wieder. Der könnte doch, mit oder ohne Oswald, bis zu dir – bis zu Euch gedrungen sein, mit der Nachricht, daß ich lebe.« – »Hezilo wird bezeugen, was Oswald mir gemeldet.« – »Es ist wahr«, raunte die Ungläubige mit sich selber. »Er hat es so berichtet, bevor er wissen konnte, daß sein Herr wiederkehrte. Aber doch . . .« – »Glaubt Ihr Herrn Hermann von Salza?« fragte Walther. »Glaubt Ihr mir?« – »Dem Salza? Er ist mein Freund, wie alle seine Freunde! Doch ja: Ich glaub ihm. Auch Euch glaub ich. Viele Fehler habt Ihr, Eurem müßiggängerischen Berufe nach, aber Ihr lügt nur, wann Ihr dichtet.« – »Wohlan: Ich eide, daß der alte Oswald Herrn Hermann und mir Euren Tod berichtet hat und wie Friedmuth ganz erschüttert davon gewesen sei.«

»Ist's wahr?« fragte sie, und ihre Stimme bebte leise. Aber Walther fuhr fort: »Herr Hermann wollte in den nächsten Tagen auf dem Wege nach dem Norden hier einsprechen: Er hat ein Geschäft mit dem Burggrafen von Tirol. Ich traf ihn, ehe ich Friedel fand, in Roveredo, in dem dortigen Hause der deutschen Herren. Er erfuhr von mir, daß Ihr lebtet. Da sagte er: ›Ich will Freund Friedmuths Witwe aufsuchen. Sie soll erfahren, wie sehr ihr vermeinter Tod ihm naheging. Das wird ihr wohltun und sie besänftigen.‹«

Aber die Grimmige wollte von ihrem Grimm nicht lassen. Sie liebte diesen Zorn: Er tat ihr tödlich weh, aber es war ihr doch eine Art Wollust, ihren Argwohn, ihre jahrelang gegen eine unbestimmte Nebenbuhlerin gepflegte Eifersucht nun so voll gerechtfertigt zu sehen. Trotzig wandte sie sich gegen Friedmuth: »Wohl, ich will es glauben. Ihr wähntet mich tot. Schon das zeigt, wie anders Ihr, wie anders ich unsern Ehebund erfaßt: Ihr glaubt sofort, was Euch ein alter Schwachkopf vorredet.« – »Aber Wulfheid! Er sah Euch auf der Bahre.« – »Ich aber – obwohl alle, alle, nah und fern, Feind und Freund, mich verhöhnen, mich auslachen wegen meiner Herzenstreue, obwohl mich die Vettern mit Fehde drängen unablässig, Jahr um Jahr, obwohl ich jahrelang nichts mehr von Euch höre, obwohl der Goyener schwört, er sah Euch stürzen und Heiden und Christen hätten um die Wette Euren Tod versichert –, ich bring es nicht über dies törichte, dumme, dies, wie der Sänger dort es schilt, so harte Herz, an Euren Tod zu glauben! Ich beharre dabei: Mein Friedmuth lebt, mein Friedmuth kehrt nur wieder! Er aber! Heute hört er meinen Tod, und morgen freit er, wohl Gott und alle Heiligen und seinen Christenglauben verleugnend, ein Heidenweib. Vermutlich ist sie jünger als die Tochter Herrn Wulfgangs und hat sanfte, verliebte Augen!«

Und mit grimmiger Neugier, voll tödlichen Neides, maß sie die feine, die rührende Gestalt an jenem weißen Schleier. »Aus eitel Sinnenrausch und Üppigkeit – am andern Tage schon«, fuhr sie laut, fast schreiend, fort, »greift er nach der Sünde.« – »Mitnichten!« sprach Herr Friedmuth, ruhig das Haupt schüttelnd. »Nun höret endlich. Beim Sturz in eine Fallgrube – Hezilo hat Euch das erzählt – blieb Falka tot. Ich fiel in mein eigen Schwert, das, aus der Scheide gefahren, die Spitze gegen mich reckte: Tief war die Wunde! Hart unterhalb der Brünne, unter der letzten Rippe links, viele Zoll lang. Die Spitze, die abgebrochene, stak darin. Ich litt recht lang und schwer.« Leise bebte da der weiße Schleier des Turbans, das verhüllte Köpflein sank gegen den Busen herab. »Als ich wieder zu Gedanken kam, lag ich gefangen in Djibrin, dem Bergschloß des Emirs Emid, der mich gefangengenommen. Er hatte seinem eignen heilkundigen Arzt geboten, alle Kunst aufzuwenden, mein Leben zu erhalten.« – »Warum? Für wen?«

fragte Frau Wulfheid funkelnden Auges. »Er glaubte«, Friedmuth stockte, »er überschätzte sehr seinen Gefangnen.« – »Weil Friedmuths Wachsamkeit unser ganzes Lager vor den Heiden gerettet hatte«, ergänzte Herr Walther mit einem Blick liebevollen Stolzes auf seinen Freund. »So hielt er mich denn für weit wertvoller, als ich war: für einen Fürsten unter den ›Franken‹, und hoffte, seinen von den Unsern gefangenen Bruder gegen mich ausgewechselt zu erhalten. Aber als der weise Ägypter meine Wunde sah, da – so ward mir später berichtet – sprach er: ›Es braucht ein kleines Wunder für den Arzt, ein größres für die Pflege. Wer soll ihn pflegen?‹ Da trat des Burgherrn Tochter vor. Sie hatte mich, den Sterbenden, in den Burghof tragen, mich unter der Palme Schatten liegen sehen. Erbarmen mit dem Fremden, dem Gefangenen, rührte ihr junges Herz . . .« Frau Wulfheid nickte grimmig und sprach leise vor sich hin: »Und schön war er auch, der Gefangene! Sehr schön!« – »Sie pflegte mich viele Wochen, Monate! Ich wußte lange, lange nichts, als daß eine milde, weiche Hand mich labte, als daß ein Auge . . .« Er brach ab. »Endlich war ich genesen. Ich erfuhr vom Arzte: Nicht er, sie habe mich gerettet. Ich dankte ihr, wir schlossen Freundschaft.« Da schlug Frau Wulfheid eine grelle Lache auf: »In welcher Sprache? Auf heidnisch oder auf deutsch? Ihr verstandet euch ja gar nicht. Ha, die Seelen hatten wohl wenig zu tun mit dieser Freundschaft?« Aber ruhig fuhr der Erzähler fort: »Sobeidens Mutter war eine Abendländerin, eine Christin, eine Deutsche: Elisabeth, Tochter des Grafen von Wied, die der Emir auf ihres Vaters Pilgerfahrt gefangen und sich vermählt hatte. Sobeide ward im Glauben des Vaters, aber von der Mutter in deren Sprache, deren Sitten auferzogen, bis sie durch den Tod dem Kind entrissen war. Ich mach es kurz. Der Emir verließ die Burg mit einem Auftrag des obersten Sultans der Heiden an den Kaiser. An seiner Stelle übernahm den Befehl Scheich Dschabir: ein wilder Heide, voll von Haß gegen Christen und Abendländer. Ich fühlte, er hätte mich am liebsten beim ersten Anblick ermordet. Nur der strenge Befehl, mich gut zu halten, schützte mich. Aber in der Nacht . . .«

Sobeide bebte leise.

»In einer Nacht kam der Befehl des obersten Sultans, alle gefangenen Christen zu töten.« Er hielt inne. Mit Spannung blickte Frau Wulfheid auf ihn. Herr Walther fiel ein: »Die Templer nämlich, diese ruchlosen, obzwar tapferen Frevler, hatten, vielleicht aus bloßer tempelritterlicher Gier, vielleicht aber auch, um den vom Kaiser gerade dem Abschluß nahegebrachten Friedensvertrag zu zerreißen, eine große Karawane der Heiden, welche mit Gold, mit edeln Waffen und zumal mit schönen Frauen von Bostra nach Jerusalem zog, mitten im Schutz der Waffenruhe mit niederträcht'gem Treubruch überfallen. Die Schätze, siebzig Kamele, wurden geraubt, zweihundert Männer, darunter des Sultans Lieblingssohn, Achmed, wurden erschlagen, die edeln Frauen und die Mädchen geraubt. ›Gib‹, sagt ein Sprichwort im Morgenland, ›ein schönes Weib lieber in des Teufels als in des Templers Gewalt!‹« – »Da befahl«, fuhr Friedmuth fort, »der Sultan blutige Vergeltung. Die Art der Tötung war nicht vorgeschrieben. Aber Dschabir – er hatte eine Tochter bei jener Karawane gehabt – gebot . . .« – »O schweige!« flüsterte Sobeide leise. Jedoch Friedmuth hatte sie nicht gehört und fuhr fort: »Er hatte befohlen, mich den Geiern zu geben.«

Siebentes Kapitel

»Was ist das?« fragte Frau Wulfheid gleichgültig, kurz. »Das will ich Euch gründlich sagen«, ergänzte wieder Herr Walther. »Sie binden einen Menschen, nackt, im glühenden Wüstensand, mit Händen und Füßen an einen Balken, einen nassen Schwamm im Mund, damit er nicht allzu rasch verschmachtet, und lassen ihn liegen in tiefster Einsamkeit. Die Geier kommen angeflogen aus weitester Ferne. Sie wittern scharf, sie rücken immer näher – nur den Blick des Augen scheuen sie eine Zeitlang. Senken sich die müden Lider – hui! hauen die ersten beiden Schnabelhiebe die gefürchteten Augen aus, daß die sich nie mehr auftun, und dann . . .« – »Haltet ein!« bat Sobeide.

»Und dann?« fragte Frau Wulfheid. »Dann ist er eben tot.« – »O nein, wißbegierige Frau. Es währt oft viele Tage. Denn die Geier kämpfen untereinander um den leckeren Fraß. Und dann kommen erst die langsameren Schakale.« Frau Wulfheid biß die Unterlippe und runzelte die Stirn. Dann lachte sie laut: »Nun! Ihm ist nichts von alledem geschehen.« – »Und daß ihm nichts geschah, das dankt er – das dankt hoffentlich auch Ihr – nur diesem Kind, dieser Heidin von achtzehn Jahren.« – »Ja«, fuhr Friedmuth fort, »der Befehl war gegeben, und mir verkündet. Umsonst hatte Sobeide auf den Knien um Gnade für mich gefleht. Aus dem luftigen Gemach, in dem ich bisher geweilt, führte mich Dschabir selbst in einen Turmkeller tief unter dem Burgfelsen. Mancher der Burgleute hatte mich in diesen vielen Monaten liebgewonnen: Dschabir sah Mitleid, Unmut in ihren Zügen. Da sprach er: ›Beim Barte des Propheten: Wer es wagt, ihm zur Flucht zu verhelfen oder seine Qualen in der Wüste abzukürzen, sei es, wer es sei – und wär's mein eignes Kind –, wird lebendig verbrannt.‹ Er schloß die Eisentür hinter mir.« – »Und das soll alles wahr sein? Und Ihr lebt doch?« – »Ich lebe doch! Weil dieses Mädchen . . .« – »Und merkt es wohl, Frau Wulfheid«, fiel Walther ein, »ohne mit entfliehen zu wollen.« – »Sobeide schlich sich in der Nacht in das Schlafgemach des Scheichs: Sie nahm, zwischen seinem Dolch und seinem Krummschwert heraus, den Schlüssel meines Turmes. Sie glitt hinein zu mir – sie führte mich an eine niedere Stelle der Mauer. Ihr Vater hatte ihr einst, da die Burg von den Templern belagert ward, eine seidene Strickleiter gegeben, sich, falls die Feinde eindrängen, hinabzulassen, in einer Schlucht des Schloßberges zu verbergen und dann auf geheimen Felsenpfaden zu entrinnen. Sie schlang die Leiter um eine Zinnenzacke und ließ mich hinab. Aber nie hätte ich in der Nacht den bei Tag kaum sichtbaren senkrechten Schwindelsteig, die Felsen herab, gefunden. Sie führte mich. Wir liefen die ganze Nacht. Beim Morgengrauen kamen wir an einen Nebenfluß des Jordan. Eine morsche Fähre mit einem halbzerbrochenen Ruder lag im Schilf. ›Steig ein‹, rief sie, ›und drüben stets nach West, der eben aufgehenden Sonne stets den Rücken wendend. Dort stehen die

Christen. Fliehe rasch.‹ – ›Und du?‹ sprach ich, das Ruder fassend. ›Du kannst doch nicht zurück ins Schloß!‹ – ›Nein‹, sprach sie ruhig. ›Was willst du tun?‹ fragte ich. ›Hier warten, solang ich dich noch sehen kann.‹ – ›Und dann?‹ – ›Dann sterben. In diesem Ring ist Gift.‹ Da sprang ich aus dem Kahn zurück, faßte die sanft Widerstrebende, trug sie hinein und stieß ab. Sie sank betäubt auf den Boden des Nachens. Bald war ich drüben. Ich hob sie empor. Sie schlug die Augen auf: ›Du liebst mich!‹ rief ich vor ihr kniend. Sie senkte das Köpflein: ›Ich glaube ja!‹ sprach sie.«

»Elender«, rief da die Fragsburgerin und sprang auf, »erspare mir die Schilderung eures Glücks – eurer Sünde! Und sie stahl den Schlüssel dem Schlummernden! Und sie verriet ihr Volk! Und sie ließ den Feind ihres Glaubens entwischen! Nein, sie lief ihm voran! Und ward seine Buhle, wissend, daß er einer andern gehört!« – »Nein. Ich hatte ihr längst deinen Tod geklagt. Und meine Buhle ward sie nicht in jener Wüsteneinsamkeit. Sondern meine Braut. Wir knieten nieder, und wie schlossen ein Verlöbnis vor dem allgegenwärtigen Gott, daß nur der Tod uns solle scheiden.«

»Oder ich!« drohte Frau Wulfheid finster und hob die geballte Rechte. »Und nach vielen, recht vielen Leiden und Gefahren erreichten wir eine christliche Schar. Wackre Hospitaliter waren es: Oh, wie das weiße Kreuz auf ihren schwarzen Mänteln mir gleich dem Sterne der Errettung blinkte! Die nahmen uns, die Halbverschmachteten, auf und labten uns und liehen mir Geld zur Überfahrt. Und auf dem Schiffe ward Sobeide von dem Bischof Eberhard von Salzburg in unserem Glauben unterwiesen, getauft auf den Namen ›Demuth‹ und gefirmt. Und in Anagni traf ich auf den Kaiser, der . . . der mir sehr huldvoll ist, und erzählte ihm meine Geschicke und zeigte ihm diese da.« Sein Auge strahlte vor Liebe. Aber er faßte sie rasch. »Sie gefiel ihm gar sehr.« – »Glaub's von dem heimlichen Heiden! Dem Verfluchten! Dem Verbuhlten! Dem Freund der lüsternen Minnesänger«, nickte die Burgfrau grimmig. »Er richtete selber unsere Hochzeit aus; der Patriarch von Aquileja traute uns. Der Kaiser vergab die Braut und beschenkte uns reich. Und nun zog ich mit meinem jungen Weibe, mit Demuth«, verbesserte er rasch, »über Florentia nach Verona, von da über Trient hierher. Bei Trient stießen wir auf Walther und erfuhren, daß . . . daß du lebst.«

Da ging ein tiefer, tiefer Seufzer aus von der verschleierten Gestalt, und sie wankte. Herr Walther sprang hinzu und barg mitleidig ihr Haupt an seiner breiten Brust.

»Und – gesetzt, ich glaube das alles – da hast du sie nicht von dir gestoßen wie einen giftigen, eklen Wurm, der dich angekrochen hat im Schlafe? Du wagst es, du hast die schamlos freche Stirn der Sünde, dies Geschöpf hierher, in meine Burg, an meinen Herd zu führen? Willst du vielleicht zwei Weiber haben? Hast du das ihren heidnischen Gesippen abgelernt? Oder soll ich etwa als Magd dem Püppchen die Schuhe anziehen und euch das Lager rüsten?« Traurig schüttelte der Gescholtene das Haupt: »Nichts dergleichen! Wir wollen nur, nachdem dies schwere Geschick über unsere drei unschuldigen Häupter hereingebrochen ist . . .« – »Du wagst es, mich mit euch, mit eurer Befleckung in eine Reihe zu stellen?« – »Wir wollen nun, alle drei, mit Wohlwollen und mit Güte des Herzens, so lange suchen, bis wir finden, was in diesem argen Widerstreit der Dinge zu tun ist.« – »Was zu tun ist? Und du kannst zweifeln? Kannst schwanken zwischen deinem rechtmäßigen Eheweib und dieser hergelaufenen, nein, schlimmer, mitgelaufenen Buhle? Hinaus mit ihr, aus meiner Burg! Laß sie zurückgehen, dahin, woher sie – von niemanden, auch von dir, wie du sagst, nicht gerufen – kam.« – »Zu den Heiden die Christin? Zu meinen Todfeinden meine Retterin? Ihr droht der Feuertod!«

Aber Frau Wulfheid hörte den Einwurf gar nicht, sie hatte einen anderen Gedanken aufgegriffen. »Allein auch, nachdem sie entschwunden, dahin, wohin sie gehört, in Schmach und Dunkel und Todesstrafe, mein Herz bleibt doch für immerdar vergiftet. Er hat, verwitwet, ein ander Weib gewählt! Ich – bei Gottes Rache! – ich hätte nie, nie mehr nach seinem Tod mich vermählt.« – »Das glaub ich Euch aufs Wort«, sprach Herr Walther ernst. »Aber das kommt daher: Ihr, Ihr habt Friedmuth wirklich geliebt. Das heißt, was Euere Gemütsart Liebe nennt und, so viel oder wenig, so weich oder hart es nun mal ist, an Liebe vermag: Das habt Ihr ihm gegeben. Und in dieser Euren Art liebt Ihr ihn noch.« – »Ich! Ihn noch lieben!? Ich hasse ihn! Nein, ich verachte den Verruchten.« – »Er aber – Friedmuth – hat Euch nie geliebt.« – »So hat er mir denn stets gelogen!« – »Ihr wißt recht gut: Er kann gar nicht lügen.« – »Ja, er konnte es nicht! Er war so wacker, so aufrecht. Er war mein Glanz und meine Liebe«, und jetzt klang die unschöne Stimme beinah schön, »wenn ich auch nicht wie eine girrende Waldtaube davon plappern konnte: ja, er war meines Herzens Stolz und Freude. Jetzt aber, wer solche Sünde tat, der lernt auch lügen. Jedoch, eh' er schied, wann er mir da von Liebe sprach, da log er nicht.« – »Gewiß nicht. Er wußte es nicht besser.« – »Nun aber hat er es wohl gelernt, was Liebe sei? Oh, hätte doch dieser Schlange bei ihrer Geburt ein Fußtritt den Kopf zertreten.« – »Unholde Frau!« rief da der Sänger heftig. »Ohne ihre todesmutige Liebestat wäre Euer Mann in den furchtbarsten Qualen viele Tage lang aufs elendste verendet – wär Euch das lieber?« – »Ja, bei Gottes Zorn, viel, viel lieber!«

Beide Männer erbleichten, das junge Weib schauerte zusammen.

»Laß dir nicht grauen, Demuth, 's ist nicht ihr Ernst«, sprach Friedmuth entschuldigend. »Ah«, fuhr sie auf, »Ihr meint, ich sprach's im Unbedacht? So hört's noch mal in aller kalten Ruhe. Ich schwör's bei diesem Ringe, meinem Ehering: Lieber hätte ich ihn von Geiern und Wölfen der Wüste, Zoll für Zoll, langsam zerreißen gesehen, als einen Gedanken, einen Herzschlag von ihm, als mein Recht an ihm, einem anderen Weibe gegönnt.« – »Schweiget, Frau Wulfheid!« mahnte Herr Walther. »Das ist nicht anzuhören!« Friedmuth trat schaudernd einen Schritt von ihr hinweg. »Sie raset«, sprach er. »Nein, ich rase nicht. Ihr aber, ihr beiden Männer, ihr scheint ja ganz verzückt von dieser Heuchlerin! Und«, fuhr sie fort, »wozu die Mummerei? Weshalb, zuerst, blieb der Sänger im geschlossenen Helm – auch nach dem Kampfe?« – »Ich weiß, wie wenig Gunst Ihr mir tragt«, erwiderte dieser gutmütig. »Ich sagte Friedmuth: Wir wollen die Frau nicht gleich schon durch meinen Anblick reizen, bevor . . .« Die Burgfrau machte eine verächtliche Bewegung, trat in die Mitte der Halle und fuhr fort: »Und deshalb jener Schleier? Ah, sie scheut in ihrer Schmach den Blick der Rächerin!« – »Nicht doch«, sprach Friedmuth. »Aber wir, Walther riet es, wir hofften – als ein letztes Mittel gegen Euren Grimm – so furchtbar hab ich ihn freilich selber nicht geahnt, und nun wird's wenig fruchten! Wir meinten, wenn Ihr sie, der Ihr mein Leben dankt . . .« – »Ich dank ihr's nicht, nachdem's besudelt ist.« – »Wenn Ihr dies Antlitz sähet, glaubten wir – es ist gar wundersam –, es könnte Euch milder stimmen.« Und er schritt rasch hinzu und schlug Sobeides Schleier zurück.

Da stieß Frau Wulfheid einen gellenden, markdurchdringenden Schrei aus, fuhr mit beiden Händen in ihr Haar hinter den Schläfen und taumelte ein paar Schritte zurück: »Zauber! Zauberei! Hilf, strenger Gott!«

Ängstlich wollte sich die tief Errötende wieder verhüllen. Aber Herr Walther wehrte ihr. »Seht, Frau Wulfheid«, sprach er weich, »sogar Euch ergreift dies rührende . . .« – »Nein«, fiel jene, sich wieder aufrichtend, ein, »sie rührt mich nicht! Aber nun sehe ich's: Das ist Zauberei! Kein Weib auf Erden ist, ohne schön zu sein, so hold, so zum Mitleid verlockend, ohne Grund – wider Recht. So herzgewinnend! Sogar mich wollte der Spuk beschleichen! Das ist der Hölle Werk! Sieht aus wie ein Kind – ja, Kinderaugen hat sie! Und dieser sanfte Schmerz! Von Lust und Sinnenglut nichts; ja, das ist Hexerei! Und Hexen . . .«, schloß sie grimmig, frohlockend, »Hexen muß man verbrennen!«

Da glitt das junge Geschöpf, das kaum vom Kinde zum Mädchen erblüht schien – nicht einer Ehefrau wahrlich sah sie gleich –, leis auf die Knie nieder, kreuzte beide Arme auf der Brust und hauchte kaum vernehmbar: »O Herrin! Zürnet nicht so schwer! Ich habe nur eine Schuld: daß ich ihn liebe. Ihn retten wollt ich. Ich will sonst nichts. Ich habe nie auf ihn gehofft. Ich will gehen, wohin Ihr wollt. Am liebsten aber sterben.« – »Und sterben sollst du«, erwiderte jene tonlos, langsam, drohend den Zeigefinger der rechten Hand erhebend. »Die Hexe brennt. Das ist das Recht im Lande. Und dein Buhle soll dich nicht davor beschützen!« Da hob Friedmuth die Kniende sanft vom Boden auf. »Steh auf!« sprach er. »Knie nicht vor ihr, Geliebte.« – »Ah, Rache Gottes, vor meinen Augen kost er sie!« rief bei diesem Wort Herrn Wulfgangs Tochter, und abermals faßte sie ein nacktes Schwert und stürmte damit gegen die Feindin vor.

Aber Friedmuth hielt sie gleich auf; fest griff er ihren Arm. Mit Unmut ließ sie die Waffe fallen.

»Genug«, rief er, »und lang schon allzuviel! Erschöpft ist unerschöpflichste Geduld. Ich bin dein Herr, Weib, und Herr dieser Burg, und ich befehle dir: Du gehst sofort in deine Kemenate oben im Söller. Gehorche! Oder ich führe dich selbst! Und du, Sobeide, trittst hier zur Linken in dies Gemach. So harret ihr beide – beide Frauen –, bis mein Entschluß gefaßt. Ich sehe vorher – ich schwör's bei meiner Ehre! – keine von euch wieder.«

Zögernd, trotzig, mit zurückgeworfenem Haupte schritt Frau Wulfheid zorngrimm aus dem Saal. Sie gehorchte ungern. Aber in Herrn Friedmuths Blick lag etwas, das sie nie gesehen: die fest entschlossene, ihr weit überlegene Hoheit des Schmerzes. Das brach ihren Widerstand. Sie ging. Drohend hob sie, die Schwelle überschreitend, die geballte Faust gegen die Araberin.

Diese sah es nicht. Nach einem langen, langen, tief wehevollen Blick auf Friedmuth glitt Sobeide gesenkten Hauptes in das nur durch einen Vorhang von der Halle getrennte Gemach. Herr Walther folgte ihr dahin, sie stützend: denn sie wankte.

Achtes Kapitel

Es war ein kleines, gar feierlich ernstes Gelaß, das die beiden betraten. Es hatte früher als Kapelle gedient, bis bei einem Umbau der Burg eine geräumigere Schloß- und Gruftkapelle im Erdgeschoß eingerichtet worden war.

Von jener ursprünglichen Bestimmung war aber noch manches übriggeblieben in dem engen Raum: Kreuze und allerlei einfache

Symbole, in Stein gehauen an den Wänden, auch fromme Sprüche aus der Bibel oder aus weltlicher Dichtung, aufgemalt mit weißer und roter Schrift auf blaugetünchtem Kalkbewurf. Ein Rundbogen mit ein paar roh gemeißelten Heiligen an dem Mittelsäulchen diente als Fenster, Marienglas fehlte, ein dunkelroter Vorhang konnte vor die Öffnung gezogen werden.

In einer flachen Nische, die einst der Altar ausgefüllt hatte, stand ein niedrig Gestell mit einigen Kissen und Polstern, darüber lagen ein paar Decken gespreitet. An dem Fenster war ein Klappstuhl, in die Wand eingelassen, angebracht; der Blick über den Burgberg hinab, die Etsch aufwärts und abwärts war wunderschön.

Anmutvoll dankend, löste sich die Fremde von Herrn Walthers Arm, der ihr den weiten lichtblauen Reisemantel von der Schulter nahm. Sie hob den Turban ab und den langen, dichten Schleier, der darum gewunden war, und ließ sich unhörbar, alle ihre Bewegungen waren so leicht, so klein, so leise, auf das Lager niedergleiten, das schöne Haupt, nun ganz unverhüllt, zurücklehnend an die harte Steinwand, die großen Augen weit aufschlagend und nach oben blickend, den Himmel suchend durch das schmale Fenster, aus welchem das Licht, ohne zu blenden, voll auf ihr Antlitz strömte.

Herr Walther setzte sich an dies Fenster auf den »Mauerstuhl«, ihr gegenüber, und sah sie lange schweigend an.

»Sie ist wunderbar. Nein, sie ist selbst ein Wunder«, sprach er leise zu sich selber. »Nicht gar so arg schön. Frau Gioconda – wo mag sie jetzt wohl sein? – war ein viel schöner Weib. Aber sie ist so rührend! An Antlitz und Gestalt. Da möchte wohl Herr Wolfram singen: ›Ihr wisset, wie Ameisen pflegen um die Mitte schmal zu sein? Noch schlanker ist dies Frauelein!‹ So jung und so unheilbar elend! So hold und so sterbenstraurig! So gut und so unrettbar! So kindlich und so todesmutig kühn in ihrer Liebe! Mädchenehre, Glaube, Vater, Vaterland, Volk, Leben: alles opfernd! Und nicht um des Geliebten Besitz, das täten viele, nur um seine Rettung. Wie eines Kindes, nochmal muß ich's denken, ist all ihre Art! Diese kleinen Händchen, diese Gelenke, diese Füßlein in den Seidenschuhen – daß diese sie nur tragen? Und wie das dunkelbraune Haar, des Vaters Erbe, durchsonnet ist von einem wie verirrten hellen Strahl: 's ist wohl der Mutter lichteres Gelock. Und wie die weiße Haut der Abendländerin von einem Pfirsichduft leicht überflogen ist! Und wie das langgezogene, schmale Antlitz so ergreifend edel ist! Und solch ein feingeschnitten Näslein, gebogen, doch wie zart! Und solche sanfte rote Lippen hab ich nie gesehen! Und ihre Augen! Ich sah einmal im Morgenland ein köstlich Tierlein, unserem Reh vergleichbar, aber doch wieder nicht. Nur wie einer, der's gar nicht versteht, die Nachtigall, so edelfein, dem guten, aber plumpen Hänfling vergleichen könnte. Ein solches Tierlein – Gazella, mein ich, nannten sie's – starb, vom Pfeile wund, in meinem Schoß. Die Augen waren so groß, so rund, so durchsichtig braun, in einem leisen Blau, statt in Weiß, sanft schwimmend: Eine ganze Welt von stummer, vorwurfsvoller Trauer. Solche Augen hat das ›kindjunge‹ Weib! Geh, schäm dich, Walther! Schaust sie an wie ein Träumer, der sie auf Goldgrund malen wollte, und siehst nicht, welch hoffnungsloses Weh, welch abgrundtiefer Schmerz in diesen tränenleeren Augen liegt, und redest ihr nicht tröstend zu! Ei, Walther!« schalt er sich.

»Mein armes Kind«, begann er nun mit seinem weichsten Ton, und herzgewinnend konnte diese Stimme tönen. »Frau Demuth«, besserte er . . . »Nein, laßt lieber Euch ›Kind‹ nennen, könnte ich doch Euer Vater, ja Euer Großvater fast sein! Und Ihr seid ein Kind: aus goldener Sternenwelt herabgefallen, hilflos und vertrauensselig, in eine Welt, die hartes Erz und Schlimmeres ist! Mein liebes Kind!« Und er legte ein Bein über das andere und griff zutraulich, beschwichtend, nach ihrer schmalen, langfingerigen Hand. »Banget nicht, es droht Euch nicht Gefahr.«

»Ich bange nicht und trau're nicht um mich! Seht«, sprach sie schlicht und sanft, »Herr Walther, ich habe nur drei Menschen wahrhaft gekannt. Und diese drei – hab ich lieb gehabt, so ganz von Herzen lieb. Meine Mutter, ihn und Euch. Mein Vater war fast nie auf der Burg. Die Araber und das Gesinde, die mich umgaben, blieben mir immer innen im Herzen fremd, fern. Meine Mutter, oh, sie sprach so viel vom Land der Franken, von ihrer deutschen Heimat! Sie wußte gar viel Lieder der Minnesänger. Auch eigene erfand sie und lehrte sie mich. Und ich behielt die Lieder rascher, fester als alles, was ich sonst lernen sollte. Und oft dachte ich dazwischen eigene Gedanken und war ganz erstaunt – ich schämte mich und errötete –, daß sie sich manchmal reimten. Und dann kam – er. Und das war alles. Das war mein ganzes Leben. Aber als ich nun Euch fand und sah, wie gut Ihr seid, auch gegen Fremde, Arme, zumal Kinder und gegen alle Tiere, und wie wir nun alle diese langen Tage zusammen waren, immer nur wir drei, und wie ich Euch erkannte in Worten und Werken, da ging mir etwas auf, was ich nicht gekannt: Freundschaft und recht herzinnige Verehrung. Und ich konnte nach der Mutter und nach ihm auch Euch tief, tief in meine Seele nehmen; und so sage ich Euch wahrhaftig: Ich trau're nicht um mich!« – »Ich weiß!« sprach er. »Denn an Euch selbst habt Ihr von je zuletzt gedacht, Kind Demuth! Aber um eins möcht ich bitten: Glaubt mir, nicht alle deutschen Frauen sind – gleich der. Sonst müßt ich eines meiner liebsten Lieder umdichten!«

»Ihr tut ihr schweres Unrecht! Sie ist im vollen Recht. Laßt sie es brauchen.« – »O wüßtet Ihr doch nur« – er sprang heftig auf –, »daß sie, sobald nur Friedel will, in vollstem Unrecht ist. Wenn sich's um Recht und Unrecht wirklich handeln soll, wie's der Richter, der Schöffe und die Fürsprecher verstehen. Aber was hilft's, Euch das sagen! Ihr müßte man's sagen. Und das hat er verboten!« schloß er grollend. »Es zieht sich, wie ein glühend Eisen, unablässig dieser Ring von Gedanken um mein Hirn: Friedmuth, Wulfheid, Demuth. Von diesen drei Menschen kann einer nicht mehr leben! Das will sagen«, fuhr sie fort, sich langsam über die Stirne streichend, »diese drei können nicht zusammen das Licht der Sonne schauen. Da er nun leben muß, um jeden Preis . . . – solang der Gott der Himmel es vergönnt . . . – und da die strenge Frau in vollem Recht . . .«

»So wollt Ihr vielleicht sterben?« lächelte Walther. »Das wäre das Wahre! Nein, nein! Ihr sollt mir fein leben und Gott den Herrn erfreu'n, wenn er auf Erden schaut. Ist ihm zu gönnen, dem

Milden. Muß so viel Unholdes sehn! Muß man denn gleich sterben?« – »Ich gehe nicht ins Kloster«, sprach sie ruhig. »Das ist lebendig begraben sein.« – »Ihr – in ein Kloster? Die duftende Rose unter eine Grabplatte!« – »Es bleibt kein Ausweg. Friedmuth, Wulfheid, Demuth: Oh, der eherne Ring, der glühende Ring! Weh, ich allein hab alles Unglück über ihn gebracht.« – »Ihr allein habt ihn gerettet.«

»Ja. Aber als wir an jenem Flusse standen, als er mich fragte: ›Was willst du nun beginnen?‹, da hätt ich nicht sagen sollen: ›Sterben!‹ – nein: es tun! Lautlos, nachdem sein Kahn drüben angelandet, unter das grüne hohe Schilf gleiten, das war das Rechte! Und, o Gott der Christen und der Heiden! Das ist meine Schuld. Denn wißt, edler Harfenschläger – wie einem Priester, lieber als einem Priester, beicht ich Euch –, ich hab's geahnt, alles!« – »Wie? Ihr konntet doch nicht ahnen, sein Weib lebe?« – »Gewiß nicht! Aber als er mich so fragend ansah, mit seinen hellen Augen, da zuckte es durch mein Haupt: ›Folg ihm nicht! Folg ihm nicht in seine Heimat. Du bringst ihm Unheil dort, du taugst nicht dorthin, laß ihn allein entrinnen. Schweige und stirb!‹ Ach! Das war das Wahre, Rechte, das von Gott Gewollte! Ich schloß damals die Augen. Aber ach! (Er hat's verschwiegen, verschweigen müssen, wie er vor ihr sprach): Da sprang er auf mich zu. ›Sobeide!‹ rief er. Und da wußt ich's, aus diesem Ruf erst lernte ich's: Er liebte mich! So sehr, so sehr! Und da, leider, tat ich die Augen wieder auf und sah sein Auge. Und statt zu fliehen . . . o Gott im Sternenhimmel! Ich konnt es nicht. Mir verging die Kraft, ich wankte, ich sank zu Boden. Und als ich erwachte, waren wir drüben, und er lag vor mir auf den Knien und stammelte Worte süßen Entzückens, holder Verzückung: ›O Minne‹, rief er, ›jetzt erkenn ich dich!‹ und küßte mir Füße und Gürtel und Hände. Ach und ich war selig! Und ich folgte ihm. Und doch zuckte mir's auch später noch manchmal durch die Stirne: Du bist sein Unheil! Aber«, und nun ward ihr Lächeln zauberschön, »er schien . . . er war so glücklich! Ach so sehr! Er, der ernste Mann, der Held, er lachte, scherzte, spielte wie ein Kind – er war so wunderhold in seinem Glück. Ich sah's: Ich war dies Glück! Und allmählich vergaß ich jenen jähen Schatten, der mich am Fluß umwölkt hatte, jenen ahnungstiefen Schrecken. Und da der große, der strahlende, der herrliche Kaiser . . .« – »Ja, Kaiser Friedrich! Ihm gleicht nichts auf Erden!« – »Da der mir die Hand auf das Haupt legte und sprach: ›Töchterlein, ich hatt es anders mit ihm vor. Aber du, Heldenkönigin der Liebe, du hast ein heilig Recht auf ihn. Nun soll der arme Mann, der all sein jung Leben nur Fron der Pflicht und Arbeitszwang gekostet hat, nun soll er die Minne lernen und das Glück.‹ Da, ich gesteh's, da wich von mir der letzte Schatten; und ach, wie Kinder selig, lachend selig wurden wir. Aber eines Abends« – sie erbleichte – »kam Friedmuth in Trient zurück von der Herberge, wo er Euch, edler Herr, getroffen. Ich erschrak, so war sein Antlitz verwandelt; denn er sah aus, wie wenn sein Herz zu Eis geworden. ›Sie lebt‹, sprach er, ›Wulfheid lebt! Wir beide, Demuth, sind jetzt viel unerreichbarer geschieden, als wärst du auf dem Mond, ich auf der Erde – es ist unmöglich! Es gibt keine Hilfe für uns in Reich und Kirche, nicht bei Kaiser, nicht bei Papst! Wir sind alle drei so elend, wie nie Menschen waren!‹ Da weinte ich nicht. Denn er litt, und ich mußte ihn trösten. Aber da kam der Schatten von des Flusses Rand wieder über mich, und ich sprach zu mir: ›Du bist sein Fluch!‹ Und alle Lebenshoffnung losch mir aus! Deine Milde, deine kluge Güte hat in jenen Tagen an mir getan, Freund Waltharius, was sonst kein Mensch an mir vermocht: Sie richtete mich wieder auf! Ich war auf jedes Maß von Elend gefaßt. Nun aber doch, als ich sah, dies mitleidlose graue Auge sah und diese Stimme hörte, die, ach sanfter Gott, aus einem Grab zu kommen schien, da krallte mir das alte Weh das Herz zusammen, und ich sprach abermals zu mir: ›Du bist sein Fluch, Sobeide.‹«

»Armes Kind! Es ist kein Wunder, daß Euch Wahngedanken verwirren. Ihr sein Fluch? Sein Segen seid Ihr und sein einziges, sein erstes Glück. Wahr sprach der Kaiser! Und was Menschenwitz und guter Wille vermag, ihm sein Glück zu erhalten, das soll geschehen. Wir müssen suchen!« – »Hier ist nichts zu finden! O wie hab ich, seit ich das Schreckliche erfuhr, mein armes Gehirn zermartert! Es gibt keinen Ausweg! Helfen könnt Ihr nicht, Freund

Waltharius! Aber eines könnt Ihr wunderbar: Schon in diesen Tagen, wenn nichts mich tröstete und ihn, dann grifft Ihr wohl zur Harfe und sangt oder auch, vom Roß herunter, spracht Ihr uns ein Lied. Meine Seele ist so durstig des Schönen. O sprecht mir eines Eurer Lieder vor, so ein trauriges. Das tut dem wunden Herzen wohl.«

Neuntes Kapitel

»Gern, Liebtraute. Wohl, wohl ein trauriges! Aber doch nicht so traurig, daß man verzweifeln müßte. Nicht ein schriller Ton, der am Schlusse die Saiten wie das Ohr und das Herz zerreißt. Trauer und Wehmut und doch – entsagungsvoller Friede! Ich habe so ein Lied – vor Jahren schon – gemacht! Ach nein, ich hab's gelebt. Denn das Ergreifendste, das kann man nicht erfinden, nur erleben. Auch mein Leben hat ein großer Schmerz durchzogen und geweiht. Auch ich hab's gelernt, ›daß Liebe doch mit Leide stets endlich lohnen muß‹. Auch mir ward des Herzens Wunsch nicht gewährt. Nein, Holde, laß nur das abwinkende Händchen ruhen. Es tut mir nicht mehr weh – oder tut doch zugleich wohl im Wehetun! Auch werd ich's Euch nicht erzählen; ein Lied, und Ihr erratet's selbst. Es ist nur ein Ritt durch den Wald, den ich vor Jahren einmal von meinem Vogelhof aus nach einem Nachbarschlosse machte – zu einem erkrankten Kind. Nach Mitternacht ritt ich zurück und sann und sang:

Gemach, mein Roß, und tritt bedächtig!
Der Glühwurm nur erhellt den Steg.
Schwer reitet sich's im Buschwald nächtig,
Knorrwurzeln laufen übern Weg.
Tags trägst du mich – nun führ ich dich,
Dir Schritt und Bahn zu zeigen,
Mit Schweigen.

Du bebst? Du schnaubst? Ja! Waldnachtgrausen
Streift eisig auch des Weidmanns Brust.
Die Nächte, die im Nachttann hausen,
Sie schrecken gern mit Schadeluft.
Schon mancher zog zu Wald zur Nacht,
Kam nicht mit heilen Sinnen
Von hinnen.

Glutaugig faucht und klappt die Eule,
Im Eichstamm ächzt der Waldschrat heiser,
Das Morschholz leuchtet rot in Fäule,
Und raschelnd schlüpft durch dürre Reiser,
Indes der Schuhu gellend lacht,
Das Wichtenvolk der braunen
Allraunen.

Doch horch! Was johlt dort hoch in Lüften?
Was hallt und tutet wie ein Horn?
Entstiegen aus des Abgrunds Klüften
Hetzt seinen Hengst mit blut'gem Sporn
Der Heidengötter König da
Hoch überm Baum und Boden –
Herr Woden.

Den Schuld'gen wird das Nachtheer hetzen,
Bis er den letzten Hauch getan.
Uns, Rößlein, darf es nicht verletzen,
Wir ziehn auf guten Werkes Bahn,
Und über uns wacht Gott der Herr,
Der aller üblen Geister
Bleibt Meister.

Wer Vöglein pflegt, muß Kräutlein pflegen,
Heilkräft'ger Wurzeln weiß ich viel.
Dem todeskranken Kind zum Segen
Ausritt ich, als der Frühtau fiel.
Gerettet konnt ich noch vor Nacht
Der Mutter und dem Leben
Es geben.

O Mutterauge, wie du strahltest
In Freudentränen wundersam!
Mit deinem Scheideblick du zahltest,
Was einst von dir an Weh mir kam,
Als ich vor zwanzig Jahren sah
Zum Brautaltar dich schreiten –
Vom weiten!«

Er hatte bald das Auge von der Hörerin abgewendet und, wie im Traum versunken, als ob er alles jetzt erlebe, zu dem Fenster hinausgeblickt, in das Etschtal, das nun prachtvoll im Abendgolde glühte. Wie dunkler Wein, so purpurfarbig, schimmerte der Porphyr der Bergfelsen. Erst gegen das Ende hatte er vorsichtig den Blick auf das junge Weib zurückgelenkt. Das saß vorgebeugt und hielt den weißen Schleier vor das Antlitz, aber über die schmalen Finger glitten Tränen. Sie weinte, ganz leise – aber recht von Herzen.

Er stand unhörbar auf, trat dicht an sie heran und strich ihr mit der Hand über das edel gewölbte Haupt.

»So, mein Töchterlein! Weine – weine du nur! Das tut dir besser in der Seele als das Grübeln. Ich wußte wohl, daß du dies Lied verstehst, daß du empfindest, was es lehrt. Nicht der Besitz ist der Minne höchstes Glück, die Liebe selber ist's. Und mag der Tod, mag, oft viel grausamer noch, des Lebens Fügung uns den Geliebten nehmen – er bleibt doch unser unentreißbar. – Siehe da, den schönen Abendstern.« Er hielt, nachsinnend, einen Augenblick inne; dann wies er mit der Hand nach dem Westgewölk und sprach:

»Siehst du den Abendstern am Himmel?
Nimm ihn herunter, wenn du kannst!
So wenig nimmt man dir die Seele,
Die du in Liebe dir gewannst!«

»Ich kenne dich genug«, fuhr er fort, »du tiefes, edles, reines Herz – du fühlst das so mächtig, ja fühlst es reiner als ich selbst. Drum zage nicht, du kannst ihn nie verlieren, denn er liebt euch – das ist ewig.«

»O edler Sänger Waltharius«, sprach das holde Kind, »wie dank ich Euch! Gewiß, Entsagung ist Trost und Friede. Aber ach! Ich habe ja niemals um mein Los geklagt! Ich sah ihn, fand ihn, durfte ihn lieben, und – o Wonne sonder Ende – er liebt mich! Gern wollt ich ja spurlos verschwinden – wo es sei, auf oder unter der Erde, klaglos, voll befriedet. Aber er . . .«

Sie schwieg, sie scheute sich, weiterzusprechen.

»Ja freilich«, seufzte Walther. »Hier ist's was anderes als in meinem Lied. Meine Geliebte hat mich nie geliebt. Sie liebt ihren Gemahl, sie liebt das Kind, das ich ihr rettete. Friedmuth aber . . .! Und wenn Euch in dieser Stunde der liebe Herrgott emporriefe in seiner holdesten Engelein Reigen, solang sie atmet, verzeiht ihm Frau Wulfheid nicht, daß er Euch liebte. Drum ist's auch nichts mit einem Kloster für Euch. Ihr wäret umsonst geopfert! Nicht eine gute Stunde hat der Arme mehr, solang sie lebt. Nur ihr Tod würde alles lösen.«

Erschrocken rief Sobeide: »Weh, Herr Walther! Was Ihr denkt, ist schwere Sünde! Leben, langes Leben wünsch ich ihr. Sie ist im Recht – ich bin die Räuberin! Mir, nicht ihr, muß man den Tod ersehnen.«

Lebhaft, fast unwillig rief aber jetzt der Sänger: »Ach ja freilich! Und ein gar lieblich Leben wird dann Herr Friedmuth auf der Fragsburg führen mit . . . Doch horch – er ruft mich! Lieb' Kind, strecket Euch aufs Lager. Die Sonne ist schon hinabgesunken. Ich schick Euch Wein und Obst. Ich habe ja gesehen in diesen Tagen, wie ein kleines Vöglein lebet Ihr. Nur an einer Frucht pickt Ihr zuweilen mit den weißen Zähnchen. Er klopft an den Pfeiler?

Ach ja! Er schwur, Euch sowenig wie die Burgfrau wiederzusehen, bis . . .«

Er trat aus der Türöffnung durch den Vorhang in die Halle, kam aber gleich zurück, einen frischen Strauß der schönsten Rosen in der Hand. »Von ihm«, sagte er und bot ihr, noch mal auf sie blickend, die Blumen. Dann schritt er wieder hinaus, traurig das Haupt schüttelnd, eine Träne in den Augen zerdrückend: »Sie küßt jedes Blatt, das er berührt hat! Arme Demuth!«

Zehntes Kapitel

Friedmuth hatte inzwischen nicht gleich die Ruhe gefunden, die er suchte.

An den Burgherrn, der nach so langer Zeit, unter solchen Umständen, plötzlich zurückgekehrt war, drängten sich allerlei Aufgaben. Sowie die Burgfrau die Halle verlassen, hatte dieselbe Oswin betreten. Er meldete sich mit vielen unabweislichen Geschäften, mit Fragen, die nur Friedmuth entscheiden konnte. Vor allem erzählte der gutherzige Herr dem Sohn alles, was er von Oswalds Ende wußte, und verwies ihn an Herrn Walther, der sich aber nicht sehen ließ, als Augenzeugen des Todes und der Bestattung. Darauf eilte Hezilo herzu und hing an des geliebten, totgeglaubten Herrn Halse; der Innerhofer schüttelte ihm die Hand. Rasch erzählten sich die beiden gefangen gewesenen Männer die Geschichte ihrer Befreiung. Dann mußte Friedmuth eine Urkunde unterschreiben, die sich Hezilo vom Marktschreiber zu Meran hatte ausstellen lassen, in der bestätigt ward, daß Hezilo über Jahr und Tag im Heil'gen Land gelebt habe. »Grüße mir die Kleine, die glückliche Braut!« sprach der Ritter, nicht ohne Wehmut, als er den Siegelknauf des Dolches auf das Wachs drückte. »Seid glücklich!«

Hiernach entließ er, reich beschenkt, die Reisigen und Söldner, die er mit Walther zum Entsatz Frau Wulfheids herangeführt hatte. Die beiden Vögtlinge von Goyen erbaten und erhielten Erlaubnis, die Burg mit ihren Knechten zu verlassen und Katharina aus Meran abzuholen, mit der Kunde, die Fehde um die Fragsburg sei zu Ende für immerdar. Denn Herr Rapoto, der Grimme, lag mit gespaltener Stirn auf seinem Schild im Burghof. Friedmuth verstattete, ja gebot wiederholt acht der Gefangenen, die Leiche und die des im Mauertor von Frau Wulfheid getöteten Reisigen fortzutragen zur Bestattung in der Burg zu »Naturnes«.

Die andern gefangenen Reisigen und Knechte, etwa zwanzig an der Zahl, waren nach Friedmuths früherem Befehl im festen Keller unterhalb des Hauptgebäudes der Burg eingesperrt worden, während der Greifensteiner allein in dem schmalen »Verlies«, das heißt in dem Erdgeschosse des südlichen Mauerturmes, saß. Der Fragsburger wollte nicht selbst an ihm Rache nehmen, sondern vor dem Kaiser, dem gemeinsamen Lehnsherrn, wegen des argen Friedbruches klagen, bis dahin aber den bösen Nachbarn und wenigstens die Mehrzahl der bei dem Überfall gefangenen Knechte als Pfänder zugleich und als lebende Beweismittel in der Hand behalten. Friedmuth versicherte sich, daß man den Gefangenen Nahrung, den Verwundeten Pflege gereicht hatte, er selber hatte noch die Lippe nicht genetzt, wie er gleich nach dem Sieg geboten hatte. Auch überzeugte er sich, daß die festen Eisentüren beider Gelasse, des Burgkellers und des südlichen Mauerturmes, wohlverschlossen waren. Dann ging er mit Oswin in dem ganzen Bau umher, fand, wie ausgezeichnet die Burgfrau all diese Jahre geschaltet hatte, untersuchte die Schäden, welche die Berennung in der letzten Nacht herbeigeführt, und besprach kurz die Maßregeln, die zunächst zur Wiederherstellung des zertrümmerten Tores zu treffen waren. Endlich hatte er den Burgwart entlassen und war durch den Burggarten geschritten, unter schmerzlich ringenden Gedanken die Rosen für Sobeide brechend.

Vor deren Gemach saßen nun die beiden Freunde in der Burghalle vor ihrem Abendwein lange schweigend. »Was hast du denn all die Zeit zu schaffen gehabt?« fragte Walther. Friedmuth gab genauen Bericht. Anfangs achtete der Frager wenig darauf, er hatte nur den Freund ablenken wollen von den schwermütigen Gedanken. Aber im Verlauf von Friedmuths Angaben ward er aufmerksamer. Er legte, wie er gerne tat, ein Bein über das andere und schmiegte die wohlgebildete Wange in eine Hand. »Also die mitgebrachten Reisigen und die Leute von Goyen sind fort. Und die aus den anderen Höfen, die von der Vögtin aufgebotenen?« – »Die hab ich noch vor den Goyenern entlassen; sie wohnen ja zum Teil sehr weit von hier.« – »Wohl, wohl! Ich weiß. Und wieviel Gesinde hauset immer – ständig – in der Burg?« – »Außer den Mägden nur Oswin und drei Knechte. Warum?« – »Warum? – Nun«, fuhr Walther zögernd fort, »dann muß man erst recht sagen, Frau Wulfheid hat sich gegen die Übermacht tapfer gewehrt.« Jetzt stockte das Gespräch. Beider Gedanken kehrten zu dem schweren Geschicke Friedmuths zurück. Nur wenige traurige Worte wechselten die Freunde. »Wir kommen auf nichts Neues«, seufzte Friedmuth, müde an Gedanken und an Gliedern, den Becher zurückschiebend. »Es gibt kein Mittel.« – »Ja, ja. Eher läßt der üble Höllenwirt eine arme Seele aus dem Abgrund, als dich Frau Wulfheid freigibt.« – »Sie kann's ja gar nicht, selbst wenn sie wollte! 's ist fruchtlos, daran zu denken. Nein, 's ist keine Rettung.« Dabei seufzte er und stützte das Haupt auf beide Hände. »Armer Friedilo!« rief Walther und strich ihm tröstend über die Rechte. Da streifte er den Ring an des Freundes Hand. »Des Kaisers Ring! Er schuldet dir noch Erfüllung einer Bitte! Rufe den Kaiser an!«

»Was soll mir da der Kaiser helfen?« – »Er steht, so hört man, wieder besser mit dem Heiligen Vater, und der . . .« – »Der Papst kann mir so wenig helfen wie der Kaiser. Kann er ein Sakrament aufheben?« – »Nein! Aber – es fällt mir da eine Geschichte ein, von der man singt und sagt, ich weiß nicht, ob sie wirklich sich begeben, im Thüringerland . . .« – »Ah, den Grafen von Gleichen meinst du? Der zwei Weiber haben durfte nach des Papstes Machtspruch? Weiß nicht, ob's mehr als eine Fabelmär'. Aber das weiß ich, wenn's auch dem Papst und jenem Grafe möglich war – mir ist's nicht möglich!« – »Recht hast du, 's ist unmöglich für einen Christenmenschen.« – »Für jeden Mann.« – »Nun, die

Heiden befinden sich recht wohl dabei«, meinte der Sänger. »Dafür sind's Heiden. Pfui über solchen Greuel! Ich bin ein christlicher Rittersmann und hoffe auf Vergebung meiner Sünden, auch dieser meiner ungewollten Schuld. Ich will sie nicht noch mehren! Und der Heiden Weiber sind doch mehr wie schöne Tiere denn gleichstehende Geschöpfe – Genossinnen des Lagers, nicht der Gedanken.« – »Ja, wenn Sobeide nicht das Frankenblut in den Adern, von ihrer Mutter her die deutsche Art und Sitte in der Seele trüge, du hättest die Minne, die du im Abendlande nie gekannt, auch nicht bei ihr gelernt.« – »Unmöglich ist vor allem«, fuhr Friedmuth fort, »daß wir drei Menschen unter einem Dache leben.« – »Gewiß! Aber wohin soll Sobeide?« – »Weißt du, ich kenne eine, die würde ihrer schwesterlich pflegen!« – »Gioconda.« Friedmuth nickte. »Ei, mich freut es, daß du von dieser edlen, großen Frau nun auch denkst, wie ich von je getan.« – »Ich hab's gelernt, seit ich die Minne kenne. Ja, diese Herrliche, sie würde . . . Aber niemand weiß, wohin sie entschwunden ist.« – »Gleichviel! Sobald als möglich, morgen schon, muß . . .« – »Ja, sicher!« fiel Friedmuth ein. »Ich habe ja mein Weib – ich habe ja Demuth nur hierher gebracht, weil unter uns drei Menschen einmal im Leben alles wahr und klar gesprochen werden mußte. Dann, weil ich wirklich, wie du, gehofft hatte . . .«, er seufzte und hielt inne. »Durch ihren Anblick, der jedes Auge rührt, auch Herrn Wulfgangs Tochter zu erweichen? Ich darf dich nicht drum schelten, ich riet es zuerst. Aber es war doch sehr töricht! Was wir als Arznei geben wollten, ward das tödlichste Gift.« – »Und doch! Selbst Wulfheid ward ergriffen.« – »Ja, und gerade das hat sie erst recht erbost. Meinst du, es ist ihr Ernst mit ihrer Hexenklage?« – »Gewiß!« – »Du, dann gib acht! Dann hören wir bald mehr hiervon. Ihr Oheim, der Bischof, ist gar ein scharfer Hexenwitterer: und unser Landrecht, unsere Weistümer –! Sei nicht zu sorglos! Ein rachewütig Weib und ein Pfaff, der gerne Feuer sieht! Kind Demuth auf dem Scheiterhaufen!« – »Sie soll kommen und sie holen!« sprach Friedmuth ruhig, aber sehr grimmig. »Freund, schließlich ist das heil'ge Römisch-Deutsche Reich doch stärker als dein tapfres Schwert. Aber sage doch der zorntobenden Frau, was du mir mitgeteilt. Denn ich weiß zwar, du wirst niemals dich darauf berufen . . .« – »Schweig, Walther! Ehrlos wär's und niederträchtig«, brauste der Ritter auf. »Willst du mich nicht zu Ende hören?« grollte der. »Du sollst es ja nicht tun, aber . . .« – »Genug davon! Ach, laß uns enden! Meine Gedanken drehen sich im Ring. Ich muß in einem fort wiederholen: Demuth – Wulfheid – Friedmuth. Der Ring ist unzerbrechbar.« – »Just wie die Kleine«, sagte Walther und erhob sich von der Bank. »Sie reden wirr, beide, die Armen! Nun laß uns die Lager suchen, vielleicht den Schlaf.« – »Ich werde schlafen«, sprach Friedmuth. »Ich schlief nun so viele Nächte nicht. Und dieser Tag hat mir auch den Leib gemüdet.« – »Wo wirst du schlafen?« fragte Walther. »Hier in der Halle.« – »So? Hier«, sprach Walther langsam. »Aber wo denn?« – »Dort drüben, vor dem großen Wandvorhang. Ich habe mir dort auf jener Wandbank Decken spreiten lassen.« – »Gut! Und wo schlafe ich?« – »Auf diesem Gange, links, schräg gegenüber, habe ich dir die Kammer bereiten lassen. – Ich führe dich . . .« – »Nein, bleibe hier, bleibe. Ich seh's ja!« Und beide schritten nun auf die Schwelle und schlugen den Vorhang zurück, der allein den Zutritt von dem Gang in die Halle schloß. »Da drüben, nicht? Wo der Schlüssel in der Eichentür steckt?« – »Ja, dort, ich will . . .« – »Nicht doch! Du bleibst! Und diese Tür da, rechts, am andern Ende des langen Ganges, wohin führt die? Nicht auf die Kellertreppe?« – »Jawohl! Hast du noch Durst?« fragte Friedmuth. »Nein! Ich mein, ich höre Hezilo«, lächelte der Sänger. »Ich wollte nur sehn, ob mein Ortsgedächtnis mir noch treu geblieben. Gute Nacht! Schlafe ruhig!«

Friedmuth verschwand hinter dem Vorhang. Walther trat nun auf den Gang hinaus. Nach allen Seiten sah er sich um. Links, neben dem ihm angewiesenen Gemach, führte eine schmale Holztreppe in den oberen Stock. Er blieb stehen und lauschte – alles war still. In der ganzen Burg rührte und regte sich kein Laut, obzwar es noch nicht spät war. »Die Fragsburg schläft schon«, sagte Walther laut. »Ei ja, sie hat die vorige Nacht gefochten, statt zu schlafen.«

Er ging an die ihm bezeichnete Tür, öffnete sie, ließ sie laut klirrend in das Schloß fallen und trat ein. Das vergitterte, schmale, glaslose Fenster blickte in jähen Abgrund.

Vor seinem Lager brannte an eisernem, rechtwinkligem Hakenarm eine niedrige Ölampel vor einem kleinen, auf Gold gemalten Heiligenbild, das in die Wand eingefügt war. Andächtig sprach er, mit lauter Stimme, sein Nachtgebet. Es scholl durch das enge Gemach und hallte draußen in dem Gange weithin wider. Dann schlug er ein Kreuz, blies die Ampel aus und warf sich auf das Lager.

Elftes Kapitel

Wunderbaren Zaubers voll ist eine Sommernacht in jenem gesegneten Tal der Schönheit.

Der Mond stieg langsam empor über den Ostbergen und goß sein sanftes silbernes, alles verklärendes Licht beschwichtigend, jeden schroffen Umriß mildernd, über Höhen und Niederung. Nur sehr wenig war die warme Luft gekühlt: Die Porphyrsteine und der körnige Sand strahlten noch die Glut aus, welche sie den langen Junitag über eingesogen. Ein süßer, fast allzu starker Duft durchhauchte die Luft: Die Rebenblüte war's, die dort um die Sonnwendzeit bereits stark zu Ende geht. In den Rosen des Burggärtleins unter Sobeidens Fenster schlug schmetternd die ganze Nacht in heißen Tönen die Nachtigall. Großflügelige Schmetterlinge schwebten geräuschlos über Blumen, die ihre Kelche nicht mit dem Sinken des Sonnenlichtes schließen, vielmehr nachts wohl stärker als am Tage duften. Eintönig, aber melodisch goß der Brunnen im Burghof, mit stets gleich sprudelndem Geräusch: so friedlich, so verträumt.

Sonst alles still ringsum.

Die beiden Mauertürme warfen, vom Mond im Osten bestrahlt, weithin ihre langen schwarzen Schatten; der des südlichen Turmes fiel in ganzer Länge auf den hellglänzenden Grund des Burghofs.

Da ward das Burgtor geräuschlos von innen geöffnet. Eine hohe schwarze Gestalt erschien auf der Schwelle, zögerte hier eine Weile lauschend und glitt dann durch das schweigende Dunkel der Nacht, die Stille nicht störend, leise, leise, über die drei Stufen der Freitreppe hinab und weiter über die Steinquadern, mit denen der Hof gepflastert war. Sie suchte den Schatten des südlichen Mauerturmes, eilte in dessen dunkelm Streifen an das Tor des Verlieses, zog einen Schlüssel hervor, und rasch und sehr leise erschloß sie das starke Eisentor. Gleich darauf ward die zweite, die Eichentüre, die das Turmgelaß im Erdgeschoß von dem gewölbten äußeren Turmgang schied, klirrend aufgesperrt. Herr Griffo lag auf einer Schilfmatte, die ihm in einer Ecke des Steinbodens gebreitet worden war. Er hatte nicht geschlafen. Er grollte grimmig über den mißlungenen Streich, er betrauerte tief den erschlagenen Freund, er bangte schwer vor dem drohenden Urteil des Reichsgerichtes. Denn er wußte wohl: Auf Bruch eines gelobten Handfriedens stand Verlust der Ehre und der Lehen, vielleicht sogar der Schwurhand. So sprang er denn auf schon bei dem ersten Geräusch an der Eichentür und horchte gespannt. Es war ganz finster in dem Gelaß wie auf dem Gange vor demselben. Er fühlte daher nur an dem eindringenden Luftzug, daß die zweite Pforte geöffnet war. »Wer kommt da noch so spät?« rief er laut mit pochendem Herzen. »Still!« antwortete es von der Türe her. »In tiefer Nacht? Herr Friedmuth läßt nicht morden!« sprach er, sich selbst beruhigend. »Wer bist du?« – »Wulfheid.« – »Was bringst du mir?« – »Die Freiheit! Die Rache.« – »Was hör ich? Was soll ich tun?« – »Mir zu meinem Rechte verhelfen und dich rächen. Schweig! Hör mich an. Mein Gatte ist von Zauber berückt. Er hat eine Heidenhexe in die Burg gebracht, nennt sie sein Weib. Damit hat er alles Recht aus unserer Ehe verwirkt! Mein – mein allein ist nun dies Haus. Sie aber, sie muß sterben! Nur ihr Tod kann ihn heilen. Hier ist ein Schwert.«

»Wo ist sie?« – »In der oberen Kapelle.« – »Soll ich sie erschlagen?« – »Nein! Binden! Mein Oheim soll sie richten. Sie muß brennen. Aber Friedmuth schläft in der Burghalle vor ihrer Tür. Er muß vorher gebunden sein – im Schlaf, eh' er erwacht. Hier sind zwei feste, starke Stricke! Nimm! Komm.« – »Aber die Burgleute?« – »Nur vier Männer sind in der Burg. Sie schlafen ganz weitab, im Gesindebau. Und von Euren Reisigen liegen gegen zwanzig im Burgkeller.« Rasch erfaßte Griffo das nackte Schwert. »Sie befreien wir zuerst.« – »Nein! Es geht nicht. Erst muß Friedmuth bewältigt sein.« – »Warum? Hast du keinen Schlüssel zu . . .?« Wulfheid lachte schrill: »Ha, eine kluge Hausfrau hat gute Schlüssel zu allen Schlössern ihres Hauses. Die Schlüsselgewalt, jahrelang hab ich sie, treu wie ein dummer Hund, zu seinem Nutzen geübt! Jetzt üb ich sie für mich! Wohl hat er den einen Schlüssel zu diesen beiden Turmtüren und den andern zu dem Keller abgezogen und zu sich gesteckt. Er weiß nicht«, höhnte sie, »daß ich, vom Anfang unsrer Ehe an, heimlich zu allen Türen einen zweiten Schlüssel hatte.« – »So auch zu dem Burgkeller?« – »Gewiß.« – »Nun also . . .« – »Zu dem Keller führt aber vom Burghallengang eine Türe die Treppe hinab, nur diese einzige! Diese Tür ist immer unverschlossen. Weil sie, solang ich denken konnte, nie versperrt war, hab ich zu ihr keinen Doppelschlüssel: Ihr Schlüssel stak immer im Schlosse. So stand sie offen auch noch vor wenigen Stunden. Aber jetzt eben, als ich nachsah, war diese Tür geschlossen, der Schlüssel abgezogen. Friedmuth muß das getan haben, nachdem ich ihn längst eingeschlafen glaubte, nachdem der Gast ihn verlassen.« – »Welcher Gast?« – »Der Minnesänger, der von der Vogelweide.« – »So war er's, der im geschlossenen Helm? Mir schien's so, vom Wall herab! Also zwei gegen einen? Gleichviel«, sprach der Greifensteiner, das schwarze Gelock in den Nacken werfend, »komm!«, und er hob das Schwert. »Nicht zwei. Den Harfenklimprer«, sie lachte höhnisch, »hab ich eingesperrt. Ich drehte von außen den Schlüssel um im Schlosse seiner Tür. Er hat es nicht gemerkt. Alles blieb still. Hier ist der Schlüssel!« Sie schlug auf ihre Gürteltasche. »Aber Friedmuth hat offenbar den Schlüssel zu sich gesteckt. Darum muß er bewältigt sein, eh' wir deine

Knechte befreien können. Und das muß leise geschehen, sonst entweichen er und die Hexe Oswin mit den drei Knechten unsern Händen. Du zögerst? Fürchtest du dich auch vor dem schlafenden Friedmuth? Fürchte dich nicht: Ich bin sehr stark, ich helfe dir.«

Aber nicht Furcht hatte den Greifensteiner gehemmt. »Ist's eine Falle?« dachte er. »Dieses Weib, plötzlich so entschlossen gegen den Gatten, an dem sie so zähe hing? Doch was kann sie, was könnte er, im Einverständnis mit ihr, noch dabei gewinnen, mich so zu locken? Bin ich doch schon ganz in ihrer Gewalt.«

Da fiel durch die Mauerpfeilscharte hoch oben ein heller Streif des Mondlichts in das Gelaß: Er sah nun Wulfheids Antlitz. Er erschrak: So verändert, so furchtbar grimm erschienen diese Züge, erst verzerrt und dann in der Verzerrung versteinert. Sie hatte die Brünne abgelegt, ein dunkler Mantel verhüllte mit seiner Kapuze das Haupt und mit seinen langen Falten die ganze Gestalt von den Schultern bis an die Knöchel; die Schuhe hatte sie ausgezogen.

Er trat dicht an sie heran. »Base«, sprach er, »und wenn er nun festhält an seiner Hexe? Wollt Ihr dann diese Hand, die so oft nach Euch sich ausgestreckt hat, die Euch gerächt hat, nehmen?« Sie lachte. »Meinst du, ich bin ein Mann, der viele Herzen hat – oder doch zwei, wie Herr Friedmuth von Schänna? Nein! Ich bin ein Weib: Ich hab nur ein Herz, nur einen Leib, nur eine Liebe. Nie werd ich eines andern!« – »Ihr liebt ihn noch? Und dennoch wollt Ihr . . .?«

»Mein Recht will ich, 's ist meine Pflicht. Ich muß ihn retten – gegen seinen Willen. Nur an meiner Seite ist sein Gedeihen, seine Ehre! Das Heidenweib ist sein Verderben. Darum merke: Falls er zu früh erwacht, falls es zweifelhaft wird, ob wir ihn zwingen, dann halt ihn auf, nur solang, bis ich sie erreicht habe in der Kapelle. Dann komm ich meinem Oheim rasch zuvor! Ein drittes Mal soll nichts sie vor mir retten.« – »Komm nur«, drängte er jetzt und schwang die Klinge.

Da sah sie im Mondlicht den Ausdruck wild frohlockenden

Hasses auf seinen Zügen. »Halt!« rief sie. »Noch eins! Du bindest ihn, du verwundest ihm den Schwertarm, muß es sein, um ihn zu binden. Aber tötest du ihn: Sieh her, dieses lange, welsche Jagdmesser ist scharf vergiftet, ein Ritz in der Haut von dieser Spitze tötet – und bei meinem Ehering schwör ich's, ich ersteche dich auf dem Fleck.«

»Komm nur!« mahnte der Gefangene und sprang mit einem Satz über die Schwelle seines Kerkers in den Gang, mit einem zweiten durch die Außentüre auf den mondhellen Hof.

Zwölftes Kapitel

Er eilte so sehr, daß die Frau Mühe hatte, ihm zu folgen. »Leise, leise!« mahnte sie rasch, unhörbar. Es warf einen Blick auf die Fenster im obern Stock: Die drei Bogenfenster der Burghalle lagen im Dunkel. Und nun glitten beide über die Steine des Hofes, vorbei an des Hofbrunnens mit dem Porphyrrand friedlichem Gießen, über die Stufen der Freitreppe in das große Burgtor, durch die Halle des Erdgeschosses, die innere Burgtreppe hinauf. Erst hier holte Wulfheid den Eilenden ein. Auf der obersten Stufe machten beide atemholend halt; sie lauschten: alles still. »Jetzt! Hier hinein!« hauchte Wulfheid und schob den Vorhang beiseite.

Das Mondlicht fiel in vollem Strom herein und zeigte deutlich Friedmuth, der auf der südlichen, der Kapelle entgegengesetzten Seite der Halle vor dem Wandvorhang auf der Holzbank lag, er schlief. Seine tiefen Atemzüge waren hörbar in dem toten Schweigen. Auf dem Eichentisch mitten im Zimmer lagen bei seinem Schwert und seinem Dolch zwei Schlüssel. »Nur zwei?« dachte Frau Wolfheid. »Der Turmschlüssel und der Kellerschlüssel! Wo ist der dritte, der zur Kellertreppentür? Den trägt er also im Wams!« Die Frau wies auf seine beiden über der Bankdecke übereinandergelegten Hände. Sie hielt rasch ihrem Genossen im hellen Mondlicht einen Strick vor die Augen, den sie zu einer

Schlinge geschürzt hatte. »Ich schiebe das sachte unter seine Hände«, flüsterte sie, »du ziehst's zusammen. Da, oberhalb der beiden Knöchel.«

Aber Griffo hatte einstweilen andres erwogen und den Abstand wohl gemessen. Einen Schritt schlich er noch vor: Dann, Frau Wulfheid stehen lassend, wo sie stand, holte er plötzlich gewaltig mit dem Schwert aus zu einem mörderischen Streich auf des Schlafenden Haupt.

Da rauschte der dunkle Vorhang, der hinter Friedmuths Bank die über mannshohen Waffentrophäen bedeckte. »Mörder!« schrie eine dröhnende Stimme, und ein Mann, aus dem Vorhang springend, schmetterte einen sausenden Hieb dem Nahenden über das Haupt, daß er stürzte. Das Schwert entfiel ihm. Friedmuth war bei dem Schrei aufgesprungen. Er starrte, aus tiefstem Schlaf verstört, einen Augenblick vor sich hin. Da erkannte er am Boden den Greifensteiner. Aber er sah auch Walther dicht vor dem Kapellenvorhang stehen, mit vorgestrecktem Schwert den Eingang wehrend einer zweiten Gestalt. Friedmuth griff nach der nächsten erreichbaren Waffe: Es war sein Dolch, der auf dem Tische lag. Er faßte ihn, er sprang hinzu: O Gott, es war sein Weib, die klirrend eine Klinge mit der Herrn Walthers kreuzte! Aber schon fiel ihre Waffe auf den Estrich, und ihre beiden Arme und Hände schienen plötzlich wie gelähmt. Friedmuth stand nun vor ihr. Er sah sie sich verzweifelt gegen eine Schlinge sträuben, die Herr Walther eisern festhielt. Keiner der drei beachtete es, daß jetzt der Vorhang der Kapelle gelüftet ward und eine weiße, schlanke Gestalt, ein entsetztes Antlitz aus den Falten spähte. »Mein Weib!« rief Friedmuth, den Dolch in den Gürtel steckend. »Gebunden! Womit?«

»Mit der Schlinge, welche sie für deine Hände geschürzt hatte.« – »Gib sie los! Sogleich!«

»Ja! Sogleich!« sprach Walther, das der Rasenden aus der Hand geschlagene Messer aufhebend und sorgfältig in seinem Gürtel bergend. Dann streifte er die fest zugezogene Schlinge, sie lockernd, über die beiden Knöchel der gefangenen Frau herab. Sie stand in der Mitte des Saales: hochaufgerichtet, ungebeugt, aber sie atmete stark. Walther stellte sich, ohne umzusehen, gerade vor dem Eingang zur Kapelle auf. »Was ist geschehen?« fragte Friedmuth.

»Frau Wulfheid hat den Greifensteiner hereingeführt, dich zu ermorden.« – »Das ist nicht wahr«, sprach Friedmuth. »Nein! Es ist nicht wahr!« wiederholte der Schwergetroffene, sich, auf den rechten Arm gestützt, aufrichtend. »Nicht morden – nur binden, zwingen sollte ich Euch und Eure Hexe ihr einhändigen. Sie hat nicht Euren Tod gewollt: Ich wollt's gegen ihren Willen.« Er sank zurück und starb.

Da sprach Frau Wulfheid ganz ruhig: »Ich wollte es nicht! Mich reut's, daß ich's nicht wollte! Denn tausendmal hattest du's um mich verdient. Ich wollt es nicht, weil ich dich stets noch liebe. So sei verflucht vom Wirbel bis zur Sohle, dafür, daß ich dich je geliebt und lieben muß. Hab acht: Bald sollst du von mir hören.« – »Was willst du tun?« – »Bei Papst und Reich klagen! Die Hexe verbrannt, der Mann zweier Weiber verbannt, als Bettler aus dieser meiner Burg gejagt: rechtlos, friedlos, ehrlos, in ein Kloster gesperrt, bis der Zauber ihm durch Bußen ausgetrieben.« Da stöhnte ein tiefer, tiefer Seufzer aus dem Vorhang der Kapelle. Niemand hatte ihn gehört: Die weiße Gestalt verschwand. »Aus Eurer Burg?« fragte Walther zornig. – »Ja, aus meinem Eigen. Mein ist dies Haus. Dieser da ist irrsinnig, ist von bösen Geistern besessen: Es ist das Gelindeste, das man von ihm sagen mag! Wahnsinnige, Verhexte haben keinen Willen. Ich übte nur mein Recht, als ich ihn zwingen wollte.« – »Dich reut nicht dieser Tat?« fragte Friedmuth jetzt erbleichend.

»Beim Himmel, nein! Mich schmerzt nur, daß sie mißlang.« – »Dafür, Frau Wulfheid, war gesorgt. Ich traut Euch nicht und Eurem wölfischen Blick auf das Kind. Und Friedmuth entblößt die ganze Burg, zwei Türschlössern trauend und Eurer Ehrlichkeit! Ihn warnen half nichts! So schlüpfte ich denn wieder aus meinem Kämmerlein, versperrte die Tür, die jene zwanzig sicher einschloß – da, nimm den Schlüssel, Friedmuth! –, und trat hier ein. Wohl hört ich Euch dann bald darauf meine Kammer verschließen: Aber der Vogel, den Ihr fangen wolltet, war draußen, nicht mehr darin! Nun wußt ich wohl: Ihr würdet hierherkommen. Diesen einen Eingang nur hat ja die Kapelle.« – »Wulfheid«, sprach Friedmuth, »wie konntest du das wollen? Ich bitte dich, um deiner Seele Heil: bereue.« – »Niemals.« Da barg Friedmuth das Antlitz in den Händen.

»Ja, weine nur! Ich halte dich gebunden an einer Kette, die nur der Tod zerbrechen soll.«

»Ihr irrt«, rief Walther in auflodderndem Zorn. »Er ist frei, sobald er will. Nur seine Gnade, seine unsinnig zarte Ehre hindert ihn. Nein, Friedmuth, wissen soll sie's, die Unerträgliche: Du brauchst ja nichts zu tun, was dir mißfällt. Aber wissen soll sie's! Ein Wort von Friedmuth und Eure Ehe – Ihr seid gar nicht sein Eheweib! – ist nichtig. Ihr beide seid Paten desselben Kindes: Ihr konntet gar keine Ehe schließen. Nur von seinem Willen hängt es ab – und er ist frei. Nur Frau Demuth ist nach Recht sein Ehegemahl.«

Bei diesen Worten war eine furchtbare Veränderung in Frau Wulfheids starren Zügen vorgegangen. Sie erbleichte, dann schoß glühend Rot in ihre Wangen, sie zitterte heftig an allen Gliedern. »Was?« stammelte sie. »Mein Recht?«

»Ihr habt gar kein Recht: Ihr heißt sein Weib aus seiner Gnade. Vor Jahren schon – im Morgenland – sollte er, der Kaiser wollte es, sein Recht gebrauchen, Euch abstreifen, herzböse Frau, und ein Weib gewinnen, das viel schöner ist als alle und auch als das Kind da drinnen.« – »Herr Friedmuth, ist das wahr? Das von der Ehe?« Sie brachte die Frage kaum hervor und hielt sich mühsam an dem Tischrand aufrecht. »Bei Gottes Treue, ja!« sprach dieser ernst. »Und Ihr habt's nicht getan? Warum nicht?« – »Ich liebte jene schöne Fürstin nicht. Was wußte ich von Liebe!«

Sie erbleichte und stöhnte.

»Und hätt ich sie geliebt, so heiß, so ewig, so unaussprechlich, wie ich Sobeide liebe, ich hätt es nicht getan. Ich tu's auch jetzt nicht! Niemals! Es wäre feig und ehrlos. Ihr braucht das nie zu fürchten.« – »Aus Gnade?« stammelte sie langsam. »Aus seiner Gnade? Nicht kraft meines Rechts? Nein! Nein!«

Sie wandte sich blitzschnell und eilte zum Vorhang hinaus. Man hörte ihren unsteten Gang die Treppe hinaufeilen. Friedmuth wollte ihr folgen – in einem ungewissen Bangen vor ihren raschen, wilden Entschlüssen. Aber da scholl schmetternd – es war nun Tagesanbruch – das Türmerhorn vom Hauptturm den Gruß: »Gäste nahen!« Gleich darauf erschien Oswin, rief von außen, vom Gange, herein und meldete, eine Schar von Reitern sei den Berg hinauf im Anritt. Friedmuth befahl ihm einzutreten. Der Mann erschrak, wie er den Toten liegen sah. Der Burgherr erklärte kurz, der Greifensteiner sei aus dem Turm entwischt. Oswin schüttelte den Kopf. »Der Turm, beide Türme, sind fest. Dann haben böse Geister ihn befreit.« – »Mag wohl sein!« fiel Walther ein. »Ruft die anderen Reisigen. Tragt den Toten hinaus, zurück in jenen Turm.« Da kam schon der zweite Knecht und meldete: »Auf, Herr Friedmuth! Eurem Gast entgegen! Es muß der Kaiser selber sein, der kommt.« – »Unmöglich! Er weilt tief in Welschland. Weshalb meinst du?« – »Der kaiserliche schwarze einköpfige Adler fliegt in der Fahne.« – »Nein!« meldete noch ein dritter Knecht, eintretend: »Zwar der Führer zeigt auch auf seinem Schild den kaiserlichen Adler, aber es ist nicht der Kaiser: Herr Hermann ist's von Salza.« – »Eile, Friedel!« mahnte Walther. »Gehst du nicht mit?« – »Nein! Ich bleibe hier vor der Kapellentür.«

Während Friedmuth auf den Gang hinausschritt, flüsterte Walther, den grauen Kopf dicht an den Vorhang schmiegend, ohne hineinzublicken: – Beruhige dich, lieb Töchterlein! Das Schlimmste, mein ich, ist jetzt überstanden: Finsterer konnte es nicht mehr werden. Nun wird es lichter, Kind.«

Ein tiefer, schmerzlicher Seufzer blieb die einzige Antwort, die ihm ward.

Dreizehntes Kapitel

Friedmuth erkannte, als er aus dem zertrümmerten Mauertor in das Freie trat, alsbald seinen edlen Freund. Der sprengte hoch zu Roß heran, umwogt von seinem langen weißen Mantel, mit dem schwarzen Kreuz der deutschen Herren. »O Hermann«, rief jener ihm entgegen. »Dich sendet Gott! Du trittst in das Haus des Unheils!«

»Mein armer Friedilo! Deshalb kam ich. Vieles weiß ich, andres ahn ich. Du mußt mir nun berichten.« Damit sprang der Hochmeister vom Reiseroß ab und befahl seinen Leuten – Reisigen und Halbbrüdern des Ordens, die nur das halbe Kreuz führen durften – abzusteigen.

Der Burgherr forderte sie auf, die Pferde in die Ställe zu führen, und gebot Oswin, der ihm gefolgt war, für die Bewirtung zu sorgen. Auf dem Weg in die Burghalle fragte Friedmuth: »Du kommst vom Grafen von Tirol, nicht wahr? Walther – siehst du ihn? Da grüßt er aus dem Fenster! – sagte mir, du wollest nach einem Geschäft mit dem Grafen dort Frau Wulfheid aufsuchen.« – »So war mein Wille. Aber nun bin ich, alles andere aufschiebend, hierher geeilt, dich aufzusuchen.« – »So erfuhrst du, daß ich zurückgekehrt, und daß . . .? Von wem?« – »Höre nur. Einige Tage, nachdem ich von Walther vernommen, Frau Wulfheid lebe, und nachdem dieser seines Weges gezogen war, ließ sich in dem Ordenshause zu Roveredo bei mir ein Mann melden, der sich Bruder Sebastian nannte. ›Sagt nur, der Herr Hochmeister kenne mich von Genua her‹, so sprach er zu dem Pförtner, der den Bruder in weltlichem Gewand ungläubig betrachtete. Alsbald stand der drollige Weinschenk aus Schwabenland vor mir und sprach: ›O Herr von Salza! Nicht wahr, Ihr seid doch des Fragsburgers bester Freund auf Erden?‹ – ›Friedmuth‹, antwortete ich, ›ist im Himmelreich.‹ – ›Nein, im Gegenteil! Auf der Fragsburg ist er! Seine Frau lebt! Das wißt Ihr? Gut! Aber er lebt auch: Ich hab ihn jüngst auf der Heerstraße mit Herrn Walther getroffen und ihn zur Eile gemahnt, denn die Fragsburg wird demnächst berannt. Aber er hatte bei sich eine wunderholde Heidin. Und die ist ihm anvermählt. Größres Unheil kann keinen Christenmenschen treffen, und wäre sein erst Gemahl so sanft, wie meine liebe Frau geworden ist. Und nun die Tochter Herrn Wulfgangs! Er jammert mich, der brave, wackre Herr. Und als ich erfuhr, durch Trient ziehend mit meinem Weinkarren, daß Ihr hier in Roveredo weilt, sagt ich zu mir: Wenn einer dem armen Herrn Friedmuth raten und helfen kann, so ist's der Herr von Salza. Und der tut's, wenn er es kann. Ich aber habe mir vorgenommen, weil ich früher manchmal lose Schwänke getrieben, nun mir der liebe Himmelsherr durch ein Wunder die Heimkehr aus Heidenketten nach Boblingen geschenkt und durch noch viel stärkre Wunderkraft meine Ehefrau gesänftigt hat, so will ich in meinen noch übrigen Jahren so viele gute Werke tun, als ich vermag. Deshalb wollte ich schon, zu Goyen umkehrend auf meinem Wege, Herrn Walthers Frau Wulfheid zu Hilfe rufen. Und deshalb komme ich nun zu Euch, denn Euch jetzt zu Herrn Friedmuth senden, das mein ich, ist ein gutes Werk.‹« – »Das ist es wahrlich!« sprach dieser gerührt. »Dank dem Schwaben.«

Und nun, nachdem sie in der Burghalle angelangt waren, wollte Friedmuth dem Ankömmling berichten, was geschehen.

Allein da eilte eine Magd mit verstörten Zügen in die Halle, warf einen scheuen Blick auf die beiden Gäste und bat dann ihren Herrn, ihr rasch zu folgen. »Erzähle du ihm, Walther, was er wissen muß«, bat Friedmuth, »aber«, flüsterte er ihm beim Hinausgehen zu, »schone Frau Wulfheid.« Kaum hatte der Erzähler, ohne diesen Auftrag allzu genau zu befolgen, seinen Bericht beendet, als Friedmuth in die Halle stürmte, einen Streifen Pergament in der Hand; er war sehr bleich. »Lest!« rief er. »Lest! Frau Wulfheid ist verschwunden, ist entflohen. Die Mägde suchten nach ihr, wie täglich am frühesten Morgen die Tagesarbeit zugeteilt zu empfangen. Ihre Kemenate war leer. Sie war nirgends in der Burg zu finden; ihre Schatztruhe aber war geöffnet. Der Deckel lehnte aufgeschlagen an der Wand. Ihr Erbschmuck, auch die wichtigsten Pergamente über die Rechte der Burg und der Vogtei sind herausgenommen, in der Truhe fand ich diesen

Zettel: ›Ich wollte nur mein Recht. Ich will nichts von Eurer Gnade. Versuchet nicht, meine Spur zu finden. Zehnmal zurückgebracht, würde ich zehnmal entfliehen.‹« – »Sie kann noch nicht weit sein«, meinte Walther, »zum Burgtor hinaus – dann durch das Mauertor!« – »Nein! Sie floh durch den geheimen Gang, der nur ihr und mir bekannt. Ich eilte sofort hin: Die Eisenpforte war gesperrt, der Schlüssel steckte von außen im Schloß. Der Gang mündet unten an der Straße neben der Etsch. Ich werde mit den Knechten zu Roß auf diese Straße eilen und sie flußaufwärts und flußabwärts suchen und suchen lassen.« Er wandte sich gegen die Tür. Aber da legte sich eine feste Hand auf seine Schulter. Er blieb stehen und wandte sich: Es war Herr Hermann, der ihn hielt. »Das wirst du nicht tun, Friedmuth! Ihr wildes Herz hat dieses Mal das Richtige gefühlt. Laß sie! Wie immer sonst das Los von euch drei Schwerverstrickten sich wende: Ihr beide könnt – nach dieser Nacht – nicht mehr beisammen bleiben. Jetzt nicht zum mindesten! Und ruhiger mögen wir, von jener Zorngemuten nicht verstört, erwägen, was das kleinste Übel! Denn sonder Übel geht es hier nicht ab«, seufzte er. »Nun aber will ich die arme edle Fremde sehn. Führt mich zu ihr. Ich will ihr danken, daß sie mir den Freund, daß sie dem Kaiser und dem Reich der Allerbesten einen gerettet hat.« – »Sobeide!« rief Friedmuth mit sanfter, mit kosender Stimme. »Meine holde Demuth: Mein Freund, ein Freund des Kaisers, kommt, dich zu begrüßen.« – »Laßt sie ruhn! Sie schläft wohl!« meinte der Hochmeister. »Schwerlich«, erwiderte Walther kopfschüttelnd und schob den Vorhang etwas zur Seite. Da stieß Friedmuth einen gellenden Schrei aus und sprang, beide Hände vorstreckend, durch den Vorhang in die Kapelle, die Gäste folgten hastig.

»Tot ist sie«, klagte ihnen Friedmuth laut rufend entgegen. »Tot! Für mich – um mich – durch meine Schuld gestorben!« Und in heißem Schmerz warf er sich über die schweigend ruhende Gestalt.

Vierzehntes Kapitel

Sie lag ausgestreckt auf dem Pfühl, von dem reichen Haare, das Schultern und Busen bedeckte, umflutet, die Arme über der Brust gekreuzt. Die Rosen – Friedmuths letzte Gabe – waren hier und da vom Haupt bis zu den Füßen über sie hin zerstreut: Die schönste, eine weiße, hielt die geschlossene rechte Hand. Mit dem hellblauen faltigen Mantel hatte sie wie mit einer Decke die Füße verhüllt. Das weiße, goldgestickte Oberkleid hatte sie abgelegt: So war nur das Seidenhemd sichtbar, das die schlanke Gestalt wie die eines schlummernden Kindes erscheinen ließ. Auf dem linnenbedeckten Schemel neben ihrem Haupte lag ein Ring mit einer kleinen Kapsel, der Kapseldeckel war geöffnet: Ein zäher brauner Tropfen war herausgesickert auf das weiße Tuch. Neben dem Ring lag ein schmales Schiefertäfelchen, in Silber gefaßt, der Griffel war im Schreiben gebrochen, aber deutlich lesbar waren in ruhigen, festen Zügen die Worte: »Nicht leben, aber sterben durfte ich für dich. Fluch und Schmach sind nun von dir gewandt. Ich segne dein geliebtes Haupt.«

Walther las es laut mit zitternder Stimme. Er sank aufs Knie, dem Pfühl zu Häupten: Langsam, langsam rannen ihm zwei große Tränen in den grauen Bart. Herr Hermann beugte sacht das hohe Haupt über die Tote, deren holdes Antlitz noch edler, weihevoller schön war als im Leben. Kein Schmerz, keine Spur des Ringens mit dem Tode verzerrte diese Züge; die Augen waren halb geschlossen. Um den lieblichen, leise geöffneten Mund schwebte ein Lächeln der Erlösung, des Friedens. »Gnädiger Gott im hohen Himmel«, betete der Hochmeister, »ich bitte dich für dieses Kind. Ich bin ein sündiger Mensch, ich wage nicht, sie schuldig zu nennen. Ist sie aber dennoch durch diese Tat schuldig geworden vor dir, du Ewigheiliger, so bitt ich dich: Vergib ihr ihre Schuld, denn sie tat's aus Liebe.« – »Sie – schuldig?« rief Friedmuth und richtete sich auf. Er hatte mit beiden Armen die rührende Gestalt umfaßt gehalten und sein Haupt auf ihre Brust gedrückt, nun schaute er auf das wunderholde Antlitz nieder. »O Hermann! Schau hierher auf diese Züge, diese Engelsreine, Engelsgüte, und schilt sie schuldig, wenn du kannst! O Sobeide, Demuth, mein Kind! Mein Weib Sobeide!« rief er laut, in wilder Leidenschaft des Wehs. »O höre mich! O nur noch einmal schlage sie auf, diese sanften Augen! O du mein Glück, mein alles, du meiner Seele Seele, o wach auf! Wir wollen fliehen, weit, weit hinweg – wo uns niemand kennt, ins Elend, in der höchsten Berge Einsamkeit. O lebe nur, lebe! Oh, es stößt mir das Herz ab! O Sobeide!« Und abermals warf er sich, laut aufschreiend vor heißem Schmerz, auf beide Knie und umschlang den zarten Leib und küßte ihre Hände und weinte, weinte, der feste ruhige Mann, laut schluchzend und schüttelte das Haupt in wildem Jammer hin und her.

Walther erhob sich nun. Er warf einen besorgten Blick fragend auf den Hochmeister. »Laß ihn«, flüsterte dieser, »laß ihn gewähren! Das tut ihm gut. Das rettet ihn.« – »O meine Freunde«, rief der Klagende und sprang wieder auf. »Ihr – die Fremden! Ihr selber weint um sie! Auch du, Hermann, der du sie nie gesehen, hast eine Zähre in dem Auge. Oh, was wißt ihr, was weißt auch du, Freund Walther, von ihrer Seele! Sie war ja so scheu, so herzverschämt! Kaum mir konnte die Zarte voll sich offenbaren. Sie erzitterte oft plötzlich: Mitten in dem Hauchen süßer Worte brach sie ab und erschrak im tiefsten Grund der Seele und barg das Köpflein scheu vor mir und vor sich selbst an meinem Halse.

Oh, sie war ein Kind, ein hilflos, ratlos, ahnungsloses Kind, und zugleich ein mutig Heldenweib der Liebe. Als ich in der Burg ihres Vaters allmählich die holde Wärme in der Brust empfand, diesen heiß aufsteigenden, süßen, aber fast schmerzenden Schreck im Herzen, wann sie eintrat, als ich empfand, was ich nie, ach nie gefühlt, da hab ich viele Monde lang nicht ahnen können, so undurchdringbar schloß sich diese Knospe in sich zusammen, daß mehr als Mitleid für mich in ihr lebe. Und doch, nach der Flucht gestand sie mir: Gleich zuerst schon, da sie mich als einen Sterbenden unter jener Palme liegen sah, hat sie mich geliebt. Erst als sie mich zu retten alles geopfert, erst da erriet ich ihr Herz. O du mein Glück! O du mein Augenlicht! Wie soll ich leben ohne dich? Und um mich bist du gestorben!«

Verstummend vor Weh sank er auf das Lager nieder, nur noch das eine hauchte er: »O hättest du mich nie gesehen.« Die Tränen versiegten ihm nun. »Nein, Friedmuth«, sprach Herr Walther fest. »Das ist nicht gewünscht im Sinne dieser Toten. Ich weiß es, und du weißt es auch: Ihr gab echte Liebe so hohes Glück, sie tauschte nicht ihr Los mit hellerem! Ja, Kind Demuth, hättest du aufs neue zu wählen, du wähltest abermals, statt jedes anderen Schicksals: Friedmuth und den Tod.«

»O Dank, mein Walther, für dies Wort!« rief er, und wieder quollen wohltätig ihm die Tränen. »Ja, du sprachst wahr: So war ihr Sinn, dieser holden Heiligen der Minne. Oh, sie war so gut! So herzrührend gut!« Und laut aufschluchzte er wieder, tief erleichtert durch die Tränen. »Nun, kommt. Jetzt lassen wir ihn allein mit ihr«, flüsterte Walther dem Hochmeister zu. Herr Hermann wandte sich zum Gehen. Da bemerkte er in Friedmuths Gürtel dessen Dolch; er hielt inne. Schweigend wies er Walther mit dem Finger darauf hin und sah ihn fragend an. Einen Augenblick stutzte auch dieser zweifelnd, sah dann auf den Trauernden, der nun, still weinend, das Haupt auf die Schulter der Toten gelegt hatte: Da schüttelte Walther das Haupt. Der Hochmeister nickte beipflichtend, und beide glitten geräuschlos aus der Kapelle.

Fünfzehntes Kapitel

Lange, lange, mehrere Stunden weilte Friedmuth ungestört in dem Gemache bei der Toten.

Die beiden Freunde ließen durch die voll gewaffneten Reisigen des Hochmeisters, geleitet durch die Knechte der Fragsburg, die waffenlose Gefangenen einzeln aus dem Burgkeller heraufholen und geboten ihnen, abzuziehen und die Leiche des Greifensteiners mit fortzutragen, nachdem Walther vor allen Männern in der Burg den Vorgang erzählt, der zu dessen Tötung geführt hatte. Alsdann machten sie, nachdem sie die Ausführung ihrer Befehle überwacht, gar manchen Rundgang durch Hof und Garten und berieten in vertrautem Gespräch, wie sie am zartesten dem schwer leidenden Freund über die nächsten Stunden und Tage hinweghelfen möchten. Walther wies dabei in dem wunderbar schön gelegenen Schloßgarten eine stille, ganz von Rosen überhüllte Ecke seinem Begleiter, dieser nickte. Aber auch an die Zukunft, an die Gestaltung des ganzen Lebens des Vereinsamten dachten beide – ohne davon zu sprechen.

Als nach längerem Schweigen Walther endlich anhob: »Hier, auf Frau Wulfheids Erbe, kann er nicht bleiben«, erwiderte rasch einfallend der Herr von Salza: »Und soll es nicht! Kommt mit in die Burghalle, Walther! Dort sollt Ihr erfahren, was ich jetzt als das einzig Richtige für ihn, als das des tapfern, reinen Mannes Würdigste gefunden habe. Es ist sehr ernst, das Ernsteste und Schwerste. Und gerade deshalb ist's das rechte für ihn. Denn unser Freund Friedmuth, der da oben um ein junges Weib so schluchzend weinte, wie sonst nur ein Knabe weinen kann, dieser unser Friedmuth ist . . .«

»Ein Held! Ein Held von Gottes Gnaden.« – »Und ein Christ«, sprach Hermann. »Er siegt, er überwindet. Drum hab ich auch von seinem Dolche nichts besorgt.« – »Gewiß! Man müßte ihm nur etwas zeigen können, ein Ziel, einen Siegespreis, groß, edel, hoch genug, dafür zu leben, zu kämpfen und zu sterben.«

»Ja, eine große Pflicht! Kommt mit hinauf. Ich spreche dort zu Euch und spreche so, daß er es hören kann und hören soll.« Da leuchteten Walthers Augen auf: »Ich ahne. Ach, es ist aber sehr hart! Fast allzuhart! Doch nein! Ihr habt recht: Es ist die schönste Lösung.« – »Nach solchem Geschicke gibt's nur einen Trost: das Heldentum der Entsagung!«

Aber plötzlich blieb Walther stehen. »Jedoch wir haben noch von Frau Wulfheid das letzte, fürcht ich, nicht gehört.« – »Gewiß nicht. Sie klagt bei ihrem Ohm, dem Bischof. Ich weiß, wo dieser jetzt weilt. Doch laßt nur erst hier – in Friedmuths Seele – die Entscheidung abgeschlossen sein. Diese wird uns – sorget nicht! – auch gegen jene grimme Frau ein fester Schild. Aber sagt, eines wäre gut: Ihr wißt, wie mächtig auf unsern Freund das Lied – Euer Lied vor allem! – wirkt. Habt Ihr wohl das Gedicht fertig, um das ich Euch – einen alten Wunsch erneuend: Gedenkt Ihr noch unserer Unterredung in dem Zelte Friedilos, dort in der Wüste? – neulich in Venedig, bat?« – »Ich habe mich gleich darangemacht: Es ließ mich nicht mehr los. Es ist lange fertig.« – »Kennt er es?« – »O nein! Wir hatten beide in diesen Tagen nur den einen Gedanken, den uns jeder Blick auf jenes holde Geschöpf immer wieder aufzwang. Er weiß nichts davon.« – »Das ist gut! Er soll erst – ganz nüchtern, ohne Zauber und Berückung des Gesanges – hören, was gewaltig Großes sich ihm darbietet. Hat er dann, mit ruhiger Erwägung, die Entscheidung allmählich gefunden, dann soll das Lied die reife Frucht geschwind vom Aste rütteln!«

Sechzehntes Kapitel

Unter solchen Gesprächen schritten die Freunde aus dem Schloßgarten hinauf in die Burghalle. Es war nun Mittag geworden. Heiß brannte die Sommersonne aus dunkelblauem Himmel auf die schmalen Wege des Gartens, die mit dunkelbraunem, fast violettem grobkörnigem Sande bestreut waren, dem zermürbten Porphyr- und Jaspisgestein dieser Berge.

Um die Rosen und die Lilien, zumal aber um die nun stark duftenden Geißblattblüten flogen nicht nur die heiteren, hellfarbigen Tagfalter – der schöne atlasweiße Bergschmetterling mit den roten Augen, der Apollo heißt, der Segelvogel und der Schillerfalter –, auch die dunkelfarbigen Schwärmer und der Taubenhals und der Wespenvogel schwebten über den Kelchen der Lilien und den Glocken des Agelei und saugten den Honig mit ihrem langen gewundenen Rüssel. Die Eidechsen sonnten sich auf dem breiten Mauergesimse. Es war hier alles voll hellem, heißen, üppig strotzenden, heiter strahlenden Lebens.

Den beiden Männern war es, sie beträten eine Gruft, als sie in das in ernster Trauer schweigende, leere und kühle Haus zurückkehrten. Alles war still. Die Mägde huschten, verstört, ohne zu reden, ohne zu fragen, was nun werden solle, durch Gänge und Kammern. Und aller Gedanken waren oben in der Kapelle, bei dem Manne, der, ein verödetes Leben vor sich, neben dem stummen, jungen Weibe saß.

Doch mußte er einmal das Gemach verlassen haben. Oswin öffnete den Gästen den Vorhang der Burghalle und wies auf einen Tisch, von welchem die Waffen hinweggeräumt waren und der auf weißem Linnen mit buntgestickten Rändern einen hohen Kristallkrug voll roten Weines, zwei Becher und einen einfachen Imbiß von kalten Speisen trug. »Befehl des Herrn«, flüsterte der Burgwart und schloß, sie allein lassend, den Vorhang. »Keine Pflicht – auch die geringste nicht! – vergißt er«, sprach der Hochmeister. »Mitten in solchem Weh«, fügte Walther bei. Er ging mit leisen Schritten bis an den Vorhang der Kapelle und sprach: »Friedmuth, Lieber, stört es dich, wenn wir hier weilen und sprechen? Herr Hermann will mir etwas Wichtiges berichten. Sollen wir in ein ander Gemach gehen?« – »Nein! Sprecht nur!« erscholl die ruhige Antwort. »Der Klang eurer Stimmen tut mir wohl.«

Da schoben sie den Tisch und die beiden daran gestellten Stühle näher an den Vorhang der Kapelle und ließen sich nieder; doch blieben Speis und Trank unberührt. »Wie lang' ist's her«, fragte nun mit lauter Stimme Walther, »daß es im Gang ist, dieses große Werk?«

»Die Vorerwägung, die Vorbereitungen gehen viele Jahre zurück. Schon im gelobten Land – vielleicht gedenkt Ihr noch, wie wir in unseres armen Freundes Zelt davon sprachen?« – »Jawohl gedenk ich's! Und wie eifrig er Eure Gedanken aufnahm. Was Ihr mit dem Orteisen der Schwertscheide in den Sand der Wüste zeichnetet, er ließ sich's deutlich weisen.« – »Schon damals hatte ich den Plan gefaßt, durfte ihn aber niemandem mitteilen, auch Euch nicht, bis Kaiser und Papst ihn gutgeheißen. Und beide mußten erst versöhnt sein.« – »Ihr habt sie versöhnt?« – »Ja, mit schwerer Mühe! Schon zwischen Hammer und Amboß in schwer Frieden machen, zwischen zwei hauenden Hämmern noch schwerer.« Walther blickte mit Staunen auf den Hochmeister. »Herr Hermann«, sprach er, »viel, wahrlich, trau ich Euch zu, Eures Willens Kraft und Eures Geistes Tiefe. Wie Ihr aber das zuwege schafft, daß Ihr diesen Staufer, diesen gewaltigen, feuerherzigen, immer wieder zum Frieden leitet mit der Kirche, mit dem Herrn Papst, der ihm doch so oft und so bitter Weh und Unrecht angetan – das kann ich nicht begreifen.«

»Will's Euch sagen, Freund Walther, wie ich's mache: Ich sag ihm die Wahrheit. Ja, ja, staunt nur. Seht, wir alle, die wir den Herrlichen kennen und lieben, wir begehen den großen Fehler, immer nur seiner glänzenden, ja blendenden Gaben und all gewinnenden, begeisternden Vorzüge zu gedenken; auch ich im stillen Herzensgrund, aber die anderen gar laut – und nicht am wenigsten laut Ihr, wackerer Walther! Wenn wir von ihm reden, lobpreisen wir ihn. Wenn wir dann zu ihm reden, machen wir's auch nicht viel anders. Er hat aber doch wahrlich nicht bloß Vorzüge: Er hat auch, untrennbar von ihnen, recht viele und recht arge Fehler.« – »Ist wahr«, sagte Walther kleinlaut und betrübt und schmiegte die Wange in die Hand, wie er pflegte, wann er über etwas bedächtig sinnierte. »Aber verzeih mir's der milde Gott: Mir sind meines Kaisers Fehler viel lieber als des Herrn Papstes beste Tugenden.« Der ernste Hochmeister lächelte ein wenig: »Das ist des warmen Herzens holde Torheit; und keinen geht es an, ob ich's im stillen nicht ebenso halte. Pflicht aber ist, in Worten und Urteil gerecht, ja streng zu sein gegen den so heiß geliebten Herrn. Und so groß geartet ist dieser wahrhaft kaiserliche Geist, daß er das gern erträgt, ja selbst verlangt. Manchmal wird ihm des Lobes allzuviel, das nicht aus Schmeichelei, denn die durchschaut er und verachtet er sofort, aus wahrer Abgötterei alle Männer und, noch heißer fast, alle Frauen um ihn her spenden. Er ist ja auch . . .« Und des weisen Mannes Auge leuchtete. »Er ist ein Wunder, ist des Wunsches Sohn!« rief der Sänger mit nicht mehr zu verhaltender Begeisterung.

»Wird's ihm manchmal zu schwül vor lauter Ruhm und Lob, dann ruft er mich zur Zwiesprach. ›Komm, mein Gewissen‹, schrieb er mir einmal, ›schilt mich, spiegle mich, mein Spiegel.‹ Und wenn ich ihm dann sage, wie an seinem Hof oft eine wahre

Heidenwirtschaft übermütiger Frauen und Troubadoure wuchert – ohne ein Wort der Abwehr, schweigend, mit mächtigen Schritten, wie ein Löwe, schreitet er dann durchs Gemach auf und nieder. Zuerst zuckte er lächelnd die Achseln und meinte, die alten Heiden waren gar nicht dumm! Allein, es ergriff ihn zuletzt doch die Scham! Wenn ich ihm dann vorhalte, wie seine ungestüme Hitze, seine Leidenschaft in Stolz und Zorn und loderndem Haß ihm oft seine weisesten Pläne verdirbt, wie er, in Worten und Werken, das Maß unzähligemal verletzt, wie er durch hastige Tat, auch wohl durch arge List, die seinem Heißblut nicht immer glückt, sich mindestens ebensooft ins volle Unrecht setzt gegen die Fürsten, die Lombarden, die Pfaffen, den Papst selbst – ja, ja, Herr Walther, schüttelt nicht das Haupt! –, als diese fehlen wider ihn, dann bleibt er plötzlich vor mir stehen, schaut mir adlerscharf ins Auge und sagt wohl: ›Ja, bei meinem Stern, 's ist alles so, 's ist wahr. Sage nun, Hermann, wie mach ich's gut, wie sühn ich's? Leg mir was Schweres, was recht Schweres auf – weißt du? Was mich am meisten Selbstbezwingung kostet!‹ Dann – dann, Freund Walther – ist der Augenblick, da dies unbiegsame, unbrechbare, dies herrliche staufische Metall in der Glut edelster Begeisterung so weich geschmolzen ist, daß er mir freiwillig gelobt, was ihm sonst die Hölle, was ihm – leider! – auch der Himmel nicht abringen könnte. Dann leit ich ihn, soweit ich es verstehe, zum Guten, zur Versöhnung.«

Walther strich sich rasch mit der Hand über die Augen: »Gott erhalte Euch, Herr Hermann, dem Kaiser und dem Reich – Ihr seid des großen Staufers guter Geist.«

Siebzehntes Kapitel

»Euch beiden«, fuhr der Hochmeister fort, »bestätigte ich damals nur, was ihr euch beide schon selbst gesagt: daß in dem Morgenland, in der Wüste alles vergeudet und verloren ist, fürs Reich und Volk, was von deutschem Blut, von deutscher Arbeit dort aufgewendet wird.« Walther nickte und summte vor sich hin: »Nicht fürder mehr im Wüstensande . . .« – »Franzosen, Italiener sind aus gar manchen Gründen dort in der Vorhand. Ihre Mutterländer liegen viel näher, wir Deutschen werden niemals das Mittelmeer mit unseren Schiffen beherrschen. Schon Luft und Leben in der Levante ertragen wir Nordländer viel schlechter.

Unser deutscher Orden kann da drüben auf die Dauer nicht das Feld behaupten wider die Templer. Nicht, weil sie uns an Reichtum, an Gold, Land und Menschen und durch zahllose Privilegien der Päpste überlegen – sind sie doch stärker als gar manches Königreich! –, sondern weil wir es an Ruchlosigkeit mit ihnen nicht aufnehmen können – und sollen. Aber diese Frevel stecken an. Mir bangt oft um meine Ritter: Sie verwildern und verderben dort leicht, die deutschen Tugenden verlieren sie, die Laster der Pullanen – der entarteten Mischlinge – nehmen sie an. Deshalb suchte ich schon lange unsere Burgen und Casalien im Morgenlande zu verkaufen und für den Erlös im deutschen Reich Gebiete zu erwerben.«

»Also deshalb! Mit Staunen fand ich auf meinen Fahrten im Reich, wie Ihr nicht nur an Donau und Etsch und Rhein und Main und Lahn, auch an Pegnitz, Saale und Elbe wachsend Land und Leute gewonnen habt in diesen Jahren.«

»Und damals schon hatt ich erkannt, daß ganz woanders als am Jordan für uns ein weites Land liegt, in welchem wir Dauerndes schaffen können. Damals aber dachte ich nur daran, durch eine deutsche Mark in jenen Landen die Wenden in später Zukunft einmal zu verdrängen. Jetzt aber ruft uns ein dringender Hilfeschrei zur Abwehr – sofort, soll dort nicht alles verloren sein.« – »Wie das?« fragte Walther erstaunt. »Jene Pruzzen und Samaiten, ehedem gar friedlich und ungefährlich, haben jetzt, gereizt durch blutige Taten der Christen, das heißt der Polaven und der Pommern, Taten, die ich – bei Gott! – nicht loben will, furchtbare Vergeltung geübt und drohen nun, angreifend, in wilder Wut alles zu zerstören, was von Christentum, von milderer Sitte, von deutschem Fleiß in ihren Nachbarlanden mühsam emporgebaut wurde seit Jahrhunderten. Erhoben haben sich die

Heidenstämme in allen Landschaften des Preußenlandes. Nicht alle Namen hab ich im Gedächtnis: Nadrauen und Schalauen, Galinden und Barten, Samland, Warmien, Pogesanien. Vernichtet haben sie alles Christentum im Kulmer- und Dobrinerland, in Lubovien und Lansanien, Masovien und Kujavien sind verheert. Der wildeste Haufe, geführt von einem Rückfälligen, Warputus . . .« – »Den Namen«, meinte Walther nachsinnend, »hab ich schon einmal im Leben gehört, aber wann und wo?« – »Ist über die Wyssel gedrungen, weit über das geplünderte Danzig hinaus, und hat den Bischof des christlich gewordenen Preußenlandes, Herrn Christian, und viele Mönche gefangen fortgeschleppt. Der Zisterzienser waldumrauschten Sitz, Kloster Oliva, haben sie verbrannt, ja das deutsche Reichsland Pommern furchtbar heimgesucht. Deutsche Mädchen haben sie, zum Hohne mit Blüten bekränzt, in den Schauern ihrer Eichenwälder zu Romowe im fernsten Nadrauen, unter den Schlägen des weißen Zauberstabes ihres Oberpriesters, des Kriwe, in den Opferbränden ihrer Holzgötzen zu Tode gequält. Verzweiflungsvoll strecken Herzog Konrad von Masovien, Bischof Günther von Ploczk, die schwerbedrängten Ritterbrüder von Dobrin . . .« – »Ah, die mit dem roten Schwert und Stern auf weißem Mantel?« rief Walther. »Sie sind nur noch ein einziges Konvikt.« – »Was? Nur zwölf Ritter noch und ein Komtur!« – »Von der Heidenflut ringsher umbrandet, darin gar bald ihr Stern versinken kann. Sie alle strecken am Rande des Unterganges die Arme flehend nach uns aus. Da hab ich ihn denn endlich durchgesetzt bei Kaiser und Papst, meinen Plan, den ich lange vergebens bei beiden betrieben – erst die Not hat sie zu meinem Willen gezwungen. Denn des Papstes wie des Kaisers Aufruf an alle Christenheit, den Bedrängten zu helfen – sie verhallten fast ungehört.

Geduld genug hat es gekostet – Klugheit, ja, wenn ich mich selbst so rühmen darf, Weisheit! –, bis ich alle die vielen Häupter, die da das Recht hatten, nein zu sagen, oder doch die Macht, mich schwer zu stören, bis ich sie alle, die untereinander Hadernden, unter den einen Zwang meines starken Willens gebracht hatte. Jetzt aber stelle ich nicht nur meine Kraft – das wäre wenig –, stelle ich die ganze Heldenschaft der Meinen in den Dienst dieses großen Werkes. Schon hab ich Herrn Hermann Balka, den tapfern Niedersachsen, vorausgesandt: Der Orden der deutschen Herren – er siedelt über nach Preußenland. Der Kaiser hat uns alles Land, das wir dort erobern, als ein Fürstentum, als Reichslehen verliehen. Gerade von hier, von der Fragsburg aus, zieh ich gen Preußen.«

Da rauschte es ganz leise in dem Vorhang der Kapelle.

Die beiden bemerkten es wohl, und Hermann fuhr fort: »Aber nicht wie die Hetzpfaffen meine ich diesen Krieg! Nicht, um alle Heiden mit Gewalt zu taufen. Wir haben's erfahren im Morgenland: Es gibt gar wackre Herzen unter den Heiden. Wahrlich, was brauchen wir weiter Zeugnis? Da drinnen – jenseits des Vorhanges – liegt eine stumme Zeugin, eine unvergleichliche! Sobeide schon, nicht erst Frau Demuth, hat viel mehr als ihr Leben daran gesetzt, den Unschuldigen vom Qualentod zu retten.«

Da zuckte tiefste Rührung über des Lauschenden Antlitz; die Falten des Vorhangs fielen zu.

»Wohl predigen wir auch das Kreuz und die Erlösung: aber nicht um deswillen vertausche ich den Jordan mit der Wyssel. Wir schützen mit den Waffen deutschen Besitz und Christenglauben, und wir erobern so viel jenes Landes, als nötig ist, für immerdar jenen Besitz zu wahren. Nicht Mörder und glaubenstolle Pfaffen – Ritter und Helden führ ich in jenes Land zu einem Kampf, der wahrlich ein heiliger ist. Denn es gilt, wie Christus dem Herrn, so der deutschen Macht, es gilt dem Reich und seiner Hut und Ehre.«

Er hielt inne. Schweigen entstand. Ein tiefer, starker Atemzug aus voller Brust drang aus der Kapelle.

»Aber«, wandte Walther nach einer Weile ein, »Ihr werdet auch mit der bisherigen Macht Eures Ordens nicht viel ausrichten.« – »Leider«, seufzte der Hochmeister. »Auch die Schwertbrüder an der Düna, in Livland, Estland und Kurland, fühlen es, daß sie viel zu schwach. Auch sie rufen um Hilfe. Als Wahrzeichen bitterster, blutigster Drangsal sandten Herr Albert von Buxhövden, der Hochmeister, und Herr Volkwin, der Landmeister jenes Ordens, mir ihre beiden weißen, zerhackten und zerschossenen Mäntel. O heilige Jungfrau! Sie waren so getränkt von Blute, daß das rote Schwert und das rote Kreuz auf beiden nicht mehr kenntlich waren! Beredter als laute Zeugen sprachen diese stummen Boten! Deshalb drängt mich harte Not, neue, frische Kräfte zu werben! Wird es aber erst ruchbar, welche Gefahren, welche Entbehrungen, welche Schrecknisse jenes Land birgt, so kommt uns vollends niemand mehr. Ins märchenhafte, reiche Morgenland, übers blaue Mittelmeer, zieht es die Abenteurer immer noch – aber nach Preußenland!«

»Jaja«, meinte Walther, seufzend und unwillkürlich einen schmerzlichen Blick nach der Kapelle werfend. »Ein Jugendgenoß von mir – dorthin verschlagen, Herr Ralf vom Rhein –, der hat es schon gesagt: ›Wer still, wer einsam sterben will, der zieht gen Preußenland.‹«

Achtzehntes Kapitel

»Ja, wahrlich«, fuhr der von Salza fort, »wen nicht ein tief heiliger Drang, ein zwingender Ernst der Seele dahin lädt – der folge mir nicht. Das Land ist heute noch das ärmste, elendste, ödeste, das man im Abendlande kennt. Undurchdringbare Wälder, mit Bär und Wolf und reißendem Getier und dem gewaltigen Elch, dem Roßhirsch mit den Schaufenhörnern, und alle Schrecknisse des Urwaldes drohen. Noch trostloser ist der unermeßliche Sumpf, das tückische Moor, das meilenweit sich dehnt, oft unter dünner Schicht von Heidesand versteckt, und unerbittlich Roß und Mann verschlingt. Ja, dort gibt es Strecken, die, wechselnd, bald Meer, bald Moor, bald Sand, bald Sumpfland und bald Heide sind. Durch Mark und Bein bohrt der grimmige Ostnordost, der aus den eisbedeckten Wüsteneien eines unerforschten Steppenlandes der Sarmaten braust. Furchtbar kracht es durch die stille Nacht des öden Landes, meilenweit vernehmbar, wann das manchen Fuß dicke Eis der Wyssel oder der Nogat sich im mächtigen Eisgang übereinander türmt und splitternd bricht. Acht Monde Eis und Schnee oder – schlimmer als beide – schneekaltes Wasser, das alles überzieht: eine flüssige Decke von Eismus, zu dünn, den Schlitten oder auch nur den Menschentritt zu tragen, zu dick, vom Schiff durchfurcht zu werden!

Und verteidigt wird diese Wüste des Sumpfes und des Waldgestrüpps von einem tapferen, aber unaussprechlich rohen Volk, das in dem Deutschen seinen Todfeind sieht und so stumpf ist – ärger als das Vieh. Sie bringen alle Töchter in jenem Hause um bis auf eine. Der Christen Zahl aber ist so kläglich schwach, daß je ein Ritter mit ein paar Knechten, in einem schmalen, nur von Holz gebauten Turm hausend, oft viele hundert Stunden keinen befreundeten Speer nahe hat und gegen Hunderte, ja Tausende von Feinden ausdauern muß, viele Tage lang, wochenlang – wie der einsame Wanderer im winterlichen Föhrenforst, umheult von Rudeln hungertoller Wölfe –, bis – vielleicht! – Entsatz ihn rettet. Oder bis er, preisgegeben, vergessen von allen Glücklichen, den wütenden Wölfen verfällt.

Die ›Reisen‹ aber, wie sie's nennen, die Kriegszüge in das Innere, sind nur möglich in der allerstrengsten Winterszeit. Denn nur dann gefrieren die unzähligen Seen und Sümpfe, in denen die Eingeborenen sich verstecken, zu jeder anderen Jahreszeit so unerreichbar für den fremden Feind wie das Sumpfhuhn, das nur außer Pfeilschußweite im Schilf des Moores nistet. Man sagt, dortzulande kann man den Krieg suchen, ohne ihn zu finden, weil er in den Sumpf entschlüpft. Nur wenige schmale Furten, die bloß der Sohn des Landes kennt, sind zwischen Seen, Teichen und Sümpfen zu beschreiten. Ein Schritt daneben ist der sichere Tod. Und wer bei solcher Fahrt auf dem Heimweg ermattet zurückbleibt, von allbezwingender Müdigkeit herabgezogen in den weichen Schnee: Ein Glück für ihn, wenn ihn die Wölfe vor den Preußen finden.« – »Und Ihr glaubt, all diese Opfer sind nicht umsonst gebracht?« – »Wahrlich nein! Sonst wär' es Frevel, sie zu fordern. Nicht auf meine Weisheit hin würd ich's wagen, aber der gewaltige Kaiser Friedrich ist ein Mann, der denkt auf viele Geschlechter der Menschen hinaus über das Wohl und Wehe der Staaten. Und mein großer Kaiser war es, der, nachdem er sich lange gesträubt, endlich mir auf die Schulter schlug und rief: ›Ich hatte unrecht! Eigensucht, Eitelkeit hatte meine Blicke geblendet. Ich wollte Euch im Morgenlande festhalten für mein zweites Kaiserreich – du, Hermann, hast ein großes Werk erdacht! Wer mit dir geht, der baut da, wo's am schwersten und zugleich am nötigsten – am Reich.‹«

Da trat Friedmuth ganz in den Eingang des Gemaches, kaum hielt er sich noch zurück. Sein Antlitz war ruhig, fest, von edelstem Entschlusse verklärt.

»In Anagni nahm ich Urlaub vom Kaiser, nachdem ich ihn mit dem Papst ausgesöhnt. Ich allein ward von beiden zu ihrer Unterredung und dann zur Tafel gezogen. Schon hatte ich Verona erreicht, da traf mich ein Bote, der mir dies Schwert als Geschenk des Kaisers zum Angedenken an sein Abschiedswort überreichte.« Der Hochmeister erhob sich und holte aus dem Waffengestell an der Wand die edle Waffe, samt der Scheide und der darüber gewundenen Schwertfessel, sie auf den Tisch legend.

»Eia, welch reiche Scheide! Und erst die breite, schöne Klinge: bester Stahl von Biscaya und Arbeit von Toledo. Und wie lautet hier das Schwertmal?«

Mit diesem Grabscheit scharf und stark
Stich ab dem Reich die neue Mark.
Mit diesem Hammer sollst du hau'n,
Da, wo's am schwersten ist, zu bau'n.

»Darum«, fuhr der Hochmeister fort, »soll mir nur folgen, wer jeder Lust des Lebens, jedem Genuß der heitern Stunde entsagt, wer auf Weib und Kind und Heimat und Besitz und alles sonst verzichtet, was beglückt. Wer mein Genosse werden will, der darf nur der Pflicht, der allerschwersten Pflicht des Ritters, des Deutschen, des Christen leben. Nur wer ganz entsagt, für andere lebend, nicht für sich, getreu bis in den Tod, nur solche Männer kann ich brauchen.«

Friedmuth trat unhörbar über die Schwelle.

»O Hochmeister«, rief Walther, »wie ist das schön! Gerne zög ich selber mit.« – »Bleibt Ihr in Euren grauen Haaren in wohlverdienter Ruhe. Ihr habt dem Reich genug gedient.« – »Wie ist das heldenhaft! Viel schöner als mein armes Lied.« – »Sagt mir dies Lied, ich bitte, Herr Walther.« Und der Sänger sprach mit starker, lauter Stimme:

»Nicht fürder fern im Palmenlande
Verschwendet edle, deutsche Kraft,
Wo in der Wüste Wirbelsande
Nicht Schwert, nicht Pflug sich Heimat schafft.

Lang hielten Wacht wir träumend weiland
Am Heil'gen Grab mit treuem Speer.
Wir fanden's endlich aus: Der Heiland
Braucht keinen Schutz, sein Grab ist leer!

Nein, wer begehrt nach Heidenstreichen,
Wer nach des Pfluges edlerm Streit:
Ein Schlacht- und Brachfeld ohnegleichen
Liegt nah' der Heimat ihm bereit.

Wo jetzt die Nogat und der Pregel
Durch herrenlose Sümpfe schleicht,
Wo kaum im Haff, vor selt'nem Segel,
Der Möwen zahllos Volk entweicht,

Wo des Perkunos Steine ragen,
Von Urwaldfichten schwarz umsäumt,
Wo wilde Steppenhengste jagen
Und im Gestrüpp der Rohrwolf heult –

Dort, statt am Jordan zu vergeuden
Des Ritters Mut, des Bauers Kraft,
Dort sollt ihr fechten, bau'n und reuden
Mit Axt und Grabscheit, Schwert und Schaft.

Auf, rasche Franken, zähe Sachsen,
Ihr Schwaben klug, ihr Bayern stark:
Gen Preußenland! Aus Sumpf erwachsen
Soll Deutschland eine neue Mark.

Gen Preußenland! Brecht, stet im Siegen,
Mit Schwert und Pflug die Wege klar,
Und hoch ob euren Häuptern fliegen,
Weissagend, soll des Reiches Aar.«

Da, mit dem letzten Worte des Sängers, trat Friedmuth dicht an Herrn Hermann heran, bog das Knie, drückte die Linke, die eine weiße Rose gefaßt hielt, auf die Brust, streckte die Rechte gegen den Freund empor und sprach feierlich, mit weicher Stimme: »Hochmeister Hermann, nimm mich auf in deine heilige Schar: Gib mir das schwarze Kreuz. Ich ziehe mit dir gen Preußenland. Darf ich?«

Die beiden Männer sprangen auf. Herr Hermann öffnete die Arme und zog den Knienden an seine Brust: »Mein Friedmuth – ja! Gewiß, ich hab's ja gewollt! Du darfst, du sollst.«

Neunzehntes Kapitel

Als sich der Tiefbewegte aus des Freundes Armen gelöst hatte, wankte er auf den Füßen und griff nach dem Tische, sich zu stützen. Flugs schob ihm Walther seinen Stuhl zurecht und drückte ihn mit sanfter Gewalt darauf nieder. Besorgt füllte der Hochmeister einen der beiden Becher mit Wein, hielt ihn Friedmuth hin und sprach: »Trink! Trink und lebe! Du darfst mir nicht erliegen – vor der Zeit! Jetzt bist du mein!« Friedmuth trank durstig den Becher leer. »Tut feierlich Bescheid, Herr Hochmeister!« rief Walther, beide Becher wieder füllend. »Der jüngste Deutschritter!« Walther holte einen dritten Stuhl herbei, und Friedmuth begann: »Habt Dank, ihr Vielgetreuen. Ich habe es bald erkannt: Mir galt euer Gespräch. Habt Dank auch dafür, daß ihr das so gerichtet und gefügt. Ich hätte Trost, wie man's wohl nennt, auch Ratschlag nicht ertragen. Ich mußte es selber finden, wenn auch ihr mir's in den Weg gelegt. Es ist das Rechte: Ich fühl' es an dem Frieden, der mir die Brust erfüllt, seit ich's erwählt. Diese Lösung, ihr botet sie mir dar. Aber daß ich mich aus tiefstem Jammer wieder heben mochte, daß ich sie fassen konnte, die rettende Hand, das danke ich – nach des lieben Himmelsgottes Fügung! – meiner seligen Mutter und einem frommen Spruch, den sie mich als Kind gelehrt, den ich treulich im Herzen behalten und mir vorgesprochen habe in mancher Fährlichkeit im Abend- und im Morgenland. Heute hatte ich ihn vergessen! Ach, lange fand ich die Kraft nicht wieder. Immer wieder sagte ich mir: Öde ist dein Leben, da liegt dein Glück, tot und verstummt! Und immer fester klammerte ich die Hand um diesen Dolch. Und siedheiß, bitter schmerzend, schoß mir durch mein arm Gehirn, das solcher Fragen ungewohnt: Warum? Warum das alles? Warum muß Frau Wulfheid, völlig schuldlos, dies erleben? Und warum müssen wir beide uns ahnungslos so unrettbar verstricken, daß es diese holde Heilige in den Tod treibt und jene Heißherzige in die Flucht und mich ins Elend des Herzens? Warum hat dies der Himmelsherr verhängt? Oder ist vielleicht gar keiner, wie in Akkon einmal ein gar witziger Templer uns beweisen wollte? Und alles ist blinder Zufall?«

Da schlugen die beiden Hörer voll Entsetzen ein Kreuz, Friedmuth tat desgleichen und fuhr rasch fort: »Erschrecket nicht vor mir. Verabscheuet mich nicht! Denn kaum hatte ich das gedacht, da erschrak mein Herz, und ich brach in die Knie und gedachte, wie die liebe Mutter so oft gerade zu dieser Stunde, wann die Abendglocken von Meran heraufklangen nach Schänna, mit mir gekniet und gebetet und wie sie mir einmal den ersten aufsteigenden Stern im Westen wies und sprach: ›Das ist das Auge Gottes.‹ Und ich erbebte über den Frevel, den ich gedacht, und schaute unwillkürlich empor in den Himmel, den ich gelästert hatte. Da fiel mein Auge auf den Spruch, den ich vergessen. Aber die Mutter hatte ihn, als ich diese Burg bezog, mit roter Farbe anmalen lassen, dort, über dem Fensterbogen der Kapelle, und ich las:

Wer Unrecht nimmer tut,
Der steht in Gottes Hut:
Den darf an Leib und Ehren
Nicht Leid noch Übel zehren.
Doch trag du in Geduld,
Auch Leiden ohne Schuld:
Auch sie schickt Gottes Huld,
Im Himmel sie zu lohnen
Mit sel'gen Martyrkronen.

Das rührte mich tief in der Seele. Mir war, ich hörte der Mutter liebe Stimme diese Worte leise zu mir sprechen. Und ich betete ein Vaterunser. Und wie ich an die Bitte kam: ›Vergib uns unsere Schuld, wie wir vergeben unsern Schuldigern‹ – da fügt ich bei: ›Strenger Himmelskönig, ich weiß zwar nicht, was Demuth und was ich verschuldet haben. Wir wollten nichts Böses. Strafst Du aber auch schuldlose Schuld, o vergib sie uns jetzt und vergib ihr auch, daß sie aus allzu großer Liebe für mich starb. Und höre es: Aus tiefstem Herzensgrund verzeihe ich, was Frau Wulfheid etwa gegen sie und mich in dieser Nacht gefehlt.‹ Und da ich dieses Wort gesprochen hatte, da kam ein großer stiller Friede über mich; und ohne Groll konnte ich der harten Frau gedenken, deren wilde Drohung Kind Demuth in den Tod getrieben hat. Und nun sprach ich zu meinem Herzen: ›Dies holde Geschöpf ist in den Tod gegangen, auf daß ich ohne Schmach und Vorwurf leben kann: Wohlan, ich will leben. Aber wofür? Das Glück ist tot – da liegt's! Was soll ich tun? Wo soll ich leben? Hier, in Wulfheids Haus, in Müßiggang? Niemals! Ein Klostermönch? Ich bin so jung, ach gar so jung. Mein Arm ist stark, ich bin zum Kampf geboren: Nicht für mich mehr will ich kämpfen, aber wofür soll ich leben?‹ Ratlos saß ich an der Leiche. Da kamet ihr, und euer Gespräch hob an, und der Meister sprach: ›Wer mir nachfolgt und unter mir kämpft, der lebt und kämpft nicht mehr für sich – nur für andere: für Christus und das Reich.‹ Da sprang ich auf, als sei ein Erzengel vom Himmel mir herabgeflogen und habe mit dem Flammenschwert gewinkt:

›Friedmuth, gen Preußenland!‹ So hat mich Gott der Herr gerettet: durch der Mutter Spruch und durch dich, mein Hochmeister.«

Zwanzigstes Kapitel

Den Rest des Tages verbrachten die drei Freunde in der Beratung wichtiger Beschlüsse.

Besorgt hatte Walther eingewandt: »Nur einer könnte diesen Entschluß hemmen: Der Reichsministerial darf das schwarze Kreuz nicht nehmen ohne des deutschen Königs, des Kaisers Verstattung.« Da streifte Friedmuth einen Ring vom Finger, mit einem schönen Amethyst, und sprach: »O Hochmeister, ich bitte, schreibe dem Kaiser und schicke ihm seinen Ring zurück. Er ward mir dereinst gegeben, allerlei Güter und Ehren von ihm damit zu erbitten: Jetzt erbitte ich kraft des Ringes nur die eine Gunst – allen irdischen Gütern und Ehren entsagen zu dürfen.« – »Er wird sich nicht weigern«, sprach Herr Hermann und nahm den Ring an sich. »Ich stehe dafür ein.« Der Hochmeister schrieb nun Briefe – zwei – in der Bücherei des Schlosses. Am Abend noch sandte er gut berittene Boten mit dem einen Schreiben aus. Am andern Morgen schickte er das zweite, einen Bericht der Vorgänge, in welchen die beiden Ritter den Tod gefunden, und des ganzen Schicksals Friedmuths an den Kaiser.

Während er so emsig arbeitete, schritten Walther und Friedmuth, Arm in Arm verschränkt, durch den Schloßgarten. »Freund Walther«, sprach der Fragsburger, »schilt nicht den Deutschherrnritter, daß mich noch eine Sorge, eine bange Frage hier festhält.« – »Du bist's noch nicht: Erst morgen sollst du das Gelübde leisten und den Mantel antun.« – »Ja, morgen! Dann – ich habe mir's schon so ausgedacht! Aber die holde Demuth da oben kann ich nicht in der Burggruft bergen.« – »Nein, nicht neben Frau Wulfheids Gesippen wahrlich.« – »Dank dir, daß du das einsiehst, gleich mir. Glaubst du, Walther – du bist so viel älter, weiser, als ich, es schadet ihrem Seelenheil, wenn sie nicht in geweihter Erde ruht?« Da blieb der Sänger stehn, legte dem Freunde beide Hände auf die Schultern und sprach: »Die Erde, darin sie ruht, ist geweiht! Sie starb als eine Siegesheldin der Liebe. Wie viele liegen auf dem Schlachtfeld eingescharrt, auf dem sie fielen, und nur die Treue hat ihnen das blutige Feld geweiht! Ich hab es schon bedacht«, fuhr er fort, den Freund leise weiter ziehend, »als ich mit dem Hochmeister im Garten wandelte. Sieh dort in jener Ecke – unter den Rosen. Sie waren deine letzten Grüße. Dort ist's so schön wie nirgends sonst im Garten! Ein Vögelein sang heute früh noch in dem blühenden Busch. Wohl ist die Sommersonnenwende schon vorbei, aber sie nehmen's nicht so streng mit dem Ablauf der Zeit, in der der liebe Gott sie zu singen verpflichtet hat – sie singen ihm gern darüber hinaus was vor. Ein Rotkehlchen war's, die sind die sinnigsten von allen, sind eigentlich gar keine Vögel, gute Holdchen sind's. Und da stehen dicht daneben weiße Lilien. Hier, Friedmuth, wollen wir das Kind begraben.«

Und so geschah's.

Noch am Abend dieses Tages waren Hezilo, der Innerhofer und seine Tochter auf die Burg gerufen worden, das Geschehene und den Beschluß des Vogtes zu vernehmen. Wohl zuckte der treue Hezilo zusammen. »Nach Preußenland!« stammelte er. »Das ist der Tod! Das ist das Grab. Sie sagen, keiner kehrt von daher zurück« – »Ich gewiß nicht, mein lieber Bub«, sprach Friedmuth. »Nein – Katharina, erschrick nicht! Er darf nicht mit: Ich nähme ihn nicht, auch wenn er wollte. Auch Oswin nehme ich nicht mit, der darum bat. Ich gehe allein. Für euch ist gut gesorgt.« – »Wer wird nun Vogt?« fragte der Innerhofer bekümmert. »Sei ohne Bangen: der Größte, Herrlichste im Reich. Du, Katharina, komm: Dir hab ich ein hoch Geschäft bestimmt! Du sollst mit deiner kundigen Hand mir das Leichentuch fertigen, in dem wir Frau Demuth zum Grabe tragen.« – »Oh, wie gerne«, rief das Mädchen mit feuchten Augen. »Hezilo hat mir von ihr erzählt: Wie schön sie war, wie sie Euch gerettet hat, wie gut sie war.« – »Ja, sie war gut«, sprach Friedmuth. »Du aber sollst ihr die letzten Ehren von Frauenhand erweisen; du bist es wert; dein Hezilo hat mir berichtet, wie du gern entsagt hättest, gern ihn einer andern gegönnt, um ihn zu retten. Wie du aber das Leichentuch fertigen sollst, das sag ich dir. Ich gebe dir auch den Stoff dazu: In solchem ward noch nie ein Weib zu Grab getragen.«

Die Nacht über brannte eine Ampel, mildes Licht verbreitend, in der kleinen Kapelle.

An der Leiche wachte und betete still Friedmuth. Manchmal richtete er das Auge von dem edlen bleichen Antlitz hinweg durch das Fenster in den nächtigen Himmel, der voll von Sternen stand. Er suchte mit seinen Gedanken, mit seinem Sehnen auf einem dieser Sterne ihre Seele. Einmal kam, von dem Lichte gelockt, wohl auch vom Duft der vielen Blumen, mit denen Katharina das ganze Totenlager überschüttet hatte, durch das offene Bogenfenster ein großer dunkelfarbiger Nachtschmetterling geflogen. Er schwebte über der weißen Stirn, die von Rosen dicht umrankt war, ließ sich, nur einen Augenblick, darauf nieder, und flog leise, leise wieder hinaus. Träumerisch schaute der Trauernde seinem Fluge nach, bis der im Dunkel verschwand. Am frühen Morgen aber – hell glitzerte der Tau auf dem Gras und den Büschen des Gartens – trugen sie die holde Tote hinab aus dem Schlosse, das sie nur betreten hatte, darin zu sterben. Der Reiz des Lieblichen auf diesen sanften Zügen war nicht gewichen, aber der feierliche Ernst und die Marmorblässe des Todes hatten sie wunderbar geweiht, veredelt und verklärt: Sie glich einer toten Königin, einer Märtyrin, die im Siege starb.

Weiß war das seltsam lange, breite und schwere Grabtuch, in welchem, statt auf einer Tragbahre, die leichte Last geführt wurde. Friedmuth hatte das Haupt und die Schultern gefaßt, seine beiden Freunde die Füße. So schritten sie langsam die Treppe der Burg hinab in den Hof. Hier schlossen sich die Leute von Goyen, die Knechte und die Mägde des Hauses, die Reisigen des Hochmeisters an: aber bloß bis zu der schmalen Türe des Schloßgartens. Durch diese traten nur die drei Träger, gefolgt von Hezilo, Katharina und deren Vater. Bald standen sie an dem

Grabe, das Friedmuth ganz allein am Abend des vorigen Tages aus dem Moosrasen ausgehoben und geschaufelt hatte. Keine Glocke klang, aber die Lerchen stiegen, ihre hellen Lieder schmetternd, vom Talgrund bis zu der Höhe der Burg hinauf und sangen ganz nah über dem Grabe.

Neben dem offenen Grabe stand der schlichte Sarg, den die Burgleute auf Walthers Anordnung schon am Nachmittag vorher gezimmert hatten.

Vorsichtig ward die schmale Gestalt in den Sarg gelegt, indem Friedmuth das lange weiße Wolltuch, auf welchem die Tote getragen worden war, nun unter ihr hervorzog. Er breitete es über den nächsten Strauch. Von diesem überhangenden Rosenstrauch streifte der Frühwind einzelne Blätter ab und streute sie über die Leiche, die Katharina ganz in weiße Leinentücher geschlagen hatte. Noch einmal küßte er die edle Stirn. Nun führte ihn der Hochmeister sacht einen Schritt zur Seite. Er sollte nicht sehen, wie Walther und die Männer von Goyen den gewölbten Deckel mit den vier hölzernen Zapfen über der Gestalt schlossen.

Als dies geschehen war, senkten sie leise schauernd das leichte Gezimmer in die schwarze Tiefe. Nur noch einmal, als der Sarg dumpf aufstieß auf den Boden der schwarzen Höhlung und ein paar gelöste Erdschollen dumpfen Tones darauf niederrollten, schrie Friedmuth laut auf in wildem, heißem Weh und warf sich leidenschaftlich auf die Knie, mit beiden Händen in die Tiefe langend.

Aber sofort faßte er sich wieder. Er sprang auf und schritt zu dem Strauch, über welchen er das weiße Leinentuch gespreitet hatte. Mit rascher Bewegung warf er es um die Schultern: Da zeigte sich ein schwarzes Kreuz auf der linken Seite – das Leinentuch war ein Mantel. Er wickelte den ganzen Leib fest in die starken Falten, bog das Knie vor Herrn Hermann und sprach: »An diesem Grab sag ich der Welt für immer ab. In diesem Mantel will ich einst begraben sein: Mein Meister, nimm mich hin.« Und Herr Hermann legte ihm beide Hände auf die Schultern, beugte sich über ihn, küßte ihn auf die Stirn und sprach: »Friedmuth von

Fragsburg, ich nehme dich als Bruder auf. Nun schwöre mir zu: Willst du dem Orden treu sein?«

»Ich schwör's. Bis in den Tod!« sprach Friedmuth.

Einundzwanzigstes Kapitel

Friedlich sank die Abendsonne in dem Vigiltal, das den Eingang in das Enneberger Tal bildet südwestlich von Brunneck, und grüßte mit warmem Licht die ernsten Mauern des Klosters Sonneburg.

Heute liegen sie zerfallen; nur ein halb zerbrochener, muschelförmiger Weihkessel von schöner Steinarbeit im Vorhof und ein zierliches romanisches Fenstersäulchen im ersten Stock erinnern jetzt noch an die alte Bestimmung und die alte Pracht dieser Stätte. Damals aber ragten die stolzen Mauern stattlich, beherrschend empor.

Vom fernen Hintergrund des Tales her schauten die hohen Häupter der dunkel bewaldeten Berge feierlich herüber. Die Rienz und der von Süden her eilende Gaderbach schienen Blut und Feuer dahin zu wälzen; bald flammend, bald tief dunkelrot färbte beide Gewässer die Spiegelung des erglühenden Himmels. Das Gastgemach für Fürstinnen, andere hohe weibliche Gäste und für den Bischof, den einzigen Mann, der, außer dem Beichtvater, das Innere des Klosters betreten durfte, war ein mit düsterer, feierlicher Pracht ausgestattetes hochgewölbtes Gelaß.

Den Mittelgrund des Gemaches krönte ein thronähnlicher Stuhl auf zwei Stufen, ähnlich dem »Dais«, von welchem herab die Lehen vergeben wurden, in starkgezogenen, geradlinigen Formen. Eine in Welschland erworbene eherne Taube mit versilberten Flügeln, einem Schnabel von Gold und mit Augen von Rubinen schwebte an dünner goldgeflochtener Kette hoch vom Gebälk über dem Stuhl und drehte sich manchmal leise bei dem Schalle lauter Stimmen – wie beschwichtigend, mahnend. Die steil aufragende gepolsterte Rückwand des Thrones war von schmalen Säulen aus geschwärztem Eschenholz eingerahmt, welche die Gestalten der Apostel Petrus und Paulus trugen. Zwei waagrechte, ebenfalls schwarze Rundhölzer bildeten die Armlehnen.

In dem Stuhle saß in dunkelveilchenfarbenem Gewand ein hoher Greis; ein gleichfarbig Seidenkäpplein bedeckte das Haupt, von schneeweißem, dünnem Haar wie von einem Kranz umsäumt. Weiß waren sogar die Brauen, unter welchen mächtige Augen hervorschauten, Augen, gewohnt seit mehr als vier Jahrzehnten, Seelen zu durchdringen und zu beherrschen.

Auf dem großen viereckigen Eichentisch in der Mitte des Saales lag verstreut allerlei kostbarer Frauenschmuck und daneben eine starke Rolle von Goldblech, von der Art derer, in welchen man Urkunden aufzubewahren pflegte. Neben dem Tisch aber, die Rechte darauf gestemmt und zu dem gewaltigen Greis emporblickend, stand Frau Wulfheid, mächtig erregt. Denn sie hatte soeben ihren Bericht, ihre Erzählung geschlossen. Ihre Wangen brannten, ihr graues Auge loderte, und lebhaft wogte ihre Brust: Ungeduldig erwartete sie des Bischofs Antwort.

Dieser aber, mit halbgeschlossenen Augen das Haupt zurücklegend an die Lehne des Stuhles, fragte: »Ist das alles?« – »Ja, und ich denke, es ist genug.« – »Hast du nichts verschwiegen, nichts übertrieben?« – »Ihr solltet wissen, daß ich niemals lüge gegen meine Feinde. Ich bin viel zu stolz dazu.« – »Ich meine: nichts, was zu deinen Gunsten spricht, Tochter?« Hoch erstaunt sah Frau Wulfheid auf: »Noch mehr zu meinen Gunsten?« Sie schwieg. Nach einer Weile sprach der Greis mit leisem Kopfschütteln: »Ich muß Herrn Friedmuth schelten.« Befriedigter nickte sie mit dem Haupt; er aber fuhr fort: »Denn er hat dich schlecht erzogen. Gehorsam, Ehrfurcht hast du nicht gelernt vor deinen Obern. Nach weltlichem Recht: vor deinem Eheherrn, und nach geistlichem: vor deinem Bischof.« – »Ich werde Zeit genug haben, die zweite Tugend zu lernen – im Nonnenschleier. Aber vorher will ich Antwort. Ist es wirklich so, wie er und der Vogelweider sprachen? Können wirklich Mitpaten nicht heiraten nach

Gottes Willen?« – »So ist es. Die großen Päpste Alexander und Innozenz haben diese Satzung festgestellt.« – »Warum hast du – mein Ohm – mich nicht dessen gemahnt?« – »Wie töricht! Ich war Jahrzehnte fern in Welschland. Wie sollte ich wissen, daß ihr einmal vor Jahren miteinander Paten gewesen, bei irgendeiner Taufe?« – »Wohlan, so bleibt es dabei. Von seiner Gnade leb ich nicht. Wie qualvoll hat mich's umgetrieben all diese Tage – auf dem Wege von meinem Hause nach Brixen und dann hierher, bis ich Euch endlich fand –, ob es eitel Lüge und Erfindung sei. Nun kehre ich nie zu ihm zurück.« – »Gewiß nicht. Als dein Bischof würde ich es, nachdem ich um jenes Hindernis weiß, nicht dulden dürfen, wenn du es noch so heiß verlangtest: und ob du zehnmal darum sterben müßtest.« – »Aber Ihr werdet auch nicht dulden, daß er – auf meiner Burg! – mit jener Hexe lebt: Ihr werdet solches Ärgernis nicht verstatten! Denn ich klage sie an auf Zauberei! Hört Ihr?« – »Verlaß dich darauf: Die Kirche duldet kein Ärgernis und straft die Zauberei. Und ganz besonders mich hat der Heilige Vater auserkoren, die in diesen Bergen leider nicht seltenen Werke der Magier und mit den Dämonen buhlenden Weiber auszutilgen, muß es sein: auszubrennen.« Sie atmete hoch auf: »Ich will mein Recht! Hört ihr's?« – »Zweifle nicht, dein Recht, dein volles, soll dir werden.« – »So will ich denn in dieses Kloster treten, wie Ihr mir wiederholt in diesem Jahr angeboten.« – »Als du Witwe schienst und schwer bedrängt warst.« – »Und zwar – wie Ihr das angedeutet – als Äbtissin. Der Platz ist ja frei, Ihr schriebt es. Denn zu dienen hab ich nicht gelernt. Wo ich lebe, da will ich, nein, da muß ich gebieten. Ihr zögert! Wie? Nicht nur meinen Erbschmuck dort, nicht nur mein vorbehalten Frauengut, die ganze Fragsburg selbst mit allen Zubehörden von Acker und Weide, von Vogteiherrns Rechten und von andern – solang ich lebe wenigstens – bring ich dem Kloster zu. Ich denke, ich kaufe mich mit all dem Sach nicht billig ein in jene Würde. Ihr überlegt? Es wird darüber vielleicht zum Rechtsstreit kommen, aber wir werden, wir müssen obsiegen! Denn meine beiden Vettern liegen tot, und der Herr von Schänna hat Anrecht auf die Fragsburg nur, solang' ich seine Gattin.«

»Es kommt nicht zum Streit darüber.« – »Nun! Was bedenkt Ihr dann noch?« – »Ich überlegte, ob ich dir ohne Zustimmung Herrn Friedmuths den Schleier geben darf. Ich darf es: Er ist nicht dein Eheherr, wie nun zu voller Kenntnis der Kirche gelangt ist. Und da er nicht dein ehelicher Muntwalt ist, bin ich, dein nächster Schwertmag, deines Vaters Bruder, selbst dein Muntwalt. Ich glaube selbst – ja, ich bin ernst davon durchdrungen –, 's ist für dein Seelenheil das beste.« – »Jedoch«, und sie furchte finster die buschigen Brauen, »noch eins! Ich kann nicht Nonne werden, wenn Vorbedingung ist, daß ich Herrn Friedmuth und ihr – seiner Zauberin – vergebe: Ich kann nicht verzeihen, ich werde nicht vergeben.« – »Das? Das ist kein Hindernis. Jedoch, bedenk es wohl: Unwiderruflich ist das Gelübde. Von den Fristen, von der Überlegungszeit kann der Bischof entbinden: Soll ich's tun?» – »Ich bitt Euch drum, ich will, ich fordere es. Meine Entschlüsse sind von Eisen: Ich nehme sie nie zurück.« – »Wohlan! So lege hier in meine Hand das Gelübde ab, der Armut, der Keuschheit und des Gehorsams für immerdar.« Frau Wulfheid warf noch einen kurzen Blick auf die Urkundenrolle. »Ja, ich will's«, sprach sie dann herb. »So knie nieder! Nein, auf beide Knie. Ich nehme vorläufig nur dein Handgelübde, aber es gilt an Eides Statt: Die feierliche Form folgt bei der Einkleidung.« Sie gehorchte und sprach ihm die Formel nach. Dann erhob sie sich rasch. »Hier«, sprach sie, auf den Schmuck weisend, »schon jenes Halsband würde genügen, den Mantel der Äbtissin reich zu bezahlen.« – »Äbtissin«, sprach der Alte ruhig, »wirst du nicht.«

Zweiundzwanzigstes Kapitel

»Wie?« rief sie heftig, zornerglühend. »Ihr habt mir's selber angetragen!« – »Ich hatte dich lange Jahre nicht mehr gesehen. Und vor allem – du hattest noch nicht getan, was du mir jetzt berichtet hast.« – »Was soll das? Was hab ich getan?« –

»Schweres, sehr schweres Unrecht.« – »Ich? Ha, jene beiden . . .«

»Taten dir kein Unrecht. Du selbst bezweifelst nicht: Sie handelten in gutem Glauben. Ob Gott dadurch gekränkt ist und sein heilig Sakrament, das muß der Ewige selbst entscheiden, der dies so gefügt oder doch so zugelassen hat. Du aber konntest, was du jetzt bist, Nonne werden, ohne zu vergeben. Denn du, Schwester, hast nichts zu vergeben. Du hast vielmehr an jenem Tag, in jener Nacht . . .« – »Mein Recht hab ich gefordert! Und da es mir nicht in Güte ward, hab ich's erzwingen wollen; ist das Unrecht?« – »Du hast nicht nur dein Recht – Rache, wilde heiße Rache hast du gesucht mit Mordgedanken. Nein! Nicht bloß Mordgedanken – mit versuchter Tat des Mordes! Du hast – mehr als einmal – die Waffe gezückt gegen die Fremde.« – »Gottes Fluch schlage den Klimprer, der diese Waffe zweimal von ihr gewehrt!« – »Mit solchen Flüchen wird man nicht Äbtissin. Bereue deine Sünden, Schwester!« – »Ich tät's noch mal!« sprach sie heiser. – »So bleibst du solang in harter Klosterzucht als dienende Schwester, bis du bereuest. Und zwar teil ich dich zu besonderem Dienst einer Schwester zu, von der du jede Tugend lernen magst: zumal die, welche dir zumeist gebricht – die Demut.«

Wulfheid zuckte bei diesem Wort: »Und wer ist diese tugendreiche Schwester?« – »Eine Frau, die, seit zwei Jahren hier im Kloster lebend, alle, alle in jedem Vorzug der Nonne nicht nur, nein, des Weibes, überstrahlt. Und bloß deshalb hab ich so rasch dich, obzwar du noch so völlig unvorbereitet, aufgenommen als dieses Hauses unwürdige Genossin. Denn die einzige, der ich es zutraue, daß sie vielleicht – im Lauf der zermürbenden Jahre – dein hartes Herz erweichen und Christi würdig machen kann, lebt unter diesem Dach. Ein Weib, das vor vielen Tausenden gesegnet war durch alles, was in der Welt draußen ein Frauenleben schmücken, beseligen und krönen mag. Ich kenne jede Falte ihres Herzens und jeden Schmerz ihres schmerzenreichen Lebens! Sie hat sich bisher beharrlich geweigert, die Würde der Äbtissin anzunehmen. Jetzt werd ich ihr befehlen, zu gehorchen. Ihr wirst du dienen – ihr eifre nach.« – »Wer ist die Hochgepriesene?«

»Schwester Irene hab ich sie hier genannt. In der Welt hieß sie Gioconda von Paluzzo.« Er griff nach einer roten Schnur, die von der Decke herabhing, und zog leise. Hell klang draußen vor der Tür eine Glocke. Herein trat eine hohe Frauengestalt in der Tracht der grauen Schwestern von Sonnenburg, tief das schöne Haupt vor dem Bischof beugend. »Schwester Irene«, sprach dieser, »Ihr seid Äbtissin. Still, ich gebiet es. Und ich übergeb Euch diese neue Schwester. ›Submissa‹ soll ihr Klostername sein. Sie bittet Euch demütig, ihre Dienste anzunehmen. Sie ist es, von der ich gestern mit Euch sprach.« Da richtete Schwester Irene die ernsten, traurigen, wunderschönen Augen auf Frau Wulfheid; sie schwieg, niemand hörte den leisen Seufzer ihrer kaum geöffneten Lippen. »Wie? Gestern schon, bevor ich kam?« fragte Wulfheid.

»Ja, denn schon vorgestern erhielt ich Botschaft von dem Geschehenen.« – »Durch . . . ihn?« – »Nein! Durch den ruhmeswürdigen Hochmeister der deutschen Herren, Hermann von Salza.« – »Seinen Freund!« rief Wulfheid stirnrunzelnd. »Er ist mein Feind.« – »Nein, wahrlich nicht! Er kam gleich nach deiner Flucht auf die Fragsburg. Er schrieb mir alles, was geschehn. In einem Stück muß ich dich loben, Schwester Submissa: Du hast nichts verschwiegen, du hast dich nicht beschönigt. Viel günstiger für dich, als du selbst, hat er, der maßvollste der Männer, über dich berichtet.« Heftig auffahrend wollte Wulfheid erwidern, aber da legte Schwester Irene mahnend einen Finger an den Mund und sah sie mit großen Augen tief ernst, doch gütig an. Da schwieg Frau Wulfheid. Ehrfurcht faßte sie vor dieser Frau. »Die Frau Äbtissin weiß von allem. Du aber höre nun: Du kaufst dich nicht durch Simonie ins Kloster ein. Die Fragsburg fällt als erledigt Lehen an das Reich. Kaiser Friedrich selber wird dort Vogt. Denn der Herr von Fragsburg ward Bruder der deutschen Herren und zieht gen Preußenland.« Wulfheid wankte. »Und?« Sie konnte nicht sprechen. »Und seine Ehefrau Demuth ist plötzlich gestorben.« – »Ha! Sie hat sich selbst gemordet!« brach es nun heiß aus ihr hervor. »Sie ist in Ewigkeit verdammt«, jubelte sie.

»Nein! Denn sie tat's in äußerster Verwirrung des Herzens. Ich bin gewiß, daß ihr der Herr verzeiht. Weh aber jenem sündhaften Sinn, der sie mit wilder Wut in die Verzweiflung trieb! Ihr seid entlassen, beide, doch noch eins: Der Heilige Vater hat geboten, daß in allen Klöstern das letzte laute Gebet nach der Abendcena gesprochen werde für den Deutschen Orden, der bald schwer bedrängt im Preußenlande ringen wird: ein Jahr lang vorläufig. Sorgt, Frau Äbtissin, daß dies streng befolgt wird. Und außerdem betet – so gebiet ich – dies Kloster einen Monat lang für jene arme Seele, die in Verzweiflung starb. Morgen, Frau Äbtissin, haltet Euch bereit, den Mantel fürstlicher Würde zu empfangen und feierlich Schwester Submissa einzukleiden. Dies ist mein letzt' Geschäft im Kloster. Von hier geh ich auf die Fragsburg und weihe ein einsam Grab.«

Dreiundzwanzigstes Kapitel

Im alten Preußenlande, hinter dem Kurischen Haff im Osten und dem Frischen Haff und der Danziger Bucht im Westen, »wandert« die Düne: heute noch wie vor sechs Jahrhunderten, ja vor Jahrtausenden.

Der uralte Sand der See bildet die Grundlage des Festlandes viele, viele Meilen weit nach innen. Wohl ist diese turmhohe Sandschicht vielfach überkrustet von einer dünnen Heidenarbe. Aber auch diese reißt gar oft die rasende, bohrende Gewalt des Sturmes auf, und sie wühlt dann tiefe Furchen in den Sand, so daß man hier von Sandschluchten, wie in den Alpen von Felsenschluchten, sprechen mag.

Andere Striche sind Sumpf, sumpfige Wiesen mit einzelnen Eichenbeständen, während aus dem Heidesand die magere Föhre, die verkrüppelte Kiefer zäh emporringt: freudlos, traurig, in schwerem, hoffnungsarmen Kampfe mit den erbarmungslosen Stürmen. Bei Elbing stehen die letzten Buchen; nur Menschenhand kann sie bewegen, weiter östlich sich zu wagen.

Mag es Sandheide sein oder Moorerde – »Unland« bleibt es immer: So nennt treffend es der Ackersmann, welcher der einförmigen, unfruchtbaren Öde nichts abzuringen vermag. Das Gras ist so sauer, daß selbst die Ziegen es verschmähen. Das dürre Heidekraut dient nur zum Verbrennen. In dem Wacholdergestrüpp, dem »Kaddig«, singt die Drossel nicht. Alles ist hier totenstill, unbelebt. Nur nach dem Wasser hin streicht mit trägem Flügelschlag eine Schar der immer hungrigen Kormorane – oder die heiser krächzende Nebelkrähe mit grauem Leib, schwarzen Flügeln und schwarzem Kopf. Die schmalen Rinnsale gelbbrauner Quellen gelangen selten in die See: Sie versickern in den versumpfenden Teichen, voll gelben, giftiggrauen Schlammes und schwarzgrüner Binsen; oder sie verschwinden, aufgesogen in dem vertorften Moor.

Nun fehlt es ja heutzutage – nachdem deutscher Arbeitsfleiß seit sechs Jahrhunderten daran geschafft – nicht an fruchtbarstem, herrlichstem Lande, das reichlich Getreide trägt. Aber sehr viel Boden ist doch auch heute noch »Unland«. So niedrig liegt meist das Land, daß das Haff oder die See, stiegen sie nur um wenige Fuß, die ganze Ebene überfluten würden. Und über all dies eintönige, zum Sterben traurige Ödland hin »wandert« weit, weit in das Innere hinein die Düne. Alles überflutet, alles begräbt sie, vom Winde fortgetragen, in ihrem grobkörnigen Sande. Das raschelnde, trockene Dünengras vermag sie nicht zu binden. Sie steigt über Mauern, über Kirchen und Kirchtürme: leise, langsam, kaum merklich, aber unablässig, unaufhaltbar, alles unter sich bergend, ganze Dörfer, ja sogar Wälder. Auf der Frischen Nehrung standen die Dörfer Narmel und Narmedien: Wo sind sie hingeschwunden?

Auf der Kurischen Nehrung verschüttet bei Sturm in einer Stunde der Triebsand, der Flugsand Reiter, Roß und Wagen. Turmhoch steigen die Dünen auf, achtzig Fuß hoch, weiß oder gelbweiß im blendenden Sonnenschein, dunkelveilchenblau, drohend, im Schatten der Wolken. Streift dann ein Möwenschwarm darüber hin und gerät er in den Bereich des Lichtes, so glitzert die Luft wie blitzender Schnee.

Die meisten Dünen haben keinen Namen, denn sie wechseln und wandern.

Am zähesten leisten noch die Wälder Widerstand, aber der glasharte Quarzsand zerfrißt die Rinde, den Splint: Alles vertrocknet, auch die Zweige, auch die Wipfel, die noch nicht verschüttet sind. Nach Jahrhunderten weicht die Düne weiter, dann ragen die toten Bäume aus dem Boden: fußtief im Innern voll von Moder. Dann stehen auch, nach Jahrhunderten, die begraben gelegenen Dörfer und Einzelhöfe wieder auf – der Dünenwall ist weiter und weiter gezogen. Der Wind spielt nun mit den Trümmern, mit dem wenigen, was die Menschen bei ihrem flüchtenden Davonziehen vor dem alles bewältigenden Sande zurückgelassen hatten in den niederen, stets nur einstöckigen Hütten. Aber der Wind, der nun freien Zugang hat, deckt jetzt auch auf dem Kirchhof die Gräber auf. Er wühlt die deckende Sandschicht hinweg und rollt die Schädel, die verstreuten Knochen der Toten vor sich her, bis sie der Regen, der Schnee, das Eis, der Wind selber zerfressen, verschneit, verblasen haben. Nur schwere Grabsteine schützen die ihnen anvertrauten Toten vor solchem Geschick.

Inschriften auf solchem Gestein werden vortrefflich erhalten unter dem Schutze des trockenen Sandes, der Wasser und Luft und jeden Ansatz verwitternden Anwuchses viele, viele Fuß hoch fern von ihnen hält.

Was im großen und den ungeheuren Dünenwällen gilt, die Kirchtürme und hohe Föhren übersanden, das zeigt sich auch sonst in diesem Küstenlande manchmal im kleinen, wenn mäßige Sandhügel, flacheren Dünen vergleichbar, niedrige Bauten der Vorzeit lange vergraben halten und allmählich wieder freigeben.

So ist vor kurzem westlich von Elbing eine wenig beträchtliche Sanddecke verschwunden.

In jener Gegend lag, nach allen Berichten der Vorzeit, nie eine Siedlung der Menschen. Vielmehr wird dorthin durch die Sage verlegt die Stätte einer alten, viel umstrittenen, kaum mannsbreiten Furt, die in der Zeit der deutschen Herren allein hier durch allumgehende, Roß und Mann verschlingende Sümpfe führte.

Da fand man, nachdem Menschenhand den Rest der Sandwelle völlig hinweggeschaufelt, ein seltsam Bauwerk.

Eine kleine, niedrige Betkapelle schien es, deren altargleichen Mittelpunkt eine mächtige Steinplatte über einer Gruft bildete. Im Osten der Elbe kommen solche Bauten sonst fast nirgends vor. Im Süden Deutschlands, soweit der Strom italienischer Kultur drang, begegnen sie häufiger, denn die Heimat dieser Totenkapellen, Totenoratorien ist Italien.

Das Dach fehlte: Der Sturm mochte es fortgerissen, die mannshohen Schneelasten des endlosen preußischen Winters mochten es eingedrückt oder benachbarte Bauern die Steine und Balken davongetragen haben, schon lange bevor der Sand es begrub. Ebenso war das Gemäuer der Vorderseite, welche die einzige schmale Eingangspforte enthalten hatte, verschwunden. Aufrecht stand die Hinterwand, nur war sie an beiden Ecken, wo die Seitenwände in rechtem Winkel anstießen, zertrümmert.

Gut erhalten aber war der mächtige, Manneswuchs weit überragende Grabstein, welcher fast die ganze Länge der nur vier Schritte in der Tiefe, zwei Schritte in der Breite messenden Grabkapelle bedeckte. Wer hatte diesen Stein hierher bringen lassen? So weit her!

Denn roter Porphyr war es, wie er in den Alpen, am schönsten in dem Etschtal, vorkommt. Nur wenig war der harte und edle Stein an den Kanten verwittert, abgebröckelt. So an dem oberen Ende das Wappenschild: Es waren wohl drei Sterne gewesen.

Die lange lateinische Inschrift aber, die ihm eingegraben, war zum größten Teil noch lesbar. Die Reste besagten – in deutscher Übertragung – etwa folgendes:

». . . nach des Herrn Geburt im Jahre eintausendzweihundertsiebenunddreißig, nachdem die junge Burg Elbing von den Heiden überfallen und verbrannt . . . den Rückzug des hart bedrängten Ordensheeres, zumal das heilige Sakrament, zu retten vor der grimmen Heiden Überzahl, erbot sich freiwillig, allein hier auszuhalten, die schmale Furt des Moors verteidigend, der ehrenreiche und edle Komtur der Werderburg von Sankt Marien, Ritter Friedmuth . . . ihm danken das Leben der Landmeister selbst, mehr als zwanzig Ritter und zweihundert Knappen . . . sogar die Heiden ehrten den Toten durch Bestattung seiner Leiche, in seinem Panzer und seinem Mantel, den fünf Pfeile durchbohrt, an diesem Orte seines Heldentodes . . . Jahre später haben zu seinem Andenken hier dies Bethaus erbaut drei Männer und zwei fromme Frauen: der Hochmeister Herr Hermann von . . ., der dankbare Landmeister Herr Hermann Balka, Herr Waltharius . . ., die Äbtissin Irene und deren Freundin, die Priorin Submissa, beide des Klosters . . . Diese beiden Frauen haben den Stein, aus des Ritters Heimat an der Athesis, gestiftet. Die Äbtissin hat ihn selbst hierher gebracht. Erkrankt von der Mühsal der weiten Reise, starb Frau Irene, einsam im Gebet an diesem Steine kniend.

Herr Friedmuth war allen im Orden sehr teuer gewesen: Nun lohnt der reiche Gott im Himmel ihm ewig seine Treue.«